中公新書 1820

竹内 洋著

丸山眞男の時代

大学・知識人・ジャーナリズム

中央公論新社刊

丸山眞男の時代　目次

凡例

○引用文のうち漢字は原則として新字を用い、旧仮名遣いはそのまとした。漢字には適宜ふりがなを振っている。引用文献については、本文中では雑誌論文についてのみ掲載誌の巻号あるいは発行年月を記載し、書籍所収論文と書籍については論文名、書籍名のみの記載とした。後者については巻末の主要参考文献で、発行年や出版社などを確認できるようにした。

○丸山眞男の文言の引用は原則として『丸山眞男集』『丸山眞男座談』『丸山眞男書簡集』によっているが、それぞれについては、『集』一、『座談』二、『書簡』三のように巻数で表示した。『集』別は『丸山眞男集』別巻である。

○本文中では丸山眞男で表記しているが、引用文においては原文にしたがい丸山真男の表記をしている場合もある。

丸山眞男の時代

――大学・知識人・ジャーナリズム

知識人が求める救済はいつも「内面的困窮」からの救済であり、したがってそれは、非特権階層に特有な外面的困窮からの救済に比べて、一面では生活からより遊離した、しかし他面ではいっそう原理的かつ体系的に把握された性格をもっている。知識人は、その決疑論を無限に押し進めつつさまざまな方途を探り、そこからみずからの生活態度に一つの一貫した「意味《ジン》」を与えんとする。つまり彼自身との、人類との、そして宇宙との「統一」を見出さんとするのである。知識人とは、一つの「意味《ジン》」―問題《プロブレーム》としての「世界」の構想的把握を完成する者である。

――マックス・ウェーバー『宗教社会学』

（武藤一雄ほか訳）

序章　輝ける知識人

『中央公論』1960年7月号に掲載された開高健、竹内好両氏との鼎談「擬似プログラムからの脱却」における丸山眞男。

誰もけっして帰ることのない道

一九九三年末、丸山眞男《まるやままさお》の肝臓癌が判明した。癌の脊椎転移がわかったのが、一九九六年五月。六月二六日、丸山は高熱を発し、緊急入院した。入院から半月もたたない七月九日、大塚史学として一世を風靡した丸山より七歳上の経済史の泰斗、大塚久雄（一九〇七年生まれ）が逝去した。丸山と大塚は、戦前、戦後と、同じ東大の教官だっただけでなく、社会的活動（青年文化会議など）をつうじて親交があった。いやそれ以上に、丸山は大塚から学ぶことが多かった。

丸山が助教授だったときに『国家学会雑誌』に発表された論文「国民主義理論の形成」（五八巻三・四号、一九四四）の第三節の題名は「『前期的』国民主義の諸形態」である。ここで使用されている「前期的」という用語は、丸山自身が明記している（「『日本政治思想史研究』あとがき」『集』五）ように、大塚の「前期的資本」というコンセプトに影響を受けている。「前期的資本」とは、「近代産業資本」と区別して、その前段階の商業資本と高利貸資本についてカテゴリー化された概念である。丸山は、真の国民主義形成の思想を明治維新以後にみたが、その「地ならし」は旧体制のなかでなされていたとし、前者の（真の）国民主義を「近代産業資本」に、後者の国民主義を「前期的資本」に擬《なぞら》えた。丸山は、大塚の『株式会社発生史論』や『欧洲経済史序説』を読みこなしていたのである。

病床にあった丸山眞男は、医者が治療を急がせるなかで、「こっちの方［大塚への弔辞―引用者］が優先する」といって、七月一六日午後四時から五時半まで、休み休みしながらも、気力をふりしぼり、追悼の辞を口述した。翌日、国際基督《キリスト》教大学礼拝堂でおこなわれた告別式で、武田清子（もと国際基督教大学教授）によってつぎのように朗読された。

一九九六年七月九日に大塚先生はなくなられました。［中略］私はこの日を突如としてとか、意外にもとか、呼ばない。それは到頭くるべきものがきた、遠からず私もその道を歩むべき、人が誰もけっして帰ることのない道を渡られたからである。

大塚さんには私の徳川儒学思想史の研究の過程において、元禄町人の社会的地位について、ヨーロッパの資本主義発展における、商業高利貸資本の暴利資本主義と、正常な利潤を基礎とする資本主義とを峻別されたことに、甚大な影響を受けた。

［中略］

病床にあって、身体ひとつ満足に動かせないこの身だけに、今大塚先生との永遠の別れを思う時、この五十年をこえる年月にはさまざまな談話、会合、論文拝読の折りのglimpse（一瞥《いちべつ》―引用者）がたえまなく視線を横切り、追悼にたえない。謹んでご冥福をお祈りいたします。（『集』一六）

ここには丸山が大塚の学問に大きな影響を受けたことが記されているが、「遠からず私もその道を歩むべき、人が誰もけっして帰ることのない道」と自らの死も予期した弔辞である。これが丸山の最後の公の発言となった。気力をふりしぼった弔辞を口述して、一ヶ月余り、一九九六年八月一五日、丸山眞男は鬼籍に入った。享年八二。戦後、五二回目の「終戦記念日」（八月一五日）——天皇が朗読した詔書の日付は八月一四日。しかし戦闘行為は続いていた。したがって、歴史的には戦艦ミズーリ号上で降伏文書に署名がなされた九月二日が終戦（敗戦）——に息をひきとった。

「八月十五日にさかのぼれ」

丸山は敗戦の半年ほどあと、東京帝国大学憲法研究委員会で、日本国民は、敗戦によって国体から解放され、自由なる主体となったと、八・一五革命説をとなえた。それから、一五年後、一九六〇年、日米安全保障条約改定が与党の一部によって単独採決されたあと、「民主政治を守る講演会」（憲法問題研究会主催）で、つぎのように訴えた。「五月二十日にかえれ、五月二十日を忘れるな［中略］初めにかえれということは、敗戦の直後のあの時点にさかのぼれ、八月十五日にさかのぼれということであります。私たちが廃墟の中から、新しい日本の建設というものを決意した、あの時点の気持というものを、いつも生かして思い直せ」(「復初の説」『集』八、傍点引用者)。ここでいう「五月二十日」とは、五月一九日深夜から翌二〇日零時すぎにわたって、議場に警官隊を導入して新安保条約と関係法案の一括承認の強行採決がなされることによって、多くの人々が民主主義の危機を感じ、岸信介《のぶすけ》内閣退陣と国会解散の主張を決意した日を指している。講演の題名にある「復初」とは初の本性にかえることの謂《いい》である。

当時戦後民主主義を「占領民主主義」で、「虚妄」とする言説が流行したときに、丸山は、自分は「大日本帝国の『実在』よりも戦後民主主義の『虚妄』の方に賭ける」(『増補版　現代政治の思想と行動』「増補版への後記」、『集』九)と啖呵《たんか》さえ切った。その丸山の死が八月一五日だったことは、ゆくりなくも、自らとなえた八・一五革命に殉じる死だったことになる。

一七日、遺言により密葬。死が公表されたのは、一八日だった。これまでふれたように八・一五になみなみならぬ思い入れがあり、ことあるごとに「八月十五日にさかのぼれ」と説き続けてきた丸山のことだから、松本健一のいうように、八月一五日に死にたいと丸山本人が「日付を指定していた可能性も高い」(『丸山眞男八・一五革命伝説』)。だとしたら、八月一五日が本当の死亡日だったかどうかにはいくらかの疑問が残ることになるが……。

逝去の報道

ともあれ、一八日夜七時のNHKニュースで逝去が伝えられ、翌日の『朝日新聞』朝刊では、第一面と第二面（「評伝　市民を信頼　奥深い『近代主義』」）、第五面の社説（「戦後精神の柱を失った」）、第三一面の社会面（「戦後民主主義終生の主題に」）の実に四面にわたって報道された。夕刊でも政治面と文化面で「丸山真男氏を悼む」論説が大きく報道された。朝刊第一面の記事（「丸山真男氏が死去　政治思想史、講和・安保などで行動」）はつぎのようなものである。

「戦後を代表する知識人の一人で、政治学や政治思想史の分野で独創的な方法論を築いた日本学士院会員で東大名誉教授の丸山真男氏が、十五日午後七時五分、肝臓がんのため、東京都内の病院で死去していたことが十八日分かった。八十二歳だった。［中略］故人の遺志により葬儀・告別式は行わず、二十六日午後一時から東京都新宿区南元町一九の二の千日谷会堂で『偲《しの》ぶ会』を開く。遺族は妻ゆか里《り》さん」と書きはじめられ、丸山の学績紹介と作家大江健三郎と東大名誉教授坂本義和のコメントがつづいている。五段抜きの記事だった。

同日の『朝日』社説「戦後精神の柱を失った」は、「戦後五十一年の盛夏、丸山真男氏が逝った。この半世紀における輝ける知性だった。日本の『近代』を最も奥深いところで洞察し、批評した人である」ではじまり、「ひるがえって、わが日本は、彼の提起した問題をはたして乗り越えたのか」で終わっている。丸山逝去の新聞報道がなされた二日後（二一日）の『朝日』は、第二一面の全部を使って、木下順二（一九一四―）、加藤周一（一九一九―）、石田雄《たけし》（一九二三―）による「丸山真男氏の業績と人をしのぶ」追悼座談会まで載せている。

丸山逝去の報道については、「市民のための丸山眞男」ウェブサイトによれば、表序－1のようである。『朝日』だけでなく『読売』『毎日』『産経』が一面で逝去を報道している。『読売』は、二〇日の社説「丸山真男氏が遺したもの」で、サンフランシスコ講和条約締結のときにふれ、丸山らが多数講和（とりあえず、米英などの西側諸国と講和条約を締結する現実論）ではなく、全面講和論（米ソをはじめとしてすべての連合国と同時に講和条約を締結する理想論）を主張したが、「果たして現実的で正しかったのか、改めて問い直すことも日本の戦後を考えるうえで重要だろう」と指摘している。『朝日』のような絶賛ではない。『産経』はコメントの識者に、京極純一（一九二四―）や石田雄など丸山と親しかった者も選んでいるが、戦後政治の目指すべき方向について丸山とは正反対に位置した、もと慶應義塾大学教授中村勝範（一九二九―）のコメント「丸山政治学は思想的に日本人を混乱させた元凶でした。過去の分析も戦後の状況判断も完全に誤っていた」も載せている。

『ル・モンド』

丸山逝去の記事は国内だけでなく、『ル・モンド』（フランス、八月二〇日）や『ガーディアン』（イギリス、八月二七日）など海外メディアでも報じられた。『ガーディアン』には、『徳川時代の宗教』（ロバート・ベラー）についての丸山の書評論文を翻訳した有馬龍夫と、丸山と親交のあった社会学者ロナルド・ドーア教授が弔文を書いて

日経新聞	産経新聞
8.19 朝 31面「丸山真男氏死去　戦後思想をリード」（岡野加穂留・久野収） 8.24 朝 40面「佐々木毅　戦後政治の閉塞突く　丸山政治学の今日的意義」	8.19 朝 1面「丸山真男氏死去　戦後の政治思想界に足跡」 8.19 朝 21面「反安保の精神的支柱　丸山真男氏死去」（関嘉彦・京極純一・岡野加穂留・石田雄・中村勝範）

jp/~MARUYAMA/sorrow.htm］を参考にして作成）

表序－1　丸山眞男逝去の各紙報道状況

朝日新聞	毎日新聞	読売新聞
8.19 朝 1面「丸山真男氏が死去　政治思想史、講和・安保などで行動」（大江健三郎）	8.19 朝 1面「丸山真男氏が死去　戦後民主主義思想をリード」（京極純一）	8.19 朝 1面「丸山真男氏死去　戦後の『政治思想』リード」
8.19 朝 2面「西島建男　評伝　丸山真男氏　市民を信頼　奥深い『近代主義』」	8.19 朝 27面「奥武則　戦後の知性また逝く―誠実に理想貫き」（久野収・木下順二）	8.19 朝 31面「戦後論壇で一方の支柱」（大江健三郎・佐々木毅・安岡章太郎・福田和也）
8.19 朝 5面「社説　戦後精神の柱を失った」	8.19 夕 6面「松本健一　丸山真男さんを送る」	8.19 夕 13面「粕谷一希　丸山真男氏追悼　戦後民主主義の“虚妄”に賭け」
8.19 朝 31面「戦後民主主義終生の主題に」（久野収・坂本義和・佐伯啓思・伊藤修）	8.19 夕 7面「梅津時比古　クラシックを愛した丸山真男氏」	8.20 朝 3面「社説　丸山真男氏が遺したもの」
8.19 夕 2面「石川真澄　丸山真男氏を悼む　時代超え　説得力持つ思想―丸山氏語録」	8.20 朝 5面「社説　丸山氏追悼『知の奉仕』を貫いた生涯」	
8.19 夕 6面「鶴見俊輔　丸山真男氏を悼む　未来につらなる二つの道」	8.20 朝 1面「余録」	
8.21 朝 21面「座談会　丸山真男氏の業績と人をしのぶ」（木下順二・加藤周一・石田雄）		
8.27 朝 30面「“丸山学”に触れ、偲ぶ800人」		

（H. TANAKA「市民のための丸山真男ホームページ」[http://www2s.biglobe.ne.

いる。ドーアは丸山の学績を紹述しながら、輝いた眼で、周囲を哄笑の渦にまきこみ、あくなき好奇心で、どんな相手をも生き生きとさせたたぐいまれなる話術の妙にふれ、「丸山が五〇年間も片肺で生きたということを知れば、おどろくべきことだ」と結んでいる。ここで「片肺で生きた」というのは、丸山が一九五一年二月に肺結核で入院し、左肺患部を焼灼《しょうしゃく》手術したことを指している。

『ル・モンド』ではフィリップ・ポンス記者が久野収（一九一〇―九九）や大江健三郎のコメントもまじえながら、「日本を代表する知識人」という題で逝去の記事を書いている。ポンス記者は、パリ大学学生のとき日本に興味をもち、当時フランスで教鞭をとっていた哲学者・文学者森有正（一九一一―七六）から丸山を紹介され、その縁で丸山に教えを乞うたり、取材したりしたことがある。『ル・モンド』紙の弔文は、丸山の学績の簡にして要を得た記述となっている。丸山についてそれほど詳しくない若い読者には、便利な案内になるとおもわれるので、やや長文であるが引用しておこう。

丸山眞男は、八月一五日木曜日、八二歳で逝去した。丸山は、専門の政治学の領域に、人間の行為の意味という人文的考察の次元をつけくわえた学者だった。丸山の思想は、一九五〇年代―六〇年代に、赫々たる威光と日本の近代や民主主義を理解するための洗練された概念枠組を呈示したことで、同時期のサルトルに匹敵する。日本学士院会員だった丸山は、ハーヴァード大学やプリンストン大学でも教鞭をとった。

敗戦直後、丸山眞男は知的世界を一変させた。思想は、ドイツ観念論やカール・マンハイムの知識社会学によって培われたが、明晰さに加え、概念の再構築という創造性に富んだものだった。マルクス主義者たちが「近代主義」と名づけた潮流——歴史分析と経験的研究が、倫理的な配慮と強く結びついた進歩主義の一形態——の代表的な理論家だった。超国家主義と無責任の体系に関する考察や近代意識の形成を歴史の中に見出す営為によって、日本の進むべき道を示した。日本思想の古層についての探究は、丸山の思想に無比の深さをもたらした。かくて丸山は、戦後民主主義の中心人物の一人となった。丸山の反省的な企てのスケールの大きさについて、哲学者久野収はつぎのように言う。「思想に関して言えば、丸山以前にはソナタしかなかった。丸山は、私たちに交響曲を与えてくれたのだ」。丸山学派という新しい潮流は、政治に参加《アンガージェ》する知識人の一世代全体が形成される坩堝《るつぼ》となった。というのも、丸山は、ハンナ・アーレントのように「出来事を考える」ことに努めたからである。彼は、「選択のとき」というアピールによって、日米安保条約反対闘争（一九六〇）に非常に大きな影響を与えた。これについて、「丸山眞男は私たちに共通語を与えてくれた」というのがノーベル文学賞受賞者の大江健三郎である。父親によってリベラルな考え方を培われ、東京帝国大学法学部を卒業した丸山眞男は、一八世紀の批判的朱子学思想家で「日本のマキャヴェリ」である荻生徂徠を研究して、全体主義の「暗い谷間」の時代を生きた。そこから一九五二年刊の大著『日本政治思想史研究』が生み出されることになる。その第一章は、フランス大学出版局（PUF）から刊行されたばかりである。丸山は、この本で、日本の近代は、欧化という外生要因によるものか、それとも内生要因によるものか、あるいはその両方かという、近代日本における重要なイデオロギー的ディレンマを扱っている。この問題については、福沢諭吉を手がかりにしてさらに探究が続けられた。

敗戦直後に、丸山は一連の論考を発表した。その一部は『現代［日本の］政治の思想と行動』という題で英訳出版（*Thought and Behaviour in Modern Japanese Politics*, Oxford University Press, 1963）されており、そのなかでも有名な論文「超国家主義の論理と心理」は、日本が通りぬけてきたばかりの時期を対象にした鋭い考察である。日本思想の分析に対する主要な貢献の一つに、一九六一年刊の小著『日本の思想』がある。最後の著作は、一九九二年に出版された論文集『忠誠と反逆』である。そして、一六巻からなる『丸山眞男集』は、現在刊行中である。

六〇年代末、異議申し立てをする学生たちはアカデミズム界の巨人である丸山を重んじようとはしなかった。学生の暴力に衝撃を受け、丸山は定年になる前に大学を辞職し、その後は歴史研究に専心して沈黙を守った。

にもかかわらず丸山の知的な寛大さに変わりはなかった。知的寛大さは大人の美徳であるが、なまなかにもちあわせにくい美徳である。公的なインタビューに応じることはなかったものの、来訪者を快く迎え、現在を考えるために歴史の糸をつなぎ合わせるという作業に長時間を割くことを厭わなかった。五里霧中になって方向を見失うと、人々は、いつも丸山眞男に助けを求めることができたのだ。丸山がその寛大さを惜しむことなく与えた日本の知識人の一世代全体といくばくかの外国人たちは、今、寄る辺なき孤児のような寂寥感を拭い切れない。

偲ぶ会

丸山逝去から一一日あとの二六日、「丸山眞男先生を偲ぶ会」には八〇〇人が集まる。会場の正面には遺影が置かれていた。その様子は、NHKビデオ『丸山眞男と戦後日本』(二巻、もとはNHKのETV特集として二回にわたって放映)、『紀伊國屋書店ビデオ評伝シリーズ「学問と情熱」第30巻　丸山眞男』によって見ることができる。

「偲ぶ会」では、丸山の遺言状も披露された。「恩師、友人、知己（年齢を問わず、またプロフェッショナルな研究だけでなく、広い分野での社会的活動をしている人たち）から厚情を受けた。これらの人々に対する感謝の気持ちをあの世に持っていきたい」。日本政治思想史や政治学などの同じ専門分野の学者だけでなく、異なる分野の学者、また小説家や芸術家、ジャーナリスト、経済人、政治家、音楽家、市井の人々までにわたる丸山の幅広いつきあいを物語る感謝の遺言状だった。丸山の好きだったバッハの『シャコンヌ』（「無伴奏ヴァイオリンのためのパルティータ第二番ニ短調」の終曲）が天満敦子によって演奏された。丸山の好きな曲で、低音音型（執拗低音音型）が何十回も反復される。晩年の丸山論文（「歴史意識の『古層』」『集』一〇）のキーワード「執拗に反復される低音」（バッソ・オスティナート）にちなんだ曲が選ばれた。名演で、涙をぬぐう姿もみられたという。

四章で詳しくみるように、後年の丸山は全共闘学生から吊るし上げにあい、激しく罵倒されるという事件（一九六九年）に遭遇したが、丸山の死はそれから、二七年もたったときである。すべてをやりおえたという人生を生ききっての心安らかな死であったろう。

いやそれよりも、丸山にとって、死は何回も目前の出来事だった。丸山の東京帝大法学部助教授時代の論文のひとつで、『国家学会雑誌』（五八巻四号、一九四四）に掲載された「国民主義理論の形成」の後半部（二）は、召集令状を受けてから出発までの一週間、それも出発の日の朝まで書きつづけ、「『遺書』のつもりであとに残していった」（「『日本政治思想史研究』英語版への著者序文」『集』一二）ものである。そのせいであろう。論文の末尾に編輯部によるつぎのような異例の附記が添えられている。

本稿は追記にもある如く筆者の応召によつて怱忙《そうぼう》の裡《うち》に纏《まと》められたものであり、註の部分はその委嘱によつて、文字通り筆者の心覚えの断簡から編輯者が追加したものである。出来るだけ筆者の意図に忠実ならんことを努めたのであるが、多くの部分において粗漏なきを保し難い。他日筆者自らの補正によつて本稿は完成するであらう。ひとへに筆者ならびに読者の宥恕《ゆうじょ》を乞ふ次第である。

さらに広島に原爆が投下されたときに、丸山は兵士として広島市南端の宇品《うじな》町の屋外で点呼を受けていた。爆心地から四キロ南にすぎなかった。すぐまえに船舶司令部の高い塔があったので、原爆の熱線の直射がさえぎられて助かった。戦後は戦後で、肺結核などで何回も死線をさまよった。したがって肝臓癌がみつかって、余命がいくばくもないことをさとったときに、丸山は書簡（一九九四年九月七日）にこう書いている。「今度の肝臓ガンで命が惜しくない、といえばウソになりますが、広島被爆で生き残って以来、戦後は丸もうけという実感でしたから、それほどショックを受けていないのも事実です」（『書簡』五）。死線を何回もかいくぐった丸山にすれば、八二歳まで研究をつづけてこられたこと自体が僥倖とおもえたことだろう。

フランスの哲学者ミシェル・フーコーやジャン＝フランソア・リオタールは、サルトルに代表されるようなあらゆることに嘴《くちばし》をはさむ「普遍的（universel）知識人」は終焉し、自分の職業や専門からローカルでミクロな問題に疑いを放つ「特定領域の（spécifique）知識人」の時代になった（*Language, Counter-Memory, Practice*,『知識人の終焉』）というが、社会科学から哲学、文学、演劇、音楽、映画と該博な知識をもった博雅の士丸山はサルトルとならんで、最後の「普遍《なんでもしっている》的知識人」だった。丸山は、教養人についてジョン・スチュアート・ミルをひきながら「あらゆることについて何事かを知っており、何事かについてはあらゆることを知っている人」（「政治学」『集』六）だといっている。まさしく丸山こそがそうした最後の教養人ともいうべき存在だった。

丸山論ブーム

丸山の著作全集は相当以前から企画されていたのだが、生前に個人の全集などを出すことに丸山が反対であったことから、作業に入っていなかった。しかし、一九九三年、肝臓癌の判明とともに、丸山は著作集の準備を了承した。病状が悪化する九六年七月まで各巻の最終

表序－2　丸山眞男を題名にした邦語書籍

発行年	著者	タイトル　　出版社
1963	吉本隆明	『丸山真男論』一橋新聞社
1964	今井寿一郎	『丸山眞男著作ノート』図書新聞社
1974	中島誠	『丸山眞男論』第三文明社
1984	滝村竜一	『ラスウェルと丸山政治学』勁草書房
1987	滝村竜一	『ヴェーバーと丸山政治学』勁草書房
1988	笹倉秀夫	『丸山眞男論ノート』みすず書房
1994	土井洋彦ほか	『変革の立場と傍観者の理論―丸山真男「史観」批判』新日本出版社
1995	都築勉	『戦後日本の知識人　丸山真男とその時代』世織書房
1997	「みすず」編集部	『丸山眞男の世界』みすず書房
	情況出版編集部	『丸山真男を読む』情況出版
	石田雄、姜尚中	『丸山眞男と市民社会』世織書房
1998	加藤周一ほか	『同時代人丸山眞男を語る』世織書房
	歴史と方法編集委員会	『方法としての丸山眞男』青木書店
	中島誠	『司馬遼太郎と丸山眞男』現代書館
	入谷敏男	『丸山眞男の世界』近代文芸社
1999	中島誠	『丸山眞男と日本の宗教』第三文明社
	中野雄	『丸山眞男音楽の対話』文藝春秋
	後藤総一郎	『丸山眞男「超国家主義の論理と心理」』後藤総一郎ゼミナール
	間宮陽介	『丸山眞男―日本近代における公と私』筑摩書房
2000	田中浩	『日本リベラリズムの系譜　福沢諭吉・長谷川如是閑・丸山真男』朝日新聞社
	小林正弥ほか	『丸山眞男の政治学をめぐって』千葉大学大学院社会文化科学研究科
	今井伸英	『丸山眞男と戸坂潤』論創社
	福田歓一	『丸山眞男とその時代』岩波書店
2001	中野敏男	『大塚久雄と丸山眞男』青土社
	長谷川宏	『丸山眞男をどう読むか』講談社
	冨田宏治	『丸山眞男―「近代主義」の射程』関西学院大学出版会
	宮村治雄	『丸山真男「日本の思想」精読』岩波書店
2002	大隅和雄ほか	『思想史家丸山真男論』ぺりかん社
	北沢方邦	『感性としての日本思想―ひとつの丸山真男批判』藤原書店
2003	板倉哲夫	『丸山眞男論の思想史学』吉川弘文館
	佐藤瑠威	『丸山眞男とカール・レーヴィット』日本経済評論社
	樋口辰雄	『近代への責任思考のパトス―福澤・丸山・ヴェーバー・トクヴィル』お茶の水書房
	笹倉秀夫	『丸山眞男の思想世界』みすず書房
	松本健一	『丸山眞男八・一五革命伝説』河出書房新社
	安川寿之輔	『福澤諭吉と丸山眞男』高文研
	小林正弥編	『公共哲学叢書②丸山眞男論』東京大学出版会
	和久利康一	『丸山眞男研究―その人と思想』カテラ出版会
	吉本隆明研究会編	『吉本隆明が語る戦後55年 12 批評とは何か／丸山眞男について』三交社
2004	池田元	『丸山思想史学の位相―「日本近代」と民衆心性』論創社
	今井弘道	『丸山眞男研究序説―「弁証法的な全体主義」から「八・一五革命説」へ』風行社
	植村和秀	『丸山眞男と平泉澄　昭和期日本の政治主義』柏書房
	菅孝行	『9・11以後　丸山眞男をどう読むか』河合文化教育研究所
	水谷三公	『丸山真男―ある時代の肖像』ちくま新書
2005	石田雄	『丸山真男との対話』みすず書房
	田口富久治	『丸山眞男とマルクスのはざまで』日本経済評論社

稿に目をとおした。著作集は、一九九五年九月の第三巻刊行からはじまり、最終は別巻で、一九九七年三月に刊行された。『丸山眞男集』全一六巻と別巻（岩波書店）の刊行とならんで、『丸山眞男座談』全九冊（岩波書店、一九九八）、『丸山眞男講義録』全七冊（東京大学出版会、一九九八―二〇〇〇）、そして、季刊誌『丸山眞男手帖』（丸山眞男手帖の会、一九九七）などが刊行された。また二〇〇三年には『丸山眞男書簡集』の刊行がはじまり、五巻が二〇〇四年までに出揃った。

こうしたなか、雑誌『諸君！』（一九九九年三月号）では、三回忌もすぎたのに、丸山ブームがずっと続いているとして、「丸山眞男ブームに苦言」（林健太郎・中川八洋《やつひろ》）という対談さえ掲載されている。その後も丸山眞男をめぐる言及は失速してはいない。表序-2は丸山眞男を題名にした著書の一覧である。丸山没後多くなっており、二〇〇三年には、丸山を題名にした著書は一年間に九冊も刊行されている。表序-2はあくまで丸山を表題にしたものだけにかぎっている。表題に丸山がなくても実質的に丸山を論じているものは、多い。丸山についての論文やエッセイとなると、毎年何十も書かれている。丸山論はまだまだ続くだろう。

丸山論がおとろえないのは、丸山眞男が知識人予備軍や知識人の社会化《ソシアリゼーション》（価値・態度・行動の学習）における重要な他者であったからである。肯定的な（正の）準拠人《レファレンス・インディビデュアル》

〈同一化により、価値や態度を内面化する他者〉であったにせよ、反面教師型の否定的な〈負の〉準拠人であったにせよである。

丸山世代

日本政治史学者三谷太一郎（一九三六―）は、丸山眞男の著作や人格との遭遇が精神生活に重大な意味をもった世代を、「丸山体験による丸山世代」とし、戦後の「ほぼ三〇年間に学生生活を送った世代の中に集中している」（「わが青春の丸山体験」『丸山眞男の世界』）といっている。とすれば、安保闘争後の一九六一年に大学入学したわたしは、三谷のいう丸山世代のちょうど真ん中あたりになるが、わたしの世代は、丸山世代であると同時にサルトル世代でもあった。わたしより一二歳ほど年長で、一九五五年に早稲田大学文学部を卒業した評論家中島誠（一九三〇―）が、こう書いている。

五〇年代の日本の学生に圧倒的な影響を与えたのは、サルトルと丸山真男であった。丸山の発表したものの大部分は『現代政治の思想と行動』に含まれている。［中略］サルトルの『壁』や『嘔吐』や『自由への道』そして大著『存在と無』は、五〇年代学生の内面世界を支え、丸山の［中略］「超国家主義の論理と心理」や「日本ファシズムの思想と運動」「日本におけるナショナリズム」等、〔中略〕一九四六年から五八年にかけての諸論文は、五〇年代学生の、日本の近・現代史の本質をみる目を養ったといえる。(「丸山真男・清水幾太郎　価値自由と組織の狭間での実存」『流動』一九八〇年六月号)

丸山がサルトルとならんで五〇年代の大学生に圧倒的影響を与えたことは、中島のいうとおりであろう。しかし、この丸山とサルトル両雄の学生文化への大きな影響は五〇年代で終わったわけではない。すくなくとも六〇年代半ばまではブームが続いたとみなければならない。六〇年安保闘争の翌年に大学入学したわたし自身、サルトルの著作を知的ファッションのように読んだ世代である。一九六六年九月、サルトルが来日し、一〇〇〇人以上が空港に出迎えた。九月二二日に日比谷公会堂でおこなわれたサルトルとボーヴォワールの講演会(「知識人の役割」「女性と知的創造」)の聴衆は二〇〇〇人だったが、朝日新聞社へ申し込んだ入場券購入申し込み葉書は三万通もあった。「実存」「不条理」「投企(アンガジュマン)」などの言葉はインテリの証しの符牒のようになった。レヴィ＝ストロースが『野生の思考』などで主体は自立的実体ではなく構造の結果であり、担い手にすぎないとサルトルの実存主義的主体性論を論破したのは、一九六〇年代初期である。サルトルの日本でのアピール力は、それ以後も続いたが、六〇年代後半にはサルトル・ブームは急速に失速する。しかし、丸山の学生文化への大きな影響は、サルトル・ブームが去っても続いた。

なお、サルトルは訪日したときに丸山と会見している。サルトルはローマでも、モスクワでもニューヨークでも知識人との意思疎通に欠けるところがあったが、「東京ではそれがある」、「丸山教授だ」とかたった（加藤周一・日高六郎『同時代人丸山眞男を語る』）。そしてサルトルは、丸山に自らの主宰する『レ・タン・モデルヌ』日本特集号（一九六九年二月号）への寄稿（テーマ「日本の知識人」）を依頼する。このときサルトル六一歳、丸山五二歳。丸山は二〇〇字三〇〇枚ほどに及ぶ下書きをつくるが、病気のため断念する。七七年六月の学士会の講演「近代日本の知識人」（『集』一〇）はこのときの下書き原稿をもとにしたものである。

丸山体験

丸山世代といっても、丸山に直接教えを受けたゼミ生、丸山が東大教授だったとき受講生だった東大法学部生や東大生、あるいは東大生ではなくとも、丸山の謦咳《けいがい》に接して教えを受けた者たちと、読書によってだけ丸山に接した者とでは、丸山体験にかなりの違いがあるだろう。しかし、「丸山世代」といわれるときには、ゼミや受講による対面的な関係によってだけでなく、読書などをつうじて影響を受けた膨大な層を含んでいる。丸山との直接の個人的な関係による丸山体験派はむしろ少数派である。とすれば、丸山ゼミでも、丸山の講義の受講生でもなかったわたしのささやかな丸山体験は、むしろ、丸山世代の平均的な丸山体験として、とくに若い読者にとっては、丸山がどのような存在であったかを理解する手がかりにもなるだろう。また、年輩の丸山世代にとっては、わたしの丸山体験は、それぞれの丸山体験を思い出す触媒になるだろう。

わたしが大学に入学したのは、さきほどふれたように六〇年安保闘争の翌年である。入学早々、あるサークルに勧誘された縁で、先輩の下宿に遊びにいった。このころの大学生の下宿はいまの学生アパートからみれば、殺風景このうえないものだった。本棚と机が目立った調度品といったていのものだったが、先輩は、難しそうな本がぎっしり詰まった本棚から、二巻本の白っぽい表紙の本を抜き出した。そして、この上下二冊の本がいかにすぐれているかを滔々《とうとう》と述べ、これを読むのがよい、といった。丸山眞男の『現代政治の思想と行動』だった。「上」は一九五六年一二月、「下」は五七年三月、わたしが大学に入学する四、五年前に、未來社から刊行されていた。

そのときはじめて丸山眞男という学者の名前を知った。わたしよりあとの世代になると、丸山の文章は高校の教科書に掲載されたり入試問題になったりするから、参考書や問題集で高校時代に丸山の著作に接した者が少なくなくなるが、わたしの高校時代は、丸山の文章は教科書や受験問題集に登場していなかったから、地方の高校生だったわたしのような者にとっては、大学に入学してはじめて知ることになったのである。しかし当時のわたしは、高校時代の延長で文学のほうに興味があり、丸山の著作を買い求めて読むまでにはいたらなかった。

『日本の思想』

丸山の著作をはじめて読んだのは、それから半年以上たったときである。一一月に、『日本の思想』が岩波新書として刊行された。この本を読もうとしたきっかけは忘れたが、やはり入学早々に先輩が「丸山の本を読むべきだ」と語ってくれた言葉が頭に残っていたのだろう。当時、京大正門のそばにあったナカニシヤ書店や大学生協で飛ぶように売れていた。当時の『京都大学新聞』(一九六一年一一月二七日)の「今週のベストセラー」をみると、両書店で第一位となっている。わたしもすぐさま購入し、個人的に読むと同時に、すぐあとに読書会でも読んだ。当時のわたしには、日本思想史の素養はおろか、社会科学の素養もなかったので、『日本の思想』は、新書とはいえ、読みやすい本ではなかった。しかし、元来が講演だったものをまとめた最終章(Ⅳ)の「『である』ことと『する』こと」は、当時のわたしの読解力でも十分理解できた。

なによりも、簡潔でわかりやすい「であること」と「すること」という鍵概念にひかれた。文中で川端康成の新聞小説『女であること』にふれているので、当時は、「であること」や「すること」は、川端の小説の題名からアイデアを得ているとおもっていたが、それから数年後に、卒業論文作成のためアメリカの社会学者タルコット・パーソンズ（一九〇二―七九）の本（『行為の総合理論をめざして』）を読んでいるうちに、「であること」と「すること」は、パーソンズのいう「アスクリプション」（帰属価値）と「アチーブメント」（業績価値）とからアイデアを得ているようにおもうようになった。実際、丸山はすでに一九五〇年の政治学会での「日本における政治学の過去と将来」という討論（『日本政治学会年報　政治学　一九五〇』一九五〇）でパーソンズに言及しているから、「であること」と「すること」をパーソンズの概念（型の変数）から得ていた可能性は高いようにおもわれる。

「『である』ことと『する』こと」の論文は、丸山が学生時代に受講した末弘厳太郎《すえひろいずたろう》（一八八八―一九五一）教授の民法の講義における「時効」についての説明からはじまっている。時効は、債権者が「である」という位置に安住しているだけで請求「する」という行為をともなっていなければ債権を喪失する、という論理にもとづいているというものであるが、この時効の考え方に重要な意味がこめられている、という。時効の論理にみられるように、欧米では、なにをなしたか、いかなる役割をなしたかの「すること」（業績）がきわめて重要であるが、日本では、家柄や年齢、身分などの「であること」（帰属）の論理がまだまだ幅を利かしている。「である」価値から「する」価値が近代社会への移行とされる。

しかし、この論文にわたしが魅惑されたのは、単に「であること」と「すること」を前近代と近代に二項対立的に並べただけではないところにあった。わたしが魅惑されたのは近・現代日本において、単に「であること」が幅を利かしているだけでなく、「すること」の価値が重要な、たとえば政治の領域で、「すること」が進展せず、逆に、「である」原理が必要な余暇などの領域において「余暇をいかに使うか」というような形で、「する」価値が入り込むといった、重層的視点だった。概念や範疇で事象を明晰化しながらも、概念や範疇の固定的当てはめではないところだった。

『日本政治思想史研究』

『日本の思想』を興味深く読んだあとに、先輩に推薦された『現代政治の思想と行動』を思い出し、当時何回か読んだ。そして丸山の処女出版である『日本政治思想史研究』（東京大学出版会、一九五二）にさかのぼった。

『日本政治思想史研究』では、元禄時代の赤穂《あこう》事件についての論述の箇所がいまでも記憶に残っている。赤穂事件は、浪花節や講談、映画などの大衆芸能でおなじみの事件だった。この事件のあらましを十分すぎるほど知っていたことにもよるが、丸山によって分析されている儒学者の衝撃と判定の分岐について書かれた部分が、とくに印象的だった。赤穂浪士を顕彰すべきとする儒学者と、まったく反対に処罰すべきとする儒学者にわかれた。顕彰派が室《むろ》鳩巣《きゅうそう》などで、処罰派が荻生徂徠などだった。前者は幕藩体制の中核構造を封建的主従関係（封建主義）とみているし、後者は、それを統一政権（絶対主義）とみていたからである。前者の立場からすれば、美談となるが、後者の立場からすれば、処罰論がでてくる。赤穂事件がはしなくも露呈させたのは、幕藩体制の矛盾する二重構造（封建主義と絶対主義）だったのである。

いうまでもなく、講談や映画などでは、事件のこんな読み方はないわけだから、常識の奥にある構造といったものを、エックス線でみせてもらったような強い感銘を受けた。このような読み方をするのが社会科学というものか、とさえおもった。

また、わたしが大学生だった当時は、イデオロギー的上部構造を生産様式や生産力に還元して説明する（俗流）唯物史観や経済史観による反映論＝基底還元主義が跋扈《ばっこ》していただけに、イデオロギーや思想（朱子学的思惟《しい》方法）それ自体を自律的な構造や運動として、それ自体のなかに変動因を読み取るというみかたも斬新だった。丸山は、こう書いている。

本稿は専ら儒教思想の主流をなした学派及《およ》びほぼ純粋な儒者のみを取り上げた。それは、儒教が封建社会の最も強力な意識形態であつた限り、その外からの破壊ではなく、内部からの、いはば思はれざる成果としての解体過程の分析こそ、近世日本の思想が単なる「空間的な持続」に非ざる所以《ゆえん》、換言すればその発展性を最もよく証示すると考へたからである。

わたしが文学青年ぽさから脱皮し、社会科学青年のほうに歩みだそうとするきっかけになった読書体験である。

「ベラー『徳川時代の宗教』について」

もうひとつ、わたしの大学時代の丸山眞男の読書体験は、四回生のとき（一九六四年）である。当時、京大人文科学研究所助教授だった上山春平先生が学内非常勤講師として、わたしの所属していた教育学部の比較教育学の特殊講義（比較思想史）を担当した。上山助教授は、すでに『中央公論』（一九六一年九月号）に「大東亜戦争の思想史的意義」を発表し、『歴史分析の方法』（三一書房、一九六二）も刊行していた。論壇注目の俊英だった。そのことにもよるのだろうが、少人数の教育学部の授業にしては受講生が多かった。このとき使用されたテキストは、二年前（一九六二年）に翻訳が出たばかりのロバート・N・ベラーの『日本近代化と宗教倫理』だった。受講生がそれぞれの章を分担して、発表するという授業形式だった。

ベラーの翻訳の巻末には、付録として丸山眞男の「ベラー『徳川時代の宗教』について」がつけられていた。初出は、ベラーの原書（*Tokugawa Religion: The Values of Preindustrial Japan*, Free Press, 1957）が刊行された翌年（一九五八年）、『国家学会雑誌』（七二巻四号）に発表された書評である。ベラーが自著の日本語翻訳版の刊行のさいに収録を希望し、容れられたものである。しかし単なる書評ではなく、ベラーの本には付録として収録されているが、三四ページもある堂々とした論文である。

わたしは、社会学で流行となっていたアメリカの社会学者タルコット・パーソンズの社会学理論を卒業論文のテーマにしようとおもっていた。当時唯一の翻訳（シルズとの共著）『行為の総合理論をめざして』（永井道雄ほか訳）や原書の『社会体系』（*The Social System*）などを読みはじめていた。しかし、パーソンズの社会学理論は、社会システムと行為システム、パーソナリティ・システムを役割概念や文化（規範）システム概念で統一的に説明しようとする一般理論であり、型《パターン》の変数や価値志向の体系、行為システムの機能的要件であるAGIL（Adaptation〔適応〕, Goal-attainment〔目標達成〕, Integration〔統合〕, Latency, pattern maintenance〔緊張処理と型の維持〕）図式など抽象度の高い概念で構成されていた。日常的思考からかなりの距離があるだけに、難解な社会学理論だった。日本の社会学者によるパーソンズの解説書や論文も手がかりにしようと、読んでみたが、理解の助けにはならなかった。助けにならなかったどころか、パーソンズの原書に輪をかけてわかりにくかった。著者が十分理解していないことを、さも原書に忠実であるかのようにそのままなぞった書き方をするからである。そんなときだっただけに、ベラーの本は、暗夜の光明であった。理論を理論として抽象的に説明するのではなく、徳川時代の社会システムと価値志向の分析にパーソンズ理論を使っているから、理論の理解にはよい手引きだった。なかんずく付録としておさめられていた丸山の書評論文によって、パーソンズ理論の理解が大いに助けられた。

丸山のこの論文は、パーソンズの社会理論の理解の助けになっただけではない。社会科学の考え方についても目を開かれるおもいだった。当時、この論文で印象が強かったのは、著者ベラーのような抽象度の高い理論枠組、つまり厳密な「方法主義」による歴史的研究と実証的な「対象主義」的歴史研究についての丸山の評価（功罪を断ずる）の部分だった。丸山はつぎのように書いている。

歴史や制度の「対象主義的」研究の場合には、たとえ著者の問題意識が必ずしも十分に叙述内容に貫徹せず、また著者の用いる概念が多少曖昧で混乱していても、全体としての研究の評価には必ずしも大きな影響をもたない。［中略］ところが、このベラーの書物のような場合には問題意識の妥当性と、分析上の概念的枠組の有効度は研究全体の価値にとって致命的に重要である。前者のジャンルに（相対的に）属する研究にたいする評価はいわば個々のプラス点と個々のマイナス点との加除算として示されうるのにたいして、こうした高度の方法意識に貫かれた研究はその「メトーデ」（方法―引用者）をいわば全体に掛け合せた結果が評価されることになる。したがっていきおい成功と失敗のひらきが非常に大きくなる。

実証的歴史学者の歴史研究と、社会学的方法にもとづく歴史研究についての長所と短所を端的に指摘している。

マートン的歴史社会学

当時の社会学では、タルコット・パーソンズは一般理論をめざす巨大《グランド》理論家といわれ、それに対して、同じアメリカの社会学者ロバート・K・マートンは、個別の経験的研究によって発見された事実を命題化し体系化する中範囲《ミドル・レンジ》の理論家といわれていた。そんなことから、上山助教授に提出するレポートを「丸山眞男の歴史学」という題にしてつぎのようにまとめた。丸山は、パーソンズのような一般理論家ではないが、そうかといって、経験的領域の命題化や体系化に乏しい対象主義的学者ではない。丸山の歴史分析は、まさにマートン流の中範囲の理論に近いものではないか。ベラーのような一般理論にもとづく歴史研究と歴史学者に多い対象主義的研究方法との比較で、丸山の歴史研究をそのいずれでもなく、中範囲の理論にもとづく歴史学であるとしてまとめた。

わたしがレポートをまとめてから、すこしあとのことだが、丸山眞男の『現代［日本の］政治の思想と行動』英語版（前出）が刊行された。その（英語版の）序文で丸山自身、つぎのように書いている。父親のジャーナリスト幹治《かんじ》（一八八〇―一九五五）が「歴史の出来事のもつ複雑なディテイルを、なんらかの壮大な理論的概念という拘束用衣服に押しこめようとするいかなる試みに対しても、生まれながらの、ほとんど本能に近い抵抗感を体得して」おり、その影響が強かった、として、「『大理論《グランド・セオリー》』への私の生得の懐疑」といっているが、すぐあとに、こうもいっている。しかし、そうだからといって、「唯名論の方へどんなに引き寄せられても、そのことが、有意味な歴史的発展という考えをまったく私から捨て去らせるまでには至らなかった」（『集』一二）。まさしく、丸山の方法は、パーソンズ的ではないことはいうまでもないが、事実にのみつく対象主義でもない。マートン的なのである。

上昇型インテリ

そして、ミイラとりがミイラになったのか、わたしは、この丸山の書評論文を読み、丸山の歴史学についてのレポートをまとめてから、パーソンズ研究をやめ、卒論テーマをマートンの中範囲の理論と機能主義理論に変更することにした。しだいに丸山の論理のはこびかたや抽象のスタイル、そして美的ともいえる文体に魅惑されるようになる。大学のレポートとなると、丸山がトーマス・マンやカール・シュミットの著作、そして夏目漱石の小説などを巧みに挿入する手法や丸山の文体を真似したりした。丸山の本を読むことがインテリの証しであり、丸山眞男の本を読まない学生は大学生に値しないなどともおもっていた。典型的な上昇型インテリ予備軍だったわけである。

いま「上昇型」インテリといったが、その意味は丸山の言説を使ってこう説明できるだろう。『日本の思想』の中で、「維新このかた、日本の目指す進化の目標はむろん『先進』ヨーロッパであった」(一二三ページ)という本文につぎのような註をつけている。

日本の進化(=欧化)と立身出世主義とはいろいろな意味でパラレルな関係にある。田舎書生の「進化」の目標は、まさに「日本の中の西洋」である東京に出て大臣大将への

「段階」を上昇することにあった。欧化は日本の「立身出世」であり、立身出世は書生の「欧化」である。

この丸山の指摘を頭においてみると、上昇型インテリとは、西欧の学問を習得し、山の手文化を志向する文化的立身出世を志向する者である。文化的立身出世主義者は、「東京で大臣大将への段階を上昇する」田舎書生と相似である。そのかぎりで田舎書生の「立身出世主義」と上昇型インテリの「教養主義」は等価だった、とわたしはおもう。

しかし、一方では、吉本隆明（一九二四—）も学生に読まれていた。丸山より吉本を読んでいるほうが渋い、という感覚もあったが、やはり正統知識人は東大法学部教授の丸山であり、吉本はよくもあしくも在野知識人とみられていた。丸山眞男は有名なジャーナリスト丸山幹治の次男（第二子）。大阪に生まれるが、七歳で東京市四谷区にうつり、東京府立第一中学校→第一高等学校→東京帝国大学法学部→東京帝国大学法学部助手、助教授、教授と絵に画いたようなアカデミズム知識人の社会的軌道を歩んだ。それに対して、吉本隆明は船大工の三男（第四子）。東京の下町に生まれ、育った。学歴も東京府立化学工業学校→米沢高等工業学校→東京工業大学。旧制中学校→旧制高等学校→帝国大学の学歴貴族コースではない。傍系学歴である。丸山と吉本は社会的・地理的出自においても学歴軌道においても対極的だった。丸山眞男は山の手知識人の代表であり、吉本隆明は下町知識人の代表である。上昇型インテリにとっては、山の手文化人であり、学歴において正統的行程を踏む丸山こそが範型知識人になりがちである。

丸山はおりおりの思いを書きつけたノート（『自己内対話』）のなかで　ある人間の思想・学説・評論を批判するときに「オックスフォード大学教授の特権によりかかって」というような批判があるだろうか、東大教授であろうがなかろうが、劣悪は劣悪、正当は正当である、と憤懣《ふんまん》やるかたなき正論を述べているが、丸山が東大法学部教授であったればこそ、文化的立身出世主義（教養主義）と呼応してあれほど多くの読者も生まれたということは否定できないのである。

しかし、丸山の著作にはまりだすと、自分のことは棚にあげ、自分と同型の丸山エピゴーネンが鼻持ちならなくおもえてきた。しだいに丸山の著作に対しても愛憎並存の感情をもつようになった。そうした丸山に対するアンビヴァレントな感情や評価も丸山体験世代のもうひとつの群であり、丸山の影響力の大きさを証明するものにほかならないのであるが。

学問の原点

すでにふれたように、正負いずれであれ、丸山眞男は戦後生まれの知識人予備軍の社会化において準拠とされる知識人であった。ジャン＝ポール・サルトルがフランス文化界の有為転変とイコールであり、「フランス文化界の観察のための、またとない顕微鏡」（『知識人の覇権』石崎晴己による「解説」）であると同じように、丸山眞男を考えることは、戦後思想を考えることであると同時に、戦後の知識人と知識人界を考えることなのである。丸山の覇権と失墜の道筋に戦後日本の知識人界が内在化されているからである。本書の目的はここにあるが、まず丸山の言説が丸山の来歴を含めてどう形成されたのかからみていくことにしたい。

後年、丸山は、日本のナショナリズムや超国家主義について「まるでものにつかれたみたいに書いてきた」ことについて、こういっている。

学生のころからいろんな見聞と体験を通じて、日本の「国体」というものは一体何だろう。ファウストじゃないけれど、この巨大なものの奥の奥をきわめたいという気持がいつも根底にあった。日本人のものの考え方にこれほど大きな呪縛力をもったものが、たんなる物理的暴力とはどうしても思えなかったんですね。そいつがしょっちゅう頭について離れなかった。（「戦争と同時代」『談』二）

また『日本の思想』の「あとがき」においては、自分の「超国家主義の論理と心理」以来の日本ファシズムや日本ナショナリズムに関する論文や日本の政治的状況についてのエッセイなどが、批判する者によっても支持する者によっても、日本の精神構造や日本人の行動様式の「欠陥」や「病理」の診断だと受け取られてきたことにふれ、つぎのように書いている。

右のような論稿がいずれも戦争体験をくぐり抜けた一人の日本人としての自己批判——あまりにすりきれた言葉であるけれども、これよりほか表現の仕方がない——を根本の動機としており、しかも三〇年代から四〇年代において何人《なんぴと》の目にもあらわになった病理現象を、たんなる一時的な逸脱ないしは例外事態として過去に葬り去ろうとする動向にたいする強い抵抗感の下に執筆されたために、そうした病理現象の構造的要因を思想史的観点からつきとめることにおのずからアクセントがおかれたからである。(『集』九)

「暗い谷間」の一九三〇年代と敗戦までが、丸山の学問の原点となり、丸山の戦後の大衆戦略のもとになった。この時代の恐怖と嫌悪が丸山の学問の原点になったとはいえ、いまとなっては、恐怖と嫌悪がどのようなものであるかはわかりにくいものになってしまっている。そこで、次章では、丸山の個人史にそくしながら、敵役の右翼思想家蓑田胸喜《みのだむねき》と原理日本社を登場させることによって、丸山のトラウマと学問の原点をみていくことにしたい。

『サルトルの世紀』の著者ベルナール＝アンリ・レヴィは、知識人を理解するときには、知識人が関わった灌木《かんぼく》林とその中での霧と闇をみすえなければならないという。

　各人にそれぞれの闇がある。正確に言って、この人の闇とは、どんな闇だったのか。あの人の闇とは。本当のところ、彼が関わった特殊具体的な霧の厚みとはどのようなものであっただろうか。その霧の厚みこそが、彼にとって見えないものと見えるもの、聞こえないものと聞こえるもの、つまりは、ある種、語りうるものと語ることが不可能な、または困難なものを決定したのだ。（石崎晴己監訳、傍点引用者）

丸山にとってベルナール＝アンリ・レヴィのいう「灌木林」や「霧」は、蓑田や原理日本社、帝大粛正期成同盟が跳梁跋扈《ちようりようばつこ》する一九三〇年代から敗戦までだったからである。

一章　ある日の丸山眞男
――帝大粛正学術講演会

国士舘専門学校教授時代の蓑田胸喜（上）と1938年９月19日の「帝大粛正学術講演会」の様子（下、『原理日本』1938年10月号より）。（いずれも柏書房提供）

帝大粛正学術講演会

丸山眞男の学問の原点とトラウマを探るために、時間をいまから半世紀以上も前、一九三八（昭和一三）年九月一九日（月曜日）午後六時すこし前にさかのぼらせる。場所は、いまもそのまま東京・日比谷公園の一角にある日比谷公会堂。建物が建設されたのは一九二九（昭和四）年。東京の中心部にある立地のよさと収容規模が大きいこと、瀟洒なつくりとがあいまって、演説会や音楽会、式典などの晴れがましい舞台として利用されていた。帝大粛正期成同盟主催の「帝大粛正学術講演会」という帝国大学と帝国大学教授の糾弾会がここを会場としてはじまろうとしている。

ここで帝大（帝国大学）というのは、一八八六（明治一九）年に、帝国大学令（勅令第三号）によって創設された現在の東京大学が最初であるが、一八九七（明治三〇）年に、京都にもうひとつの帝国大学（京都帝国大学）が創設されることによって、従来の帝国大学は東京帝国大学となる。以後東北（一九〇七年）、九州（一九一〇年）、北海道（一九一八年）、大阪（一九三一年）、名古屋（一九三九年）、京城《けいじょう》（現ソウル、一九二四年）、台北《タイペイ》（一九二八年）に設けられた。こうして帝国大学はひとつから複数になったことで戦前期の官立総合大学の総称となる。したがって、帝国大学には、一八八六年から一八九七年の京都帝国大学創設までの現東京大学の固有名詞の意味とそれ以後の官立総合大学を総称する普通名詞の意味との両方が含まれている。帝大粛正学術講演会が開催されたときには、内地に東京、京都、東北、九州、北海道、大阪の六つの帝大があったことになる。しかし、帝大粛正学術講演会は、六つの帝大を隈なく視野に入れて糾弾会をおこなったわけではない。帝大のなかで屹立《きつりつ》した地位にあった帝大のなかの帝大である東京帝大を標的にしていた。

主催者側発表によれば、聴衆二八〇〇人。日比谷公会堂の階下席と階上席をあわせると、約二〇〇〇席である。翌日の新聞（「日比谷にあがる帝大粛正の叫び」『読売新聞』九月二〇日）では、「超満員」とされているから、主催者側発表人数も誇張とはいえない。本章の扉の写真が示すように、立錐《りっすい》の余地がないほど聴衆がいる。二〇〇〇人をこえる聴衆を集めたことは間違いない。同じ記事で、「学生が九分通り」とされているから、聴衆のほとんどは、学生だったことになる。注目すべきは、この中に二四歳の東京帝大法学部助手丸山眞男がまじっていたことである。助手になってから約一年半ほど後のことであった。丸山は、指導教授南原繁《なんばらしげる》（一八八九—一九七四、戦後の東大総長）の「君一寸《ちょっと》行って様子を見てきてくれ」、という指示によって聴衆となった。どんな講演会だったかをみる前に、会場の外に視線を移し、このころの時代風景をみておこう。

日本精神と国体明徴

一九三七（昭和一二）年七月七日夜、北平《ペイピン》（北京）南西約二〇キロにある盧溝橋《ろこうきょう》に駐屯していた日本軍が演習をおこなっていた。そのとき数発の実弾が撃ち込まれた。日本軍が攻撃をはじめ、戦闘となる。日中戦争が勃発した。翌年一月一六日、つまりいまふれている帝大粛正学術講演会の半年ほど前には、「帝国政府は爾後《じご》国民政府を対手《あいて》とせず」の近衛文麿《ふみまろ》首相の声明によって、和平工作が打ち切られ、日中戦争は泥沼化する。四月には国家総動員法が公布された。政府が、国防目的達成のため、国民の徴用や国民の総動員業務への協力、雇用と労働等の労働条件について勅令により命令できることになったのである。公認の時代思潮は日本精神論などの国粋主義だった。一九三五（昭和一〇）年二月の第六七回帝国議会貴族院本会議において美濃部達吉の天皇機関説（天皇ではなく国家を主権者とみ、天皇はその最高機関とする）が国体違反と批判されたことから国体明徴運動が展開されたからである。国体の本義を明確にし、人心の帰趨をひとつにすると同時に、国体に背馳《はいち》する言説や行動に対して断乎たる措置を取るとする運動である。一九三五年一一月に文部省思想局から出された『日本精神論の調査』は、劈頭《へきとう》、つぎのようにいっている。

「日本精神」なる語が標語としての力強さと一種新鮮なる感触とを以て、我が国民の間

図1－1　「日本精神」を題名とする図書数推移

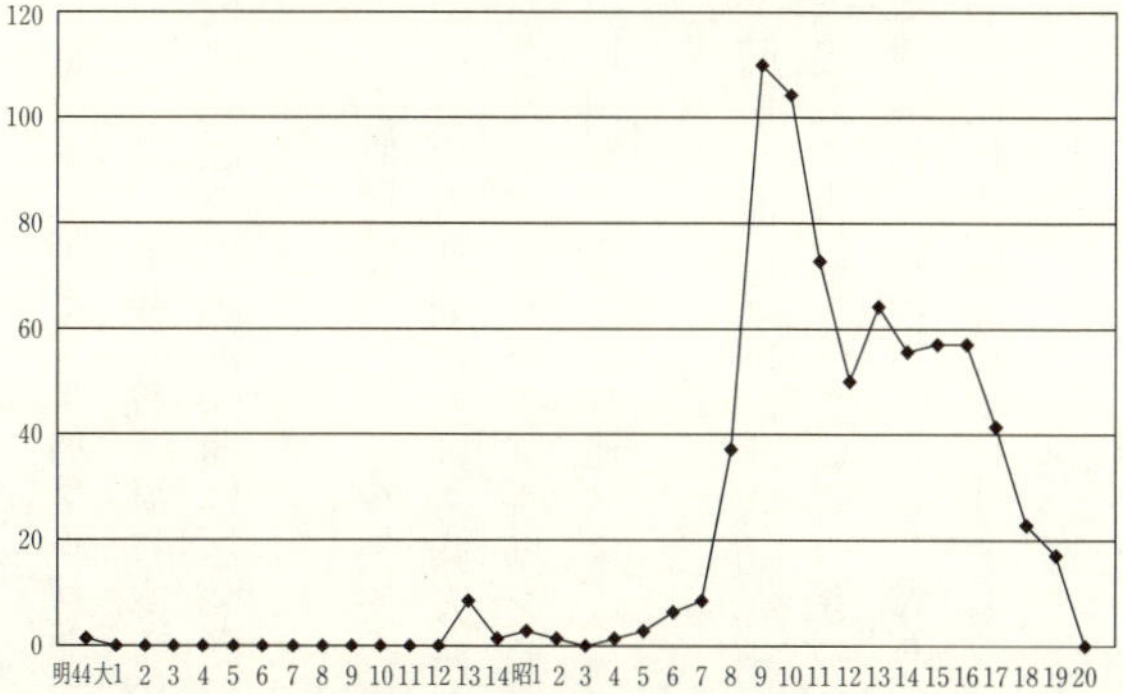

（出所）『国立国会図書館蔵書目録』より作成（叢書などのように年度をまたがって刊行されている場合は、点数を刊行期間で除して年度別平均点数で集計している）

に急速に伝播するに至つたのは、大体昭和六年秋の満洲事変以後のことである。翌七年及び八年には左翼的或《あるい》は自由主義的傾向の強いものを除く定期刊行物の多くは、日本精神なる語を用ひ、「日本精神特輯号」等を刊行して一層流行の勢を援《たす》け、爾来この語は国民の間に広く受容せらるゝに至つた。

図1－1は『国会図書館蔵書目録』（明治・大正から昭和二四年まで）によって「日本精神」を題名にした書籍の年度別刊行数（種類）の推移を集計したものである。いま引用した『日本精神論の調査』がいうように、日本精神関係の書籍が昭和六（一九三一）年に擡頭し、九、一〇（一九三四、三五）年にピークをむかえる様子が確認できる。日本精神論や国粋主義は入学試験にまで及ん

でいる。一九三四（昭和九）年に官公立高等商業学校校長会議は、「入学試験ニ際シテハ試験科目中ニ『国史』ヲ加フルコト」を決定し、翌年から、官公立高等商業学校で国史が入試科目になる。高等学校入試にもその影響は及んでいる。一九三七（昭和一二）年の第二高等学校の「国史」試験問題は、つぎのようなものである。

（一）戦国時代に於ける皇室と国民との関係を略述して我が国体の尊厳を説明せよ。（二）江戸時代の初期に於ける邦人海外発展の状況を記せよ。（三）武士道の精神は現代にも適用されるべきや否や、所見を開陳せよ。（四）各自が崇敬する国史上の人物を挙げて、崇敬理由を事実的に叙述せよ。

当時の入試問題解説集（『昭和十二年　入学試験問題詳解』）は問題（四）の「各自が崇敬する国史上の人物」についてつぎのような「ヒント」を書いている。「楠木正成、乃木希典、和気清麻呂、吉田松陰など、適宜の人を選ばれたい」。

右翼団体や団体員も急増する。団体員数は、三二万人（一九三二年）から六七万人（一九三六年）に急増している。表1-1は、一九三九（昭和一四）年に存在する国家主義の学内団体を、学校種類別・創立年度別（一九一五年から）にみたものである。一九三二（昭和七）

表１－１　年度別国家主義学内団体創立数（大学・高等学校・専門学校）1915―1939年

学校別	大学					高等学校				専門学校				合計
	帝大	官立	公立	私立	小計	官立	公立	私立	小計	官立	公立	私立	小計	
1915年					0				0				0	0
1916年				2	2				0				0	2
1917年					0				0	1			1	1
1918年					0				0				0	0
1919年	1				1				0				0	1
1920年					0				0				0	0
1921年					0				0				0	0
1922年				1	1				0				0	1
1923年				1	1	1			1	1			1	3
1924年					0				0	1			1	1
1925年	1			3	4				0	2			2	6
1926年	1			4	5	1			1	1			1	7
1927年				2	2				0				0	2
1928年	1				1				0	1		1	2	3
1929年				1	1	1			1				0	2
1930年				3	3				0	2		1	3	6
1931年	1	1		3	5				0	2		2	4	9
1932年	5	2		6	13	3			3	3			3	19
1933年	3		1	10	14	1			1	7		4	11	26
1934年	1	5		6	12	2			2	2		1	3	17
1935年		1		3	4	1			1	3		1	4	9
1936年	1			2	3				0				0	3
1937年	1			5	6	5	1	1	7	5	2	2	9	22
1938年	7	1		7	15	8			8	7	1	4	12	35
1939年	3	2		15	20	6		1	7	2	1	2	5	32
合　計	26	12	1	74	113	29	1	2	32	40	4	18	62	207

（出所）藤嶋利郎『最近に於ける右翼学生運動に付て』（社会問題資料研究会編『社会問題資料叢書　第１輯』東洋文化社，1972）

年以後の創立が多いことと、一九三八、三九（昭和一三、一四）年に団体設置が急増することがわかる。大正末期から昭和初期は高校や大学ではマルクス主義を中心とした左翼思想が支配したが、いまや左翼学生団体は壊滅し、国家主義学生団体がキャンパスを闊歩する時代となっていた。帝大粛正学術講演会が開催されたころの街には、淡谷のり子の歌う「雨のブルース」や「人生劇場」とならんで「愛国行進曲」や「日の丸行進曲」などの軍国歌謡が流れていた。

時代の空気が急変

丸山眞男は、一九三一（昭和六）年四月から三四年三月まで第一高等学校生徒、一九三四年四月から三七年三月まで東京帝大法学部学生だったから、時代の空気が急変する時代を生きたことになる。丸山が第一高等学校に入学したときに、一高寮内で「民族主義と国際主義」の講演会を聞き、満洲事変後、時代の空気が大きく変わったことを知る。一高三年生（一九三三年）になったばかりの四月一〇日、そんな時代の急変を身をもって知る。本郷仏教青年会館で唯物論研究会創立記念第二回講演会に出席した。丸山の父幹治の親友で、丸山にとっては、南原とならんでもう一人の師である長谷川如是閑《はせがわにょぜかん》（一八七五―一九六九）が挨拶を始めると、本富士《もとふじ》警察署長から解散を命ぜられる。聴衆の一人にしかすぎなかった丸山は検挙・勾留される。特高刑事が「なんで会に入った」と訊くので「会長の長谷川さんと子どもの時代から……」というと、ビンタを食らう。「如是閑なんて戦争が始まったら真っ先に殺される人間なんだ」といわれて目の前が真っ暗になる。この年、日本共産党幹部の佐野学と鍋山貞親《なべやまさだちか》が獄中転向声明を発表した。日本共産党は中央委員のスパイ処分やリンチ事件による中央委員の逮捕などによって壊滅状態となった。東京帝国大学学生課がまとめたマル秘冊子『昭和八年中に於ける本学内の学生思想運動の概況』は、学内の左翼運動の沈滞をつぎのように書いている。

［略］八年初め相当多数の処分をしたのと、七年十月六日の大森ギャング事件に対する共産党中央部の白々しい態度に対する反感とからして八年度の学内左翼運動は著しくその支持者を失ひ、漸く一部盲信者の協議会を継続し得るに過ぎない形となつた。瀧川事件なかりせば左翼は殆んど全く一般大衆に働きかける機会もスローガンも無かつたであらうと思はれる。瀧川事件は左翼に好餌《こうじ》を投じた形であつた。然《しか》し之《こ》れも大学自由擁護聯盟《れんめい》幹部の検挙によつて、九月下旬を以て全く終熄《ママ》した。爾来数名の潜行分子も検察当局の追求急にして、十分活動するを得ず、社会状勢の一般と同様に極めて静穏に越年するに到つた。

九月下旬をもって左翼運動は終熄したとキャンパス模様が描かれた翌年（一九三四年）四月、丸山は東京帝大法学部に入学する。丸山も大学キャンパス風景をつぎのように述べている。

ビラもデモもなく、構内は晴天の海のごとく静かです。学生運動のガの字もない。かえって二年のときだったか、右翼団体の羽織袴の連中が銀杏並木のところに押しかけて来て、末弘［厳太郎］法学部長に辞職勧告をするという騒ぎで、授業が中止になった。（「如是閑さんと父と私」『集』一六）

ただし、丸山がここで「二年のときだったか」、とやや曖昧に述べている事件（右翼団体の一団が末弘法学部長に辞職勧告）は、正しくは一九三五（昭和一〇）年二月一五日のことである。丸山が「二年」ではなく、一年のおわりごろの事件である。国体擁護連合会の一〇人以上の面々が帝大に乗り込んできたが、法学部長末弘厳太郎と面談できず、末弘の著書『法曹閑話』に不敬な部分があるとして引責辞職の勧告文を手渡した事件である（「両博士へ引責勧告文」『読売新聞』一九三五年二月一六日）。末弘教授を「出版法並ニ治安維持法違反」（一九三四年六月）で告発していたのが蓑田胸喜（一八九四―一九四六）で、国体擁護連合会の要職

（常任委員・特別研究員）にあったのだから、この「事件」の糸を引いているのが彼であることは明らかだった。この蓑田こそ、帝大粛正学術講演会の主役級人物である。

日本版マッカーシズム

そういったところで、いま本書を手にしている多くの読者、とくに若い読者はおそらく、蓑田の名前を耳にしたこともない人が多いだろう。まして蓑田が生涯にわたって、四〇冊以上もの本（編著を含む）を刊行し、蓑田が主宰した『原理日本』という月刊誌が一九二五（大正一四）年一一月号から一九四四（昭和一九）年一月号まで一八年余にもわたり、通巻一八五号も発行されていたこと、何十冊という紙製凶器である人物攻撃パンフレットを作成し、各界要人に配布していたことを知る人は少ないであろう。

しかし、戦後のある時期までの知識人、つまり戦前の高等教育を受けた者にとっては、リベラルな大学教授をつぎつぎに糾弾し、著書を発禁にさせ、大学から放逐する「大学教授思想検察官」として蓑田と原理日本社の名は記憶に深く刻みこまれていた。だから、戦後になっても一九六〇年代までは、「〇〇は現代の蓑田胸喜だ」とか「蓑田胸喜式」と、左右をとわずファナティックで攻撃的な人物の見立てに蓑田胸喜がつかわれていた。

たとえば、山田宗睦《むねむつ》が『危険な思想家』（一九六五）というベストセラーの中で、林房雄や三島由紀夫、石原慎太郎などの保守派知識人を戦後民主主義を否定する思想家として槍玉にあげたときに、桶谷繁雄《おけたにしげお》や竹山道雄は、「斬る」などの過激な用語で攻撃するやり口から山田のことを「現代の蓑田胸喜」(「座談会　危険な思想家」『自由』一九六五年五月号、「巻頭言」同誌同年六月号)といっている。左派の評論家松浦総三は、山本七平を反共主義者だとして「現代の蓑田胸喜かもしれない」といっている(「タカ派文化人の牙城『諸君!』の危険な構造」『『文藝春秋』の研究』)。このころまでは、そういう見立てが知識人読者になるほどというリアリティをもたらす共通知識と共通感情があったことになる。

蓑田は、日本版ジョゼフ・マッカーシー(一九〇九―五七)だった、といったらわかりやすいだろう。一九五〇年代初期のアメリカで、多くの学者を反米活動のかどで追放するという一大旋風を巻き起こしたヒステリー的反共運動の仕掛け人がマッカーシー上院議員である。とくにハーヴァード大学が狙い打ちにされた。蓑田胸喜も「赤化ないし容共」教授を「反日活動」(国体違反)として、糾弾と追放のキャンペーンをはり、東京帝国大学を攻撃した。

蓑田はマッカーシーのように議員ではなく、民間の右翼思想家だったが、蓑田の背後には議員が控えていた。貴族院議員の三室戸敬光《みむろどゆきみつ》子爵(一八七三―一九五六)、維新の志士の末裔井《い》田磐楠《だいわくす》男爵、軍人出身の菊池武夫男爵、衆議院議員の宮沢裕(宮沢喜一元総理大臣は長男)や江藤源九郎などである。平沼騏一郎《きいちろう》や小川平吉、荒木貞夫などともつながっていた。

いま名前を挙げた議員連は蓑田などの情報源によって、議会で帝国大学教授を「赤化教授」や「容共教授」、はては「学匪《がくひ》」や「逆賊」という激しい言葉で糾弾した。瀧川幸辰《ゆきとき》事件も衆議院予算委員会での宮沢裕、貴族院本会議での菊池武夫などの「赤化教授問題」からはじまった。美濃部達吉の天皇機関説も一九三五（昭和一〇）年二月の第六七回帝国議会貴族院本会議での菊池武夫の弾劾演説から議会で連続的に槍玉にあがり、美濃部は貴族院議員辞職に追いやられる。攻撃材料と理屈を提供したのが蓑田だった。蓑田たちといまふれた貴族院議員などとの非公式のネットワークが公式圧力団体になったものが帝大粛正期成同盟（一九三八年九月四日設立）である。会員は百数十人。貴族院議員のほかに右翼思想家、ジャーナリスト、もと帝大教授などをあつめていた。

糾弾される教授たち

『原理日本』誌上で蓑田によって攻撃された知識人を年度別・頻度別にみたものが、表1－2である。東京帝大法学部助教授矢部貞治《ていじ》（一九〇二—六七）のように、蓑田以外の同人によって糾弾された知識人は含まれていない。また表1－2はあくまで論文の題名ないしは副題にあらわれたかぎりのもので、文中での名指し攻撃は含まれていない。さらに検事や官僚、政治家は除いて大学教授などの知識人についてだけ集計したものである。

表1－2　蓑田胸喜によって『原理日本』で攻撃された知識人

	1925	1926	1927	1928	1929	1930	1931	1932	1933	1934	1935	1936	1937	1938	1939	1940	1941	1942	1943	計
高畠素之	1																			1
長谷川如是閑	1			1																2
室伏高信		1																		1
猪俣津南雄		1			1															2
大川周明		1														1				2
遠藤無水		1		1																2
河上肇			1	1																2
和辻哲郎			1																1	2
田中耕太郎			2							1		1	1	1						6
西田幾多郎			1	1										1	1	1	2			7
桑木厳翼				2																2
河合栄治郎					1					2				2	1		1			7
瀧川幸辰					1															1
美濃部達吉						2		1	2	4	6	3								18
権藤成卿								1												1
佐々木惣一									1											1
宮本英雄									1											1
泉二新熊										1										1
安岡正篤										2	1									3
末弘厳太郎										2	1	1								4
横田喜三郎										1	1						1			3
帆足理一郎										1										1
友松円諦										1										1
岩波茂雄										1					1	1				3
宮澤俊義										1		1								2
一木喜徳郎											4									4
杉村広蔵											1									1
大島正徳												1								1
今中次麿												1								1
渡邊宗太郎												1								1
野村淳治												1								1
三木清												1			1	1		1		4
田邊元												1	1							2
蠟山政道												1			1					2
矢内原忠雄													3							3
平野義太郎															1					1
小保内虎夫															1					1
天野貞祐															1					1
津田左右吉															1	2				3
南原繁																1				1
後藤隆之助																1				1
平貞蔵																1				1
有馬頼寧																1				1
岸田國士																1				1
安倍能成																	1			1
佐藤通次																	1			1

（出所）今田絵里香「解題――『国家と大学』」『蓑田胸喜全集』第五巻、2004、柏書房より作成

頻度でみると、天皇機関説事件の美濃部達吉がもっとも多く、一九三〇（昭和五）年から一九三六（昭和一一）年までに、計一八回も攻撃をうけている。以下攻撃回数の多い順に、西田幾多郎《きたろう》・河合栄治郎（東京帝大経済学部教授）（七回）、田中耕太郎（東京帝大法学部教授）（六回）、末弘厳太郎（東京帝大法学部教授）・一木喜徳郎《いちききとくろう》（もと東京帝大法科大学教授、枢密院議長）・三木清（四回）、横田喜三郎（東京帝大法学部教授）・矢内原忠雄（東京帝大経済学部教授）（三回）、桑木厳翼（東京帝大文学部教授）・蠟山政道（東京帝大法学部教授）・和辻哲郎（東京帝大文学部教授）・宮澤俊義（東京帝大法学部教授）（二回）、平野義太郎（もと東京帝大法学部助教授）・南原繁（東京帝大法学部教授）（一回）などである。これをみても東京帝大教授、とくに法学部教授が多いことがわかる。丸山は、蓑田が主宰した原理日本社の魔風が吹き荒れた時代についてつぎのように述べている。

私が助手から助教授になったころにかけて、つまり昭和十二年から昭和十五、六年時代は、大学の一般はいざ知らず、少なくも東大の法・経両学部にとっては、恐らくその歴史上最悪の受難時代であったといっていいと思います。勿論《もちろん》、大学に対する国家主義乃至《ないし》は右翼的な立場からの攻撃と権力の弾圧は、昭和の初めから断続的に行われていましたが、それが、個々の教授を追放するという段階から、さらに進んで学部の問題へ、ついには大

学全体を粛正すべしという問題にエスカレートして行ったのは、まさにこの時期でありま
す。[中略]先程引用しました蓑田胸喜著『国家と大学』の副題が「東京帝国大学法学部
の民主主義無国家思想に対する学術的批判」となって居ることにも象徴されます。『原理
日本』とか『帝国新報』のグループという事を申しますと、歴史的な感覚抜きに考えます
と、今日でもその辺の電柱にビラを貼っております極右団体のようなものを想像しがちで
あります。が、その背景の深さと権力中枢との結びつきという点に於ては、ほとんど比較
を絶するものがあるのであります。(「南原先生を師として」『集』一〇)

矢部貞治・小田村寅二郎・丸山眞男

丸山よりも一二歳年上で、当時東京帝大法学部助教授だった矢部貞治の日記(「銀杏の巻」)
にも、蓑田や原理日本社、機関誌『原理日本』についての言及がしばしばなされている。一
九三八(昭和一三)年二月七日のところでは、つぎのように書かれている。内務省の友人か
ら雑誌『原理日本』を持って来てもらった。みると、警保局の役人がこの雑誌の矢部攻撃の
記事に赤線や青線を引き、丸や記号までつけている。「こんな札付きの連中の攻撃」を金科
玉条にしている警保局の役人に憤慨して、矢部はこうつづけている。

僕は思想が右翼の立場からけしからんとの理由で問題にされ、免官になることは深く覚悟してゐるから構はぬが、［中略］最悪の場合は、即ち治安維持法問題での検挙だ。［中略］次に考へられるのは、他の人達と一緒に免官にされることだ。その次には講義案の改訂を命ぜられることだ。その次には、容易に教授に昇進させられぬことだ。

このとき、矢部が手にした記事は、時期と矢部が書いている内容――「僕の様な西洋かぶれを、東洋文化建設の大使命を実現すべき明朗北支に派遣することは、この度《た》びの聖戦を無意味にするものだといふのが筋途《すじみち》で」――からみて『原理日本』一九三八年一月号の「矢部貞治氏の『政治学講義要旨』を評す」（松田福松《ふくまつ》）だろう。

一九四一（昭和一六）年一月八日の矢部日記には、「［略］蓑田胸喜の『国家と大学』といふ本が来たので、めくつて見た。相変らず泥水を人にぶつけて悦《よろこ》んでゐる。但し僕のことなど師弟その所を逆にしたなど言つて、相変らず毒舌を弄してゐる。こんなものに拘泥する要はないが、大学当局者がいけぬと言ふなら潔く辞職しなければならぬ」とも書かれてある。ここで「師弟その所を逆にした」というのは、日記から三年ほどまえのつぎのような事情のことをいっている。

帝大粛正学術講演会の半年ほど前（一九三八年三月）におこなわれた学年末試験で、矢部の講義内容についての激しい批判の答案が法学部学生小田村寅二郎《おだむらとらじろう》(一九一四―九九)から提出された。小田村はほかならぬ丸山眞男と因縁の人である。丸山と東京府立一中で同級生(乙組)として机を並べた仲であり、(旧制)中学校のとき小田村は丸山とお互いの家を行き来していた親しい友人でさえあった。丸山より二年遅れて一高に進学し、さらに一年浪人し、丸山と同じ東京帝大法学部に進学した。後年、小田村は、府立一中時代の交流をつぎのように書いている。丸山が自分の家にきて、蓄音機でレコードを聴きあっていたときのことである。レコードが日本のものばかりだったことから、丸山からこう不満をいわれたというのである。「ずいぶん古臭いぢやないか」「君の家には、ジャズのレコードはないのか」。小田村はこうした音楽の趣味の違いにまつわるエピソードを象徴にして、このころから「二人の進む道の分岐点が、既にはつきり運命づけられてゐたのかも知れません」(「丸山真男氏の思想と学問の系譜」『学問・人生・祖国』)、と述べている。

一方、丸山のほうも、小田村について、こんなふうにふれている。小田村は金持ちの坊ちゃん(小田村の曾祖母は吉田松陰の実妹)で、中学時代にアメリカに旅行したこともあったが、中学時代は軟派で、一高入試も何回も落第した。ところが、アメリカより帰ってからは、急速に右翼になった。一高に入学してからは、寮の委員長などをやり、極右に近くなった(『聞き書 南原繁回顧録』)、といっている。丸山のいうところをいくらか敷衍しておくと、小田村は、一高昭信会（一九二九年に設立された学内文化団体）で聖徳太子などの思想を学び、歌人三井甲之《みついこうし》（一八八三—一九五三、蓑田の師）や蓑田胸喜を師とした。寮の委員長というのは、三年のときの寄宿寮委員長である。なお昭信会の前身が（一高）瑞穂《みずほ》会で、丸山が一高で聞き、時代の空気が一変したと感じた「民族主義と国際主義」は瑞穂会が主催した講演会である。一高昭信会の後身があとにでてくる東大精神科学研究会（一九三八年六月創立）である。

怯えと過剰対応

さてその小田村であるが、試験前夜に用意していたとはいえ、日本を研究対象から除外した政治学が果たして日本人の学ぶに値する学問といえるだろうかという問いかけではじまる約六四〇〇字にわたる「答案」という名の講義批判を書いた。矢部は、この「答案」と補足として小田村から送られた書簡（三月八日）を読んで、小田村につぎのような手紙（三月九日）を出している。

小生の政治学が西洋政治の発展の探求にあって、日本を故意に除外しているという批判はまことにもっともである、とはじめ、「小生も学兄の現に見らるゝ様な大学に学び、大体に於て西洋流の学風の中で教育せられ研究室に於ても亦《また》その様な学風に導かれたもので、又その時代にはこれを今日程問題とする風潮もなく、一般に大学内に於ても疑ふものも少なく、小生も無自覚のまゝこの様な学風を追及したのでした」、と反省を述べる。そして西洋政治原理を探求したあとに日本政治の研究をしたいとする。その後の小田村の追及の手紙にはつぎのような返信が書かれてさえいる。「かゝる追及も意味小さきものとならざるを得ぬこと学兄の申さるゝ通りであります。［中略］只今の私としましては、益々この未熟欠陥を自覚致し、学兄の御言葉の如く、日本人としての全身的生活欣求《ごんぐ》を志しつゝとにかく現在までに到達してゐますところの人生観を基礎として、課せられた職務を果たしたいと念願致すのであります。私の欠陥を痛感し、将来への生活の示唆を受けました点で、学兄に対する衷心よりの御礼を申し上げます」（一九三八年四月七日）。あるいは「学兄の引用せられます諸文献特に明治天皇の御製は唯恐懼《ただきょうく》感激して拝誦《はいしょう》仕《つかまつ》りました」とも返信している。「師弟その所を逆にした」といわれても仕方がないものである。あまつさえ矢部は小田村のこの「答案」に「優」を与えてしまっている。

それだけにとどまらない。翌年度（一九三八年四月）開講の「政治学」講義の教科書（『政治学』）を全面的に改訂し、日本に関する部分は全部除去し、表題も『欧州政治原理講義案』としてしまっていた。さらには、『欧州政治原理講義案』の巻頭序文で、本講義案の西欧の政治原理がそのまま我が国に妥当するものではなく、とくに自然権的個人主義や人民主権論、革命原理は我が国にはまったく妥当しない、万世一系、一億万民億兆一心の家族的共同体国家の理念にもとづく日本は、「如何《いか》なる西欧的統治概念を以つても理解せらるゝこと能はざる独特の統治」とさえ、書いているのである。

小田村とその背後の勢力に、かなり怯《おび》えたことによる過剰対応であろう。矢部がこうまで、小田村とその背後に妥協的だったのは、気弱な性格によるものなのか、当時助教授で、教授昇進を控えていた（一九三九年八月教授昇進）から、外部からの攻撃にことのほか敏感だったのかもしれない。国体明徴運動が院外団や一部の議員の運動や思想ではなく、政府の公式見解になってしまっていることから、知識人公共圏と大衆公共圏がそれぞれ密教（天皇機関説）と顕教（現人神）のようなかたちで棲み分けできなくなったからである。いまや甲羅無《バッファー》き知識人界において矢部の気弱さが露呈し、右往左往の対応が生まれ、同時に攻撃者から突かれやすかったのである。ともあれ、矢部の怯えかたやそれによる過剰な対応は、当時の東京帝大教授たちの恐怖心を象徴するものである。

容易ならぬ運動

これまでふれた丸山の回想や矢部の日記が示すように、蓑田胸喜や原理日本社は、東京帝大を中心とした教授たちにとって、発表された論文や書物の字句がとりあげられ、院外と議会で糾弾され、著書が発禁にされ、免官にいたらされる運動の担い手という恐るべき人物と結社だった。蓑田の名前は、一九三三(昭和八)年の瀧川事件の火つけ役としてすでに知識人の間で知れ渡っていた。そして、蓑田による末弘教授の告発は、第二の瀧川事件として注目されていた。しかし、まだ学生にしかすぎなかった丸山にとっては、さきほどふれた国体擁護連合会の面々の帝大乗り込み事件をわが身の将来に引きつけて考えるほど深刻きわまる事件ではなかったろう。丸山は三年生の秋になっても、聯合通信(共同通信の前身)の試験でも受けようとおもっていたのだから。

しかし……。丸山は、一九三七(昭和一二)年三月卒業。四月から東京帝大法学部助手となる。助手になったということは、近い将来に東京帝大助教授・教授になることを意味する。そして蓑田たちの攻撃は東京帝大法学部と東京帝大法学部教授個人への激しい糾弾運動として社会の前面にでてきていた。帝大粛正学術講演会の半月ほど前の八月二六日には、のちの帝大粛正期成同盟の面々が、東京帝大の評議会室で総長と会見まで行ない、帝大法・経済学部が「赤化容共の宣伝策源」になっている、元凶教授を辞職させよと迫っている。いまの、そして将来の自分に深くかかわる容易ならぬ運動ということがひしひしと感じられることになった。

帝大自治の攻略

このころ日本陸軍は中国大陸で、漢口や武昌、漢陽攻略戦を展開中だった。作家林芙美子（一九〇四—五一）は、「ペン部隊」の一員として、参加し、南京から漢口にむかっていた。攻略は、中国大陸だけでなく、帝国大学の大学自治というトーチカに対しても仕掛けられていた。

ここで大学自治というのは、帝国大学の総長が教授の選挙によって、また大学教授の任免が教授会の同意によっておこなわれるという大学人事をめぐる慣行である。原理日本社の蓑田胸喜や貴族院議員などを含む民間団体（帝大粛正期成同盟）と、かれらと気脈をつうじていた軍人出身の文部大臣荒木貞夫（一八七七—一九六六）によって、定着していた教授人事をめぐる大学自治が危機にさらされたのである。攻撃側の論の組みたてかたはつぎのようなものである。

いま皇国は、未曾有の難局にあたっている。ところが最高学府である帝国大学においては民主主義や共産主義などの皇国に対する反逆思想が培養されていて、学生や国民にむかって宣伝されている始末である。挙国一致や国民精神総動員といいながら、内部より破壊するこうした凶逆思想を看過しておくことはできない。こうした不逞かつ不穏な思想は、大学自治という不法な慣例を楯にしている。大学の自治なるものは大学の内規にすぎない。帝国大学令に違反するばかりではなく、国憲国法に反したものである。大学自治は天皇機関説の思想からでるもので、現実には大学教授たちの選挙制（入れ札デモクラシー）が派閥意志に利用されているにすぎない。大学自治が多年慣習として認められてきたのは、法的根拠があったのではなく、歴代文相が輔弼《ほひつ》の責任をはたさなかったことによって、大学当局が悪慣習をつくったことによるのである。いまや大学の問題については、輔弼の任の責がある文部大臣や内務大臣の断乎たる処置こそが要されている。こういう筋立てである。いうまでもなく、大学自治そのものが問題であるよりも、帝国大学の学風改革が目的であり、そのためには、帝大教授たちの堅固なトーチカとなっている大学自治を破壊しなければならなかったのである。

蓑田と原理日本社のいうところを補えば、つぎのようになる。内外国難の根本原因は、政党や財閥、特権階級の腐敗よりも、明治以来の帝国大学から発源する欧米崇拝と唯物的個人主義思想という国体破壊思想の累積によるものである。帝大の学風は、学生だけに影響しているわけではない。司法官や官僚、政党の堕落と政府の無気力にも及んでいる。『東京朝日新聞』や『中央公論』に代表される新聞・雑誌ジャーナリズムは東大法・経済学部学風の街頭班である。つまり東京帝大と教授たちを絶対的象徴権力をもつ認識支配機構・支配者だとみなすことによって、学術維新（帝大学風改革）という象徴革命こそすべてに優先されなければならないとしたわけである。

昭和維新の破邪対象「幕府」、その「江戸城」は思想的根源的には「政党」にもあらず、「財閥」にもあらず、何物なるか、曰《いわ》く「新聞」、その根城本丸としての「大学」である［中略］世界皇化は先《ま》づ日本の皇化より、而《しか》して日本の皇化は「大学」の皇化より！（『学術維新原理日本』）

丸山の師である東京帝大法学部教授南原繁は、プラトンやカントを範とした政治哲学の専門研究に沈潜し、ジャーナリズムに登場しなかったことが幸いし、いまふれている帝大粛正学術講演会の時点までは、原理日本社や帝大粛正期成同盟などの面々からの名指し攻撃は免れていた。しかし、帝大粛正期成同盟の誕生で、攻撃はいまや東京帝大教授個人の攻撃から、帝大自治の破壊というかたちで帝大全体へむけられはじめた。法・経済学部の閉鎖さえ要求している。

赤尾敏も

丸山が敵情を探るスパイとしてもぐりこんだ帝大粛正学術講演会場には、帝大粛正期成同盟と気脈を通じる東大精神科学研究会などの国粋主義学生団体の会員が動員されていたと推測される。だとすれば、会場には小田村寅二郎もいたかもしれない。小田村だけでなく、戦後、公職追放解除後、一九五一年に大日本愛国党をつくり総裁となり、数寄屋橋や渋谷駅前で街宣車から過激な演説をぶち、「反共将軍」として名を売った街頭右翼赤尾敏(一八九九—一九九〇)も。額が広く、眼がギョロリとして独特な風貌の赤尾敏は、このとき三九歳。社会主義者から右翼に転向し、一九二六(大正一五)年二月建国祭を提唱し、宮城前に一〇万人を集め、建国会を創立した人物である。赤尾敏が会場にいたのではないかというのは、講演会主催者の帝大粛正期成同盟に名をつらねていたからである。また、雑誌『原理日本』の誌友でもあったからである。

しかし、主催者側の動員だけでは、これほどの聴衆を集めることはできない。数日前から東京帝大構内はじめ、あちこちに「東京帝大法経学部打倒国民大会」というような文字が並ぶ立札がたてられていた。「帝大への〝爆弾〟」という見出しのもとに東大教授数氏に対して徹底的な爆撃が加えられるであろうと、予告報道(『読売新聞』一四日夕刊)もなされていた。前日は、「東大当局に学的良心ありや」という文字を先頭に、講演会について異様に大きな広告(『東京日日新聞』一八日朝刊)が掲載されていた。宣伝効果は十分だった。しかし、立札や予告記事、広告がくわわったところでそれだけでは二〇〇〇人をこえる聴衆を集めることはできない。

思惑がらみの物見高さ

帝大粛正期成同盟の講演会に大勢の学生が集まったことは、「東京帝大法経学部打倒」や「帝大粛正」というおどろおどろしさが、当時「東大経済学部の暗闘」などと報道されていた、東大経済学部のマルクス主義派（大内兵衛教授など）と革新派（土方成美《ひじかたしげよし》教授など）、自由主義派（河合栄治郎教授など）の三つ巴の派閥騒動（詳しくは、拙著『大学という病──東大紛擾と東大教授群像』参照）とからみあって興味を喚起させたことにもよる。そしてなにより も、弁士の一人である蓑田を一目みたいという物見高さもおおいに関係していたはずである。

このころ『話』という、文藝春秋社から発行されていた雑誌があった。『文藝春秋』よりもくだけた裏情報報誌である。その一九三八（昭和一三）年四月号、つまりいまふれている帝大粛正学術講演会の半年ほど前の、「時の人　三十分問答」に蓑田は登場している。大学人やインテリにとって、蓑田胸喜は「帝大教授思想資格民間審査官」として、まさしく「時の人」であったからだ。このとき蓑田は国士舘専門学校教授で、住いを、国士舘専門学校と松陰神社のすぐそばにかまえていた。『話』の記者は、「原理日本社蓑田胸喜」という表札を探し当て、名刺を出し、書斎でインタビューしている。まとめられた記事は蓑田に好意的とはとてもいえない。こんな調子である。

偏執的だとさへ言はれる闘志を、記者が現在対座してゐても、ぢかに感ずるのだつた。［中略］「先生は学説の破壊だけではなく、建設もなさらなければならないと思ひますが」と、記者は不図《ふと》話の途中で質問した。蓑田氏の文章を読んで常に感じてゐることだつた。「私ははつきり自分の学説を持つてゐます。併《しか》し、今は現在の日本万悪の禍源である、東京帝国大学の社会民主々義無国家思想を弾劾すべき時なのだ」［中略］学説に対して学説で攻撃するのではなく、大学教授の著書講義に眼を通しながら、国体明徴に反すると思はれる辞句に赤線を附し、そこを抜き出して、その著者の全人格、全学説を否定するのである。

『話』のこの記事を読まない者にも、瀧川幸辰や美濃部達吉などの追放劇の脚本家で、末弘厳太郎東京帝大法学部教授を「出版法並ニ治安維持法違反」で告発している蓑田の名は、大学関係者には知れ渡っていた。蓑田は、その一途さと徹底ぶりから名前の「胸喜」をもじって、蓑田「狂気」とさえいわれていた。いったいぜんたい、蓑田狂気ならぬ蓑田胸喜とはどんな男なのか。どんな演説をするのか。つぎは、どんな理由でどの帝大教授を槍玉にあげるのか……。そんな思惑を胸にして聴衆になった者も多かったであろう。

丸山は、近所に住む伯父の井上亀六《きろく》（政教社社主、母セイの異父兄）が帝大粛正期成同盟の一員——世話人などのコア・メンバーではないが——だったから、蓑田やその周辺の人物模様ついての耳情報はあったろう。しかし、実物をみるのはこの日がはじめてのはずである。会場では、六人の弁士の一人を指差し、「あれだ、あれ」という声と、そのたびに、五尺一寸たらず（一五〇センチ強）の小柄で、浅黒い顔をした蓑田らしい男に視線が集中したことが十分に想像される。このとき蓑田胸喜四四歳。丸山より二〇歳ほど年上だった。蓑田胸喜とはどのような来歴をもった人物なのか。そしてなぜ激しい帝大教授攻撃が生まれたのか……。

まる一時間対決論難

蓑田は、一八九四（明治二七）年一月二六日、熊本県八代《やつしろ》郡野津《のづ》村（現八代郡氷川町）に父小太郎、母サチの次男として生まれた。兄弟姉妹四人の末っ子。生家は材木商を兼ねた旅館を営んでいたこともあったが、経済的には苦しかったようで、蓑田の学資は、師範学校を出て教師をし、のちに旧家の後妻に入った次姉トミが援助した。一九一四（大正三）年三月、八代中学校卒業。中学卒業時は首席の特待生で国語と歴史が得意だった。同年九月、地元の第五高等学校第一部独語法律科政治科文科入学。成績は二七人中四番。五高では、もと内閣安全保障室長佐々淳行の父佐々弘雄（九州帝大教授、のちに朝日新聞社論説委員）と同期である。蓑田の高等学校時代は、五高の校風が、剛毅《ごうき》木訥《ぼくとつ》から内省的な大正教養主義に変わる境目のときだった。五高生には、高山樗牛、漱石、厨川白村《くりやがわはくそん》、田中王堂、ニーチェ、ゲーテなどが読まれていた。

蓑田は五高在学中、五高校友会誌『龍南会雑誌』に「等質療法《ホメオパセズム》」（第一六〇号、一九一六）などの重厚長大論文を四本も発表している。論文のエピグラフにショーペンハウアーからの原文を使ったりしている。「等質療法」は、蓑田の処女論文であるが、小さな欲望（要求）を功利的なものとしてただ制圧するのではなく、全宇宙を呑み込むような大きな欲望（大我）によって贖《あがな》うことを説いている。論文の末尾には、後年の蓑田の思想を暗示するような「天壌無窮の大日本帝国」とか「大日本我」の誕生とかが書かれてある。蓑田の高校時代の論文から、その早熟ぶりと、後年の旺盛な執筆活動の端緒がうかがえる。蓑田の五高時代については、五高教授だった高木市之助（のち九州帝大教授、国文学者）が熊本市の文化総合雑誌『日本談義』でふれている。蓑田は真っ黒で短軀、風采があがらない生徒だったらしいが、肩をそびやかすようなものではないにしても、態度には昂然たるものがあったとして、つぎのように書いている。

なにしろまだ人が唯物的左翼的な考へ方などに無智だつたその頃の事だから彼が今日のやうにさらした思想を排撃するよしもなかつたが、唯その頃から思想的に極めて潔癖であつた事は確かである。その頃彼の級友から聞いた噂だが、某教授（勿論現に五高にゐる人ではない）の思想に反撥した彼は、遂にこの教授の時間に講義とは関係のないその問題で質問に及び、まる一時間対決論難、徹底的に排撃して完膚なきに至らしめたといふ事で、彼の論鋒《ろんぽう》はその時分から相当に冴えてゐたやうである。（「その頃の彼等」『日本談義』第五巻第一一号、一九四二）

ここに、「思想的に極めて潔癖であつた」といわれていることと、さきの『龍南会雑誌』に発表された四本の論文とを合わせると、蓑田がすでに高校時代に後年の思想の素地を形成していたことがわかる。また、「まる一時間対決論難、徹底的に排撃して完膚なきに至らしめた」とあるように、蓑田は、論争となると、徹底的に反駁して激越だったこともわかる。

五高から東京帝大文学部へ

高木のエッセイからもうひとつひろうと、「唯物的左翼的な考へ方などに無智だつたその頃」とある。蓑田が高校生だったとき、つまり一九一四（大正三）年から一九一七年の五高ではマルクス主義はまだ大きな影響力をもっていなかった。蓑田が五高在学中にマルクス主義の影響がほとんどなかったことは、新人会の五高出身者をみることによっても確認できる。新人会というのは一九一八（大正七）年一二月に東京帝大法学部学生有志によって設立され、人類の解放と現代日本の合理的改造を目指した研究・運動団体である。機関誌名が『デモクラシイ』から『先駆』『同胞』『ナロオド』と変わることからも、急速に共産主義に傾斜していくのがみてとれる。

一九一二（大正元）年から一九一八（大正七）年における出身高校別の新人会会員は、一高（東京）一一人、七高（鹿児島）七人、三高（京都）六人、八高（名古屋）六人、二高（仙台）二人、四高（金沢）二人、五高（熊本）一人、六高（岡山）一人である。なるほど五高出身者は一人いる。これはさきほどふれた蓑田の同級生佐々弘雄である。しかし、佐々は、東京帝大では蓑田のように文科大学生ではない、法科大学（法学部）生である。新人会は法科大学緑会・弁論部の音頭によって設立されたものだから、吉野作造（一八七八―一九三三）教授や助手、研究室仲間という法科大学人脈の影響が考えられる。さらに佐々は、地元（熊本県）中学校出身ではない。東京府立四中卒である。東京府立四中時代の友人・先輩人脈による可能性も考えられる。すくなくとも、五高学生文化の影響ではない。そのかぎりで、佐々は五高生としては、あくまで例外である。

五高出身者の新人会会員を年度別にみると、一九一七（大正六）年、一人（佐々弘雄）、一九二〇年、三人、一九二一年、一人、一九二三年、五人、一九二四年、一人、一九二五年、六人、一九二六年、一人、一九二七年、八人、一九二八（昭和三）年、三人である。五高出身者の新人会会員が増えるのは、蓑田の三学年下の一九二〇年卒あたりからである。蓑田は、マルクス主義の影響がほとんどなかった高校時代を過ごしたことになる。五高に新人会のオルグをつうじてマルクス主義思想が浸透しはじめるのは、蓑田の卒業後二年ほどあとのことである。作家の林房雄（後藤寿夫、一九〇三—七五）は、蓑田より五年後の一九一九（大正八）年に五高に入学する。翌年、新人会の宣伝隊が九州遊説にきたことによって大きな影響をうけ、のちに（五高）社会思想研究会（公認）となるR・F会（非公認）を有志とともに設立した。蓑田の卒業二年後、一九二二（大正一一）年のことである。蓑田は一九一七（大正六）年、五高卒業後、東京帝国大学文科大学哲学科宗教学宗教史学科に入学。一九二〇（大正九）年文学部卒業。法学部政治学科に学士入学している。

激情型パーソナリティ

蓑田が旧制高校時代から論争となると過激で峻烈だったことについてはすでにふれてきた。八代中学校で蓑田の後輩である松村秀逸（一九〇〇—六二、もと大本営報道部長）は、蓑田が東京帝大生のころ母校八代中学校で講演したが、そのときのことをつぎのように書いている。昼から夕方まで、ずっとしゃべりどおしで、つきる気配がない。四時を過ぎてしまったので、教頭が「時間がないから、この辺で」というと、蓑田は平然と、「今までが序論で、ここから本論に入ります」といったので、「老教頭もすっかり閉口してしまった」(『三宅坂』)とある。周囲を考慮せずひたすら長時間しゃべったり、口論で興奮すると机をたたいたりする蓑田のパーソナリティと行動をめぐる逸話は多い。検事として蓑田に応接した者(戸沢重信)は、つぎのようにいっている。

それから蓑田胸喜ですよ、しつこいのは。あれは何べん来たかね。そうして若い者を出しておくと滔々とやるんですね。時間を食ってしょうがない。[中略] そのうち熱して来ると、熱血漢ですからね、小さいからだのくせに立ち上がってテーブルをたたいてやるのです。(「座談会　天皇機関説事件について」宮澤俊義『天皇機関説事件』)

蓑田の人柄となると、激情性や奇矯さだけが伝えられているが、そのコインの裏側である「正直」「率直」を伝える逸話も少なくない(正木旲《ひろし》「『慶應』対『祖国』の訴訟問題」『祖国』一九三二年五月号)。また初期の『原理日本』誌に、蓑田によって克明な会計報告が誌面でなされているが、ここらあたりも、几帳面さと律儀さを示すものである。

しかし、個人的な資質とされるパーソナリティも時代の中で後押しされたり、抑圧されたりする。蓑田の激情型パーソナリティも、蓑田の高校や大学時代である大正時代の中で後押しされた。というのは、こういうことである。知識人やその予備軍にとっての大正期の特徴について、日本史学者伊藤隆は、単なるデモクラシーの擡頭というよりも左右をとわず社会改造を志向する「革新」の擡頭の時代だったという。大正時代をイデオロギーの内容(マルクス主義やデモクラシー)よりも、革命と反革命がないまぜになった現状打破の「革新」(内容よりも強度)の時代としてとらえている(『大正期「革新」派の成立』)。橋川文三《はしかわぶんぞう》も、大正七、八(一九一八、一九)年という時期は、日本近代思想史のうえで「めざましい激動期」であり、内外におきた大変動に対して真剣に考えはじめた時期である、としている(「北一輝と大川周明」『近代日本政治思想の諸相』)。ここで、伊藤や橋川の指摘をもう一歩踏み込めば、「革新」や「激動期」の時代とは、「熱狂」と「興奮」の時代である。左右のイデオロギーの沸騰だけでなく、興奮の坩堝の時代である。こうした時代においては、蓑田のような過剰性をおびたパーソナリティが許容され、生き延びやすかったということになる。蓑田のとんがった激情型パーソナリティが時代の中で後押しされたといった所以である。

逸脱軌道と反撥的ポジショニング

そうした蓑田の過剰さの背後には、つぎのような事情もあったのではなかろうか。たしかに蓑田は名門中学校→名門高等学校→東京帝国大学という学歴エリートの正統軌道を歩んだが、蓑田の中学入学年齢は一四歳で、標準（学齢）から比べて二、三歳高い。さらに中学校で一年留年しているから、標準年齢の同学年生に比べて三、四学年も遅れた二〇歳での中学校卒業である。すでにふれたように家庭の経済的事情によって中学校進学がままならなくて遅れたのかもしれないが、以後、高等学校や帝大ではいつも同級生の平均より高い年齢になる。年齢主義が強く、かつ学年の年齢幅が小さい学校社会においては、蓑田は年長というだけで、標準から逸脱した人間となってしまっている。こうしたことが蓑田に過剰な矜持《きょうじ》と行為の種をまいたのかもしれない。

すでにふれた小田村寅二郎も、留年などによって同学年より数歳年長だった。小田村が東京帝大法学部に入学したときは、丸山は助手に就任していた。小田村の丸山や進歩的思想家に対する反撥は思想（主観）上のことではあるが、そもそも両者の思想的違いの半ばは、それぞれの軌道に「客観的」に刻印されている。

というのは、所属集団に到達する最頻《モーダル》あるいは正統軌道がある。それまでの家庭背景（階層）や学歴などである。エリート高等教育であれば、中間層以上の家庭出身者で、エリート中等学校を経ているなどが最頻あるいは正統軌道である。エリート高等教育という到達位置がまったく同じでもどのような社会的軌道によって到達したかによって、「残存効果」（ピエール・ブルデュー『ディスタンクション』）があらわれてしまう。「お里が知れる」とか、「〇〇上がり」という陰口は、こうした残存効果について言及しているのである。独学で到達した者と正統な学歴軌道で到達した者では、振る舞いかたの違いが残ってしまう。しかし、蓑田がそうであるように社会的軌道が正統軌道（名門中学と名門高等学校）であっても、標準到達時間からの逸脱による獲得時間の残存効果にも着目しなければならない。

標準学齢年齢よりうわまわることによる「獲得時間」の残存効果については、たとえば、私立大学などに就学してから二〇歳で第一高等学校に入学し、文科乙類（第一外国語ドイツ語）のクラスで最年長だった神島二郎（一九一八―九八）の自己省察によっても知ることができる。神島はいう。当時高校生の間では保田《やすだ》與重郎《よじゅうろう》（一九一〇―八一）をはじめとする日本浪漫派の著作がかなり読まれたのだが、「高校生のころ私は、わりあい年をとっていたものですから、この年齢差がこの年代の人たちの間では結構ものを言うわけで、保田與重郎なんかに傾倒する気分には私はとてもなれなかった」（『磁場の政治学』）。年齢の逸脱が所属集団の支配的思想——保田與重郎であれ、マルクス主義であれ——に沿った振る舞いかたを拒ませる。対抗的・反撥的立ち居《ポジショニング》によるいちびり《ワンアップマンシップ》を。なお後年、神島とともに丸山学派といわれ、『日本浪曼派批判序説』で文名をあらわした橋川文三(一九二二—八三)は、神島と第一高等学校の文乙で同級生だが、神島より四歳若い標準時間軌道である。

興国同志会

大正時代は、イデオロギーの沸騰だったといったが、さまざまなイデオロギーが同等に並んでいたわけではない。新人会が象徴するようにマルクス主義やデモクラシー(民本主義)が、知識人やその予備軍の世界に新しい力強い体系的思想として登場する。したがって、知識人やその予備軍は、反撥であれ、敵意であれ、マルクス主義やデモクラシーに対する立場を示さなければならない時代だった。蓑田とマルクス主義・デモクラシーとのかかわりはどうだったろうか。蓑田の場合、五高時代に後年の思想の核が形成されていることについてはすでにふれた。思想的に早熟で、かつ潔癖な蓑田にとって、マルクス主義やデモクラシーは思想的転向をして受容するか、激しく否定するかのどちらかになってしまう。蓑田は、マルクス主義もデモクラシーも激しく否定する立場を選択した。

かくて蓑田は、大学生時代は、新人会の向こうをはった興国同志会の会員となる。興国同志会は、新人会の対抗勢力として上杉慎吉(一八七六—一九二九)教授の肝いりで、一九一九(大正八)年四月につくられた国家主義の学生団体である。蓑田は五高の先輩である前田一《はじめ》（一八九五―一九七八）の誘いで入会した。前田は昭和初期のベストセラー『サラリマン物語』（東洋経済出版部）の著者で、戦後、日経連専務理事などを歴任した。

解体

興国同志会ができた翌年（一九二〇年）、ある事件が勃発した。事件は前年末に、東京帝大経済学部機関誌『経済学研究』創刊号に同学部助教授森戸辰男（一八八八―一九八四）が「クロポトキンの社会思想の研究」を発表したことからはじまった。興国同志会は、森戸論文は学術論文ではなく、危険思想の宣伝だと言い出し、活動を開始した。正月早々、興国同志会有志が総長に面談し、森戸論文の非難をおこなった。文部省にも押しかけ、次官に面会して、総長面談と同趣旨の非難をおこなった。経済学部代表が前田一で、文学部代表が蓑田だった。

もっとも森戸処分は政府高官側で筋書きができていた。蓑田たちが総長や文部次官と面談したころ、法学部代表の立花定らは大審院に平沼騏一郎検事総長を訪ねて、森戸の処分を要請した。そのときに、平沼は、学生たちに「諸君は騒いではいけない。この問題は、すでに原法相（敬《たかし》、首相、法相兼務）の指揮を仰いで、起訴することに決定しているから」といったという（竹内賀久治伝刊行会『竹内賀久治伝』）。とすれば、興国同志会の活動がどの程度、森戸処分にあずかったかは、定かではないが、一月一四日、森戸は発行人大内兵衛助教授とともに新聞紙法違反で起訴される。翌日(一月一五日)東京帝大三五番教室で、興国同志会は同事件報告会を開催した。戦果をほこる気持ちで意気揚々たるものだっただろう。

ところが、事態は蓑田たちの思惑とは反対の方向にいってしまった。新人会が「学問の自由を護れ」「言論の自由を確保せよ」と捲き返しをはかったことにもよる。「罵詈《ばり》するもの、『ノー』と叫ぶ者が多数で講堂内は喧囂《けんごう》する」(「失われた大学の自由　七百の学生奮起す」『東京日日新聞』一九二〇年一月一六日)。興国同志会の報告が学生大会で共感を得ることはできなかった。それどころか、大学を思い学問のためを思うというのであれば、「何故に総長へ運動したり、文部省当りまでわざ〳〵出掛けて非を呼び廻るに先立ちて吾等教授団なり森戸氏自身に告げて呉れなかつた」(茶肆《ちゃし》生「森戸助教授事件と大学内に於ける諸運動」『法律新聞』第一六四五号、一九二〇年一月二三日)、と悲痛の詰問を受ける。同志会の諸君は「自決せよ」(『読売新聞』一九二〇年一月一六日)や「同志会を改組せよ」という声にまでなった。こんな雰囲気のなかで「確かに私共の軽挙でした諸君の前に於て私自身処決すべきを誓ひます」(『報知新聞』同日)と泣きを入れる興国同志会員もでた。

予期せぬ顰蹙《ひんしゅく》と非難の反応は、もともと興国同志会内部にあった森戸事件をめぐる対応の食い違いを大きくさせた。興国同志会から脱会する者や岸信介（元首相）のように平沼騏一郎主宰の国本社《こくほんしゃ》に走るものなどが続出し、興国同志会は自然消滅した。

しかし、そもそも興国同志会の運動が、当時の帝国大学を中心とした知識人圏で覇権をにぎることは困難だった。知識階級という言葉が誕生したのは、新人会や興国同志会の誕生のころである（内田魯庵《ろあん》「知識階級の立場」『太陽』一九一九年九月号）。知識階級は、無産知識階級ともいわれたように、文化資本は豊かだが、経済資本や政治資本が乏しい。資本量では支配階級に近いが、経済資本や政治資本を欠くことによって支配階級の中核集団からは遠い。したがって知識階級は支配階級のなかの被支配的フラクション（下位集団）である。知識階級は特権性と従属性に宙吊りにされた階級である。明治時代末に「高等遊民」が、大正時代に「知識階級」という用語が誕生したことは、高等教育在学者や卒業者のそうした事情、つまり文化資本は豊かだが、経済資本が乏しい支配階級のなかの被支配的フラクションの誕生を反映している。

高等教育在学者や卒業生が支配階級のなかの被支配的フラクションになれば、かれらの世界に転覆戦略のためのイデオロギーである体制批判思考や知識人界の自立（学問の自由など）要求が浸透しやすくなる。帝大新人会は、こうした共通の経験を定型化し、解釈視座を提供する「世代性（Generationseinheit）」（カール・マンハイム「世代の問題」『マンハイム全集』三）の集合的担い手だった。マルクス主義やデモクラシー思想そのものは、知識人界の多数派の思想ではなかったにしても、知識人やその予備軍は欧化主義であるから、知識人や予備軍にとっては、興国同志会の旧世代とみまごうばかりの国粋主義よりもはるかに親和的である。興国同志会という国粋主義学生団体の森戸糾弾は、知識人集団の独立性を否定し、知識人集団を体制に従属化させる、裏切り行為にしかみえなかったのである。

蓑田のトラウマ

蓑田は興国同志会の新幹部となり、態勢立て直しのための演説会（「本会の真相並びに其後の経過、将来の方針」）を二月一八日、午後二時から帝大三二番教室で開く。講演会の前日、蓑田は読売新聞記者などに興奮してこう語っている。森戸事件を学外に持ち出すやりかたにはいささか考えるべきところもあったかもしれないが、当時の事情ではあれ以外の方法がなかった。森戸氏の論文の内容や思想には徹頭徹尾反対であるが、この間のこの問題をめぐる学者思想家や批評家の言説も不徹底きわまりないもので、満足できるものではない。森戸氏の論文だけでなく、こうした学者思想家の言説についても演説会で述べてみたい（「精神は元の儘で　衣だけ替へた　興国同志会の新装」『読売新聞』一九二〇年二月一七日）。翌日の蓑田の演題は、「森戸氏の論文及び批評に対する思想的総合批評」だった。

森戸事件と事件後のキャンパスやジャーナリズムの森戸擁護の反応によって、蓑田のほうは、ますます帝大教授とかれらの学風の影響下にある知識人と学生文化への不信感をつよめたが、興国同志会の立て直しはできなかった。興国同志会を継承する七生社《しちせいしゃ》が誕生したのは、それから五年後の一九二五（大正一四）年である。蓑田のとんがったパーソナリティは、マイノリティ意識と被害者意識のなかでより尖鋭化した。

蓑田は東京帝大生時代に一〇歳ほど年長で、興国同志会結成時の尽力者の一人でもあった三井甲之の明治天皇御製研究に大きな感動を覚えた。同時に三井が雑誌『日本及日本人』を中心にしておこなっていた「政治革命よりも学術革命」論や「帝国大学法文学部頽廃学風批判」論に、強く共鳴し、三井を師と仰いでいた。東京帝大卒業後は、三井の主宰する『人生と表現』の編集を手伝い、「ヴントの歴史哲学」（『人生と表現』一九二二年六月号）などを寄稿している。このころは、職が定まらなかったことや、さきにふれた森戸事件後の内紛で空中分解した興国同志会の再興を画策していたことなどによるのだろうが、帝大構内によく姿をみせていた。『帝国大学新聞』に原稿をもちこんだことも再々だったが、『帝国大学新聞』の編集をしていた者（鈴木東民《とうみん》、一九二三年東大経済学部卒業）は、「（蓑田の原稿を―引用者）みなストオヴに投げ込んでしまった。［中略］われわれはかれを『狂気』と呼んでいた」

『帝国大学新聞』（「デモクラシイの黎明」学生書房編集部『わかき日の素描』）、といっている。

編集部は新人会と気脈を通じていたから、蓑田の原稿が反故《ほご》あつかいされたのは当然だろう。

文学部卒業から二年目の一九二二（大正一一）年四月、蓑田は慶應義塾大学予科教授となり、論理学と心理学を教える。慶應への就職は、『人生と表現』の同人人脈によるものだった。慶應義塾大学教授になってから三年ほどあと、師事する三井甲之や松田福松などとともに三井の主宰していた『人生と表現』の衣鉢を継ぎ、さらに五高生のとき以来関心をもちつづけた高山樗牛と岩野泡鳴の日本主義を継承した原理日本社をおこし、機関誌『原理日本』を刊行した。一九二五（大正一四）年、蓑田三一歳のときである。「知識は世界に・情意は祖国に」「凝固革命思想対不断・思想学術改革」「日本には政治革命あるべからず、あらざらしめんがための学術革命」と、論陣をはった。

排除された排除する存在

丸山眞男は、蓑田や蓑田的なるものを生理的に嫌悪していたとしても、日本政治思想史研究者として、蓑田の著作については、ある程度目をとおしていた形跡がある。たとえばこう書いている。「蓑田胸喜の激越な『思想闘争』すらW・ヴントやA・ローゼンベルクの援用で埋められていた」（『日本の思想』）。蓑田のヴントやローゼンベルク（『二十世紀の神話』の著者）からの引用は、「援用」といえば「援用」であるが、原理日本という「伝統」思想とヴントやローゼンベルクは、蓑田にあっては、丸山のいうように、「雑然と同居」していたわけでも、「無限抱擁」されたわけでもない。あくまで日本思想の脚註や含有物として「援用」されている。ローゼンベルクの「新しい生命の神話から新しい人間類型を創造する」という言明にしても、蓑田は、「我がカンナガラノミチ・シキシマノミチの真精神」の「脚註」として援用しており、そもそも「彼（ローゼンベルク―引用者）の未来に描く文化理想は日本にあつては肇国《ちょうこく》以来原理的に現成せられ来《きた》つてをる伝統的事実」（『ナチス思想批判』）、とされているのである。

別のところでは、蓑田はつぎのようにもいう。

孔子の仁、釈迦の慈悲、基督の愛が支那人印度人猶太《ユダヤ》人の実生活の表現ではなくてその欠陥苦悩意識からの理想的観念的要求の表現であつた如く、マルクスの共産主義は西欧社会の徹底私有財産主義個人主義生活の逆観念反対論であつたことを思ふべきである。（「原理日本の信と其内実――日本主義の社会・歴史科学的基礎」『経済往来』一九三二年七月号）

ここでいう「逆観念反対論」とは現実には存在しないからこそ言挙げされるということで

ある。日本はこうしたさかしらの言挙げを必要としなかった。万世一系の皇統のもとに、名もなき民も協働し、逆悪の徒も摂取して捨てないというカンナガラの道――随神・惟神、神の御心のままに精進する――があるのだ、と。したがって国体明徴とはこのようなカンナガラの道にひたすら随順することによる臣道明徴である。蓑田の師三井甲之も、人生や社会は論理的に構成されておらず、「実行に於て目的は常に分化し、開展に於ては合成的新要素は創造せられつゝあつて、決して論理的に開発進展するものではない」(「危険思想と日本研究」『日本及日本人』一九二〇年五月一五日号)、という。したがって、原理思想をとなえる蓑田や三井にとって、マルクス主義はいうまでもなく、西洋哲学も弁証法も偏知主義であり、西欧の学問を範と仰ぐ知識人は、論理主義の祖述者として全否定される。

近代日本に論理主義や偏知主義という西欧近代を見つけ出し、なにがなんでもはじき出そうとする原理日本社の論理と行動は、西欧化したインテリから構成されている知識人圏で、象徴的覇権を得ることは困難である。困難だからこそ、影響力を行使するためには、糾弾活動しかない。しかし、そうした活動が続けば続くほど、運動は糾弾のための糾弾と化する。片言隻句をつかまえて難癖をつけてくると、知識人圏からは、蛇蝎《だかつ》視され、偏執者あつかいされる。

蓑田の知名度はあがっても、当時の三大総合雑誌『中央公論』や『改造』『文藝春秋』での執筆は一度もない。新興総合雑誌である『日本評論』（『経済往来』）に数回執筆しているだけである。その他は、『祖国』や『帝国新報』などのいわば右翼業界雑誌や新聞への執筆である。

文部省は左傾学生対策である思想善導のために思想調査資料を刊行し、しばしば反マルクス主義の文献の翻訳紹介をおこなう。カール・ムースやアンドリク・ド・マンの『社会主義の心理』（一九二四）などが訳されている（文部省学生部『思想調査資料』第六輯、第一二輯、第一三輯、第一四輯、第一五輯、第一六輯、第一七輯、一九三〇―三三）が、そのほとんどは蓑田が『原理日本』などですでに紹介したものだった。しかし、文部省から刊行された資料の監修者は京都帝国大学教授和辻哲郎（一八八九―一九六〇）であり、けっして蓑田がさそわれることはなかった。蓑田や原理日本社の論理と運動が、国体学者東京帝大文学部教授平《ひら》泉《いずみ》澄《きよし》（一八九五―一九八四）から無視されたのは、思想上の違いというよりも、蓑田と原理日本社が知識人圏から排除された存在になっていったからである。こうして、蓑田と原理日本社は、ますます、排除された排除する存在になっていく。

いなかまる出し

後年、慶應義塾予科教授として同僚となった蓑田より五歳ほど年下の中国文学者奥野信太郎(一八九九—一九六八)は、蓑田についてつぎのように書いている。「蓑田氏のことばには郷音がことに強く、その趣味性行は、まったくいなかまる出しであった」(「学匪・蓑田胸喜の暗躍」『文藝春秋』一九五六年一二月号)。奥野が慶應義塾大学予科講師となったのが一九二五(大正一四)年九月であるから、蓑田は、東京帝大入学から数えてこのときまで八年も本郷や三田界隈の知識人の世界で生活してきたのである。にもかかわらず、郷音が強く、趣味性行はいなかまる出し、といわれている。東京生まれのハイカラ慶應ボーイである奥野からみれば、蓑田の「いなかまる出し」が、ことのほか目についたとしても、「いなかまる出し」は、蓑田が欧化知識人に対抗して意識的に温存した身体文化《ハビトゥス》だったとみるべきだろう。しかし、そうした蓑田の立ち居振る舞いは、欧化知識人である大学知識人とその予備軍である学生たちに、言説の違和感とならんで、あるいはそれ以上に身体文化の違和感をもたらすことにはなっただろう。

一九三二(昭和七)年四月、一〇年間勤めた慶應義塾予科教授を退職する。過剰で奇矯な戦闘性や行動が塾のイメージに悪い影響を与えるという風評を気にしたものだったが、仲に入る人がいて、国士舘専門学校教授に転職することができることになったからでもある。帝大粛正学術講演会は、蓑田が国士舘専門学校に転学して六年目のことだった。

蓑田の講演

話を一九三八（昭和一三）年九月一九日に戻そう。講演会場ではいよいよ弁士の演説がはじまった。三人の弁士の講演が終わり、蓑田の番になった。演題は、「大学自治の学術的批判」。高声のお国訛《なま》りがまじった早口で、間に「ええ」という言葉を挿入する、憑かれたような演説がはじまった。

講演内容は、記録がないためわからないが、演題が「大学自治の学術的批判」で、河合栄治郎教授の追放を当面の目的にしていたのだから、河合の『第二学生生活』などを片手にしながら、ページ数を示し、読みあげながらの激しい攻撃だったと推察される。つぎのようなものとみて、当たらずとも遠からずであろう。

いいですか、河合栄治郎氏は、著書の中でこういっているのです。大学令第一条（「大学ハ国家ニ須要《すよう》ナル学術ノ理論及応用ヲ教授シ並《ならびに》其ノ蘊奥《うんのう》ヲ攻究スルヲ以テ目的トシ兼テ人格ノ陶《とう》冶《や》及国家思想ノ涵養《かんよう》ニ留意スヘキモノトス」）には、「国家思想ノ涵養」とあるから国家主義を教育原理としているかのようにみえる。しかし、後段には「人格ノ陶冶」云々の句がある。人格とはそれ自体が目的であり、国家の目的の手段ではないはずである。とすれば、日本の大学は「その教育原理を国家主義に置くのか、人格主義に置くのか、今以て迷うて居る状態」である。そしてつぎのように書いているのです。「然し大学に於て教育原理とすべきものは、国体明徴とか、日本精神の発揚と云ふことではないと思ふ。国体明徴とか、日本精神の発揚と云ふことは、それ自体は重要なものではあるが、教育原理たるべき性質のものではない」。大変なことをいっている。河合氏は、著書『第二学生生活』の中で大学教育の目的を国体明徴や日本精神の発揚ということではなく、人格の陶治だといっている。これは大学令第一条の一部である「人格ノ陶治」だけを論拠にしており、「国家ニ須要ナル」や「国家思想ノ涵養」の文言に明白に違反する。

さらに、大学自治についても大学自体が処理することだ、と無制約的絶対的自治を主張しているが、これも大学令違反である。東京帝大教授で、かつ先般は経済学部長の要職にあった河合栄治郎氏のこうした学風は、現在の帝大の学風を代表するものであり、とうてい看過できるものではない。帝大法・経済学部は外国模倣祖国侮蔑の震源であり、わが国体を変革せんとする思想運動の温床にさえなっている。かれらは学問の自由や独立をいうが、そのためには、日本の大学の学問が西洋の学問から独立していなければならない。かれらの学問の自由は、外国の思想に屈従する自由を与えよ、というものである。したがって、政府は速やかに帝国大学学風の改革を断行し、以って国民精神総動員の基礎を闡明《せんめい》すること、文部省は大学令第一条の「国家ニ須要ナル」や「国家思想ノ涵養」の文言に明白に背馳《はいち》した大学自治論者である河合氏を帝大教授不適格として、即刻処置すべきことを強く要望する……。

表1－3　帝大粛正学術講演会の弁士と演題

東大当局との会見報告	貴族院議員男爵	井上清純
帝国大学の使命と其現状	原理日本社	三井甲之
法の本質を論じて帝大法学部の学風に及ぶ	中央大学教授	天野徳也
大学自治の学術的批判	国士舘専門学校教授	蓑田胸喜
世界史の転換と大学	大東文化学院教授	藤沢親雄
聖戦の意義と帝大学風	陸軍中将	建川美次

あくまで推測であるが、このような演説だったろう。蓑田のあとに二人の弁士の演説があって閉会した（表1－3）。

「あんなのはいやです」

学術講演会という名の帝大糾弾会の帰路、丸山眞男の脳裏を横切ったものはなんであっただろうか。蓑田や蓑田的なるものが記憶の底に深く沈澱したことはたしかであろう。同時に国粋主義嫌い、またこうした論を根拠にした右翼嫌いがいっそう増したことも、確実である。帝大粛正期成同盟などに集まる連中を反面教師として、日本政治思想史を研究する覚悟がいっそう固まったことも。

丸山は助手に採用が決まると、指導教官の南原教授のもとでヨーロッパ政治思想史をやるつもりにしていた。ところが南原からは「君は、日本をやれ」といわれた。日本政治思想史の研究である。丸山は、高等学校のときは、ドイツ語の勉強を兼ねて哲学の洋書を読み、他方では、『概観世界史潮』（坂口昂《たかし》）をくりかえし読んでいたから、日本についてはほとんど興味をもっていなかった。福沢諭吉についてさえもほとんど読んだことがないほどだった。

だから、南原に日本政治思想史の研究をするようにいわれたときに、蓑田や原理日本社に代表されるような日本精神論をおもったのであろう。「あんなのはいやです」と丸山は躊躇なく答えた。南原は、「いやだからやる必要がある。自分は今の軍部や右翼のいっているような日本精神というのはおかしいと思うけれども、残念ながらわれわれは日本の思想を勉強していない。そうすると同じ土俵で勝負できない」といった。新カント学派の理想主義の西欧思想史研究者であった南原は、日本精神論などは「非常に非科学的」とみていたが、プラトンやカントをもってきても「それはヨーロッパの思想だ」と一蹴されてしまう。だから「これからはどうしたって日本の思想史を科学的にやっていかねばならない」、と丸山にいった。

国体学講座

このようなことを南原が丸山にいったのは、本章でふれている帝大粛正期成同盟の運動もその流れのひとつであるが、当時の国体明徴運動の中で帝国大学に国体明徴に寄与する「国体学講座」を設置する動きがでていたからである。一九三六（昭和一一）年一二月に開かれる第七〇回議会に文部省が提出する予算案中に国体学講座新設がもりこまれた。南原の頭の中には、法学部の国体学講座の設置によって、丸山を、当局や時局ごのみではない日本政治思想史の助教授に育てていこうという考えがあった。東京帝大では、翌年（一九三七年）九月一六日の文学部教授会で、国体学講座を日本思想史講座として設置することが決定された。一九三八年三月七日、国史学第二講座担任の平泉澄教授が、新設の日本思想史講座教授になる。助手二年目の丸山は南原に「聴きに行け」といわれる。日本政治思想史の研究論文をまとめることもあって、平泉の授業を毎回聴講する。丸山は一九一四（大正三）年生まれ、平泉は一八九五（明治二八）年生まれである。年齢にして、一九歳の違いがある。

しかし、丸山の著作においては平泉の研究について『日本の思想』と「闇斎《あんさい》学と闇斎学派」などでわずかに言及されているだけで、ほぼ無視に等しい扱いである。丸山は、一九七八年一二月におこなわれた慶應義塾大学内山秀夫研究会での講演で、平泉の授業についてこんなふうにいっている。新田義貞の後醍醐天皇への誠忠を話すときには、「澎湃《ほうはい》として涙をながすんですね」（笑）とか、足利尊氏の尊氏を「尊」という字で書いたらそれだけで、不可、「高」という字を書かねばならない。北畠親房《きたばたけちかふさ》と呼び捨てはダメ、必ず、卿を付《つけ》ねばいけない。皇室を中心にして、忠臣と逆賊としかいない、「そういう『日本思想史』です」（笑）（「日本思想史における『古層』の問題」『集』一一）。聴衆の笑いをさそうネタにさえしている。だから、平泉の授業は丸山にとってはもっぱら反面教師としての授業だった。

見えるものと見えないもの

丸山は師南原繁によって、いまの国粋主義系の日本精神論を超克するような「科学的な」日本の伝統思想の研究を要請された。日本思想の論文であっても、註の半分が外国の学者の論文であるように、という無茶ないい方もされていたが、このいい方で、南原のいう「科学的」が、西欧の学問の概念や分析理論をもとにした日本思想論であることがわかる。註の半分を外国の文献でというういい方はご愛嬌だとしても、もともと西欧の学問を範型にしており、ヨーロッパ政治思想史を専門にしようとおもっていた丸山にとって、必ずしも受け入れられないという要請ではなかった。これまで学習してきた近代ヨーロッパの思想枠組で、日本政治思想を読み解くことができるからである。

ここに丸山学の誕生をみることができるだろう。ひとつは、三章で詳しくみることになるような日本と西欧の仲介者丸山の誕生である。これと相関しつつ、近代的思惟の芽を日本の前近代社会の思想に探しあてつつ、なぜ一九三〇年代にそうした近代的思惟を覆す超国家主義が生まれたのかを探る近代日本の研究につながっていく。

丸山にとって序章の末尾でふれたベルナール＝アンリ・レヴィのいう「灌木林」や「霧」

という「闇」は蓑田胸喜や原理日本社、帝大粛正期成同盟などが跳梁跋扈する一九三〇年代から敗戦までだった。そのことは丸山に見えるものと聞こえるものを深くさせた（鋭敏化）が、見えなくさせ、聞こえなくさせた（暗点化）こともある。次章ではこうした鋭敏化と暗点化の複合的視点から丸山の戦後の思想と行動をみていきたい。

註　丸山眞男年譜（『丸山眞男集　別巻』）の一九三九（昭和一四）年九月の項には「南原繁の指示により帝大粛正期成同盟主催の東京帝大法・経打倒国民大会に聴衆として参加」とある。前年（一九三八年）九月にはその旨の記載がない。丸山の帝大粛正学術講演会出席を一九三八（昭和一三）年九月とする本章のわたしの叙述とちがっている。しかし、これは年譜作成者のミスであろう。丸山自身が帝大粛正期成同盟の講演会について詳しくふれているのは「南原先生を師として」（『集』一〇）の中であるが、その叙述によれば、日比谷公会堂での帝大粛正期成同盟による講演会と丸山の出席は、一九三九年九月ではなく、一九三八年九月であることが明白である。その部分を引用しよう。

また、同月の二十六日には神宮外苑の日本青年館で、「帝大排日学風排撃大演説会」が行われた事が書いてあります。

> それで思い出しますのは、日本青年館ではありませんが、日比谷公会堂で「東京帝大法・経学部打倒国民大会」というのが、「帝大粛正期成同盟」の名前で開催された時の事であります。そのとき南原先生が助手の私に「君一寸行って様子を見てきてくれ」といわれました。悪くいうと一種のスパイとして、会場に聞きに行ったわけです。詳しくは申しませんが、蓑田胸喜をはじめ藤沢親雄とか、建川美次《たてかわよしつぐ》中将というような人まで繰り出して、次々と激しい口調で東大法・経の諸教授を槍玉にあげました。その大演説会を主催した「帝大粛正期成同盟」が昭和十四年二月に声明を発して［略］

神宮外苑の青年館で「帝大排日学風排撃大演説会」がおこなわれたことが書いてあるというのは矢部日記であるが、その日付は、一九三八年二月二六日である。『東京朝日新聞』同年二月二五日の原理日本社の大きな広告にも「明日」（二月二六日）午後六時から、と、この講演会が予告されている。

丸山の「南原先生を師として」に戻ると、日比谷公会堂での帝大粛正期成同盟主催の「東京帝大法・経学部打倒国民大会」は、引用の最後の「昭和一四年二月に」という記述から遡った日時であることも読み取れるはずである。さらに丸山が挙げている当日の弁士三人蓑田胸喜、藤沢親雄、建川美次中将は、一九三八年九月の講演者であることは表1-3と照らし合わせて確認できる。そもそも一九三九年九月に日比谷公会堂で帝大粛正期成同盟の講演会が開催されたという記録は、当時の新聞からも、原理日本社の機関誌『原理日本』からもみつけることはできない。一九三八年一〇月末には、大学における人事決定において、「選挙」という言葉を回避し、候補者を文部大臣に「推薦」という文言に変えることで、文部大臣の顔を立てながら、実質的に従来の人事慣行を維持する方向で解決をみている。翌年、河合栄治郎教授は辞職に追いやられたが、小田村を首領とする東大精神科学研究会の会長だったことがあり、岳父の土方寧が帝大粛正期成同盟の一員であった土方成美教授も（河合と）喧嘩両成敗的に辞職させられた。それに日比谷公会堂での帝大粛正期成同盟主催の講演会は、一九三八年九月一九日以後は、一九四〇（昭和一五）年一〇月二〇日、日本学生協会との共同主催（「新体制の力源　教学刷新大講演会」）まで二年間はおこなわれていない（「編輯消息」『原理日本』一六巻九号、一九四〇）。

二章　戦後啓蒙という大衆戦略

60年安保。安保阻止に向け、国会正門前に詰めかけた学生。1960年４月。（読売新聞社提供）

蓑田胸喜は、一九四四（昭和一九）年六月から郷里の熊本県八代に疎開した。三〇歳だった丸山は蓑田が熊本に疎開した一ヶ月後（七月）、召集される。一一月からB29による空襲が定期的にはじまる。そして、翌年八月一五日、戦争終結の玉音放送がなされ、九月二日には、アメリカ軍艦ミズーリ号上で降伏文書に調印がなされる。蓑田は、茫然自失した姿で、さらさらと音をたてる稲穂をみながら「私がたたかってきた共産主義が、実際におこなわれているのを見て、何もいうことはありません」といったきりだった。しかし、蓑田は戦前を意気揚々と生き、敗戦とともに茫然自失したわけではない。

文部行政・大学の蓑田化

蓑田は、戦前にすでに挫折していたのである。こういうと、戦前は蓑田の全盛期だったのではないか、といぶかしむ向きもあるかもしれない。しかし、蓑田を中心とした原理日本社による帝大と帝大教授攻撃のピークは、前章でみた帝大粛正学術講演会のあたりから一九四〇（昭和一五）年三月の津田左右吉《つだそうきち》博士起訴――事件については四章で詳しくふれる――あたりまでである。以後、その衝撃力は急速におちていく。大学行政や大学自体が蓑田のいう方向に動いていったからである。

一九三九年三月二四日、第七四回帝国議会衆議院で日本学を体系化する講座の増設などによる「帝国大学粛正ニ関スル建議案」が提出され、日本経済学講座や日本政治学、日本憲法学、日本教育学等々の日本諸学を振興していく案が採択された。丸山がのちに担当する「政治学、政治学史第三講座」も国体学講座として設置（勅令第七二六号、一九三九年一〇月二五日）されたものであることは前章でふれたとおりである。一九三九年四月一二日の東大記念日における式辞では、平賀総長は、人格の陶冶は大学の基本使命であるが、とくに、全学を挙げて国家思想の涵養に努力したいと述べる。『原理日本』誌は、国体の本義を学問の最大根本事実にする「正しい科学的精神」であり、「帝大思想史上画期的」と平賀の式辞にエールさえおくっている（「総合大学内容化の原理及方策」『原理日本』一九三九年五月号）。

同じころ、文部省教学局は、大学令第一条に「国体ノ本義ヲ体シテ」あるいは「皇国ノ道ニ基キテ」の文言をいれる教育審議会答申を狙っていた。紆余曲折はあったものの結局は、大学令第一条の字句の改正はなされなかったのだが、翌年、橋田邦彦文部大臣は、大学教授は「国体ノ本義」にもとづき学生を「薫化啓蒙《くんかけいもう》」すべきという訓令（文部省訓令第二九号）を帝大総長と官公私立大学総長宛に発した。大学内部においては、マルクス主義はおろか、蓑田が糾弾した「デモクラ容共思想」という自由主義の余地もほとんどなくなった。たとえ形式的ではあっても、大学の蓑田化現象が生じたのである。文部行政や大学自体が蓑田化することによって、蓑田と原理日本社の運動と外部との落差が縮小してきた。

狡兎死して走狗烹らる

知識人圏や大学が、日本主義や国体論の体裁をととのえると、排除された排除する存在だった蓑田たちは、排除する対象を失い、排除されるだけの存在になっていく。蓑田一派はうとましい存在になる。蓑田は大政翼賛会からもはずされる。一九三九（昭和一四）年半ばに、帝大粛正期成同盟の要人だった三室戸敬光（子爵）と菊池武夫（男爵）も貴族院子男爵議員候補者から除外される。帝大粛正期成同盟の活動も一九四〇年一〇月二〇日の日比谷公会堂における教学刷新大講演会（日本学生協会との共同主催）を最後にその後活動がみえない。

大学や教育行政が蓑田化したことによる、蓑田に対しての黙殺は、一九四三年に刊行された『国家と大学　大学の歴史と展望』（富野敬邦）という本に象徴的である。ここで注意すべきことは、蓑田の同名書物『国家と大学』がこの本の五年前、つまり冒頭の講演会の半年ほど前に刊行されていることである。当時、新聞に大きな広告が載せられていたし、たとえ読まれることはなくとも、著者や書名は十分知られていたはずである。

そっくりなのは書名だけではない。大学令第一条の「国家ニ須要ナル」や「国家思想ノ涵養」によって大学の使命を説くこともそっくりである。結論部分には、蓑田の十八番《おはこ》で葵《あおい》の御紋よろしく、いつも持ち出された「聖喩記《せいゆき》」――一八八六（明治一九）年に明治天皇が帝大行幸したときの所感で、高等教育の学問が西欧一辺倒になっているが、これで、国家の人材となりうるのかという懸念――さえ、引用されている。蓑田の本からの孫引きかもしれない。一九四三年版『国家と大学』は、天野《あまの》貞祐《ていゆう》や三木清、加田哲二、新明正道それに北昤吉《きたれいきち》（北一輝の弟）などの大学論に言及しているにもかかわらず、蓑田の『国家と大学』はおろか、蓑田や原理日本社の大学論への言及はいっさいない。時局便乗本であるにもかかわらずである。

丸山は、東京帝大に対する軍部ないしは右翼からの攻撃と弾圧ということで、「歴史上最悪の受難時代」を「昭和十二年から昭和十五、六年時代」とした。その間の東京帝大の右往左往ぶりは、前章で矢部法学部助教授などにみたとおりである。しかし、丸山は「歴史上最悪の受難時代」といったあとに、こう続けている。「むしろ太平洋戦争開始の直前がピーク」で、その後は、国家全体の破滅的な危機の時代に入ったので、「大学問題どころではなく、［中略］大学論議は下り坂になる」（「南原先生を師として」『集』一〇）。下り坂になったことはたしかであるが、下り坂は「太平洋戦争の直前」よりも前である。下り坂の理由は、大学を含めて世の中が蓑田化し原理日本化したただけのことなのである。社会が、そして帝国大学が蓑田化（汎原理主義化）することによる落差の消滅から、蓑田や原理日本社が用済みになったからである。まさに「狡兎《こうと》死して走狗《そうく》烹《に》らる」（兎が死ねば猟犬が不用になり煮て食われる）

である。

丸山は「戦前における日本の右翼運動」(『集』九)論文のなかで「過激分子が必死となって道を『清め』たあとを静々と車に乗って進んで来るのは、いつも大礼服に身をかため勲章を一ぱいに胸にぶらさげた紳士高官たちであった」と書いているが、「清めたあとに」やってきた「紳士高官」は、官僚だけではない。知識人も大勢いたのである。協力という名の抵抗であろうと抵抗という名の協力であろうと。さらに、終章で詳しくふれるが、「清め」に加わったのは一部の「過激分子」だけではなかったのである。一九三〇年代からの国体明徴運動は、政友会が倒閣運動の道具にしたように、しばしば政治勢力が自己の勢力拡大のために相手を攻撃する策略の具にも使われた。そうした時代を蓑田たちが作っていった面はもちろんあるが、政治勢力によって蓑田たちの過激な糾弾運動が利用され横領された面も大きいのである。

自己批判

一九四一(昭和一六)年には、蓑田は国士舘専門学校を退職している。創設者と理事(頭《とう》山満《やまみつる》系・黒龍会など)の間に内紛があり、そのあおりをうけてのことである。蓑田の国士舘専門学校退職は、帝大攻撃と帝大粛正の衝撃力が翳《かげ》っていく過程とも重なっている。さらに蓑田を最終的に打ちのめすような事件がおきた。蓑田たちの原理日本社と連携して運動していた民間団体、精神科学研究所（一九四一年二月創立）は、打倒東条英機を叫んでいたため「最も知能的なマルキスト」として、当局から目をつけられていたが、一九四三年二月一四日、憲兵隊によって一斉に検挙される。幹部十余人は、百余日間拘留され、研究会（精神科学研究所と学生協会）の解散を条件に釈放される。小田村などが釈放されてもどってきたときに蓑田はかれらを前に悲痛な叫びをあげる。

君たちが捕へられるやうになつた日本は必ず負ける。自分は間違つてゐた。決して東大の学者たちをやつつけたことが間違ひだつたの言ふのではない。あれは何処迄《どこまで》も正しかつたのだ。しかしその誤れる思想を取締まるべき軍人、官僚、即ち権力の所持者の根底を匡《ただ》さなかつたのは全く片手落であり、自分の失策であつた。結局自分のなしたことは中途半端なものであり、これは逆にマイナスに作用するものであつた。すまなかつた。（細川隆元「『日本マッカーシー』始末記」『文藝春秋』三二巻九号、一九五四）

標的の消滅、そして自らが標的とされだすことからくる怯え、エネルギーの枯渇と疲労によるものだろう、蓑田は病気がちになる。一九四二年ころからの『原理日本』誌の編輯消息には蓑田の健康状態がよくないことが頻繁に書かれている。一九四二年九月号からは論文の掲載がなくなる。再び論文を掲載するのが翌年二月号（「和辻哲郎氏の思想法」）と三月号（「帝大学風と大学院問題」）。同年四月号には書いていない。最後の論文（「原理日本と親鸞の宗教」）が同年五月号である。これまで蓑田が担当した編集事務も三井甲之や慶應義塾大学学生のときに蓑田に感化された阿部隆一（慶應義塾大学助手）などに肩代わりされている。

『原理日本』一九四三年二月号には、「原理日本社研究綱領」が掲載されているが、そこにはつぎのような「附言」がそえられている。小田村などの精神科学研究所会員の検挙によって生じた当局への怯えなのか、挫折と諦念なのか、これまでの原理日本社の活動についての自己批判がなされている。

2. 此の学術的研究は『人に訴ふるの論証』の論理学的誤謬に陥り人身攻撃となり他人の名誉信用を害するに至るべき傾向を遠離すると共に承詔必謹の臣道規律の下に『法律ハ王言』なるを畏みて『国憲ヲ重ンジ国法ニ遵《したが》ヒ』政治的運動の非合法直接行動化することあるべからざるは明治維新の『天朝の御学風』に基く思想改革としての国体明徴皇政復古なることに明鑑を仰ぎまつるべく『思想学術改革』によって日本臣道の進路を壅阻《ようそ》する障《しよう》礙《がい》を破砕し得べきを信知するのである。

5. 精神科学研究に於ける批判は思想法の吟味と動機の選択と即ち意志の決定に関する時事評論なるを以て之を学術的論議の範囲に限局することは一般には至難なるも、之を厳守することが『天朝の御学風』に総統せられつゝ承詔必謹国体随順臣道の行動規律即ち惟神道の臣道規律の命ずるところである。（傍点引用者）

『原理日本』誌は、この研究綱領附言を掲載した一年ほどあとの一九四四年一月号で途切れる。東京と名古屋にはじめての疎開命令と指定区域の建築物の強制取壊命令がでたころである。

縊死

敗戦直後、一九四五年一二月、毎日新聞社社会部長森正蔵《もりしょうぞう》によって（部下の若い記者によって分担執筆され、森がまとめた）、昭和のはじまりから敗戦までを書いた『旋風二十年　解禁昭和裏面史』（上）が出版された。大本営発表とは逆の舞台裏を知りたい人々の欲求にマッチし、戦後最初のベストセラーになった。「真相はこうだ」ものブームの先駆けである。

そこでは、はやくも蓑田は「文化犯罪者」としてつぎのように弾劾されている。

「蓑田胸喜！」あゝこの名は軍の擡頭以来学界の泰斗たちの間で如何に恐れ戦《おのの》かれたことだらう。彼は蛇蝎の如く嫌はれた。何故なら、この慶大教授はひどい神懸りの右翼の御用学者で大変な精神家。塾内には「精神科学研究所」なるものを設けて、時代の激流に迷へる羊たちを手先に使つて、軍部のファッショ派から莫大な機密費をせしめて、雑誌『原理日本』を発行し、この雑誌で学界の気に食はぬ有名な自由主義者の著書やプリントの一章・一句を捕へて、やれ「赤化教授だッ」やれ「不敬罪を構成する『学匪』だッ」と勝手なレッテルを貼りつけ、右翼のごろつきどもを嗾《そその》かして軍へ売りつけ、学界の泰斗を次から次へと葬り去つた元凶であるからだ。

このあと、瀧川教授や美濃部博士などの自由主義者が蓑田一派によっていかに排撃されたかにふれている。そして、反動と暗黒の時代を現出し、日本を敗戦に導いた「張本人」が蓑田胸喜だとされている。

一二月一日、日本共産党の戦後第一回の党大会（第四回党大会）が開催され、合法政党として出発する。その半月あとの一二月一六日、A級戦犯容疑で指名された元首相近衛文麿が逮捕直前に服毒自殺した。近衛は大政翼賛会設立のための新体制準備会の審議にさきだって声明を朗読したが、この声明文の原案——主として東大法学部教授矢部貞治が起草——について蓑田に意見を求めている。「どうか」と近衛がいうと、蓑田は「趣旨はよいが、言葉遣いがよくない」といって、「大政翼賛、臣道実践」を加えるようにいった。そんな縁もあった近衛の自殺は、蓑田の失意と絶望に輪をかけるものだったろう。翌年（一九四六年）元旦、「天皇ヲ以テ現御神《あきつみかみ》」とする考えや「日本国民ヲ以テ他ノ民族ニ優越セル民族ニシテ、延テ世界ヲ支配スベキ運命ヲ有ス」という考えを「架空ナル観念」とする、いわゆる天皇の人間宣言の詔書が出された。同年一月三〇日早朝、蓑田の縊死《いし》が家族によって発見される。享年五二。「蓑田胸喜氏縊死」という見出しで『朝日新聞』につぎのように報道されたのは、死後、二一日もたった二月二〇日のことである。

【熊本発】右翼理論家元原理日本社長蓑田胸喜氏（五三《ママ》）は終戦後郷里熊本県八代郡吉野村に帰郷してゐたがこのほど自宅で縊死した
氏は天皇機関説排撃の急先鋒となり終始闘争を展開、その他戦時下大きな影響を与へてゐた、終戦後精神に異状を来し自殺したものと伝へられる

蓑田の自殺の一ヶ月ほどあと、日本共産党第五回党大会がおこなわれる。三ヶ月前の第四回党大会のときの党員数の六倍以上（六八四七人）になったことと、『アカハタ』（一九四六

年一月に『赤旗』は『アカハタ』に名称変更）の発行部数が二五万部を超えたことが報告される。四月の新選挙法下の第二回総選挙で、日本共産党員五名が当選する。一一月三日、日本国憲法が公布（施行は翌年五月三日）される。

丸山は、さきに引用した蓑田自殺の『朝日新聞』記事を読んでいたであろうが、戦前の蓑田と原理日本社の跳梁跋扈と一九三〇年代の悪夢が重なり、蓑田の自殺は記憶に強く刻印されていた。蓑田の死から五年後（一九五一年）に発表した論文「戦後日本のナショナリズムの一般的考察」（『集』五）で、ファシスト的＝右翼的諸団体の戦後における分解と再編成を論じた節で、蓑田をその一類型――「信じた価値体系の全面的崩壊に全く絶望して自殺したグループ」――としてつぎのように書いている。「美濃部博士その他多くの自由主義学者に対する狂熱的攻撃で有名だった原理日本社の指導者蓑田胸喜もやはり自宅で縊死した」。

悲しそうな顔をしなけりゃならない

丸山は敗戦時、三一歳。終戦直前に新聞に小さく載ったポツダム宣言を読んで「一度にそのシコリ（国体という重い壁―引用者）みたいなものがとれて、爽快な風が頭のなかをふきぬけた」（「座談会　日本人の教育」『教育』一九五二年三月号）。八月一六日か一七日に懇意の上等兵に会い、「どうも悲しそうな顔をしなけりゃならないのは辛いね」という。戦争に命を捧げた人々には冒瀆《ぼうとく》的言辞であり、一般の国民感情ともちがってはいた。

敗戦直後の「日本が戦争にまけたと聞いた時、あなたはどう思いましたか」という質問の回答では「後悔・悲嘆・残念」三〇％、「驚き・衝撃・困惑」二三％、「安堵感・幸福感」二二％、「占領下の危惧・心配」一三％、「幻滅・苦さ・空虚感など」一三％、「恥ずかしさとそれに続く安心感など」一〇％、「予期していた、など」四％、「天皇陛下に申し訳ない、など」四％、「回答なし、ほか」六％（アメリカ合衆国戦略爆撃調査団『日本人の戦意に与えた戦略爆撃の効果』）である。「後悔・悲嘆・残念」と「驚き・衝撃・困惑」が多数を占めている。だから敗戦をめぐって丸山と一般国民の間に齟齬《そご》はあるが、戦中を「暗い谷間」どころか「恐怖」で生きた丸山に即してみれば、敗戦は、国体からのとりあえずの解放だった。「爽快な風が頭のなかをふきぬけた」ように感じ、「悲しそうな顔をしなけりゃならないのは辛いね」といったのは、いつわらざる感情吐露ではあった。

九月一四日、丸山は復員する。一一月二四日（土曜日）午後一時、緑会（東京大学法学部の教官・学生の懇親会組織）主催の「復員学生歓迎会」がはじまる。丸山の師である南原繁緑会会長（法学部長）の挨拶からはじまった。このとき丸山は、髪がボサボサのままで講演している。「私はごらんのとおり復員兵士ですが、諸君のようにポツダム少尉にはならず、ポツダム一等兵（六月に一等兵―引用者）で軍隊の身分社会的なヒエラルヒーの特殊な価値秩序に全くいためつけられ大いによい経験をしてきた一人であります」との前置きから、日本軍隊の前近代性について『陸軍内務令』などを引用しながら話した。丸山が数ヶ月あとに『世界』に執筆することになる「超国家主義の論理と心理」の下敷きになった講演である。

丸山は復員後、前章でふれた蓑田や原理日本社、そして帝大粛正期成同盟が跋扈した一九三〇年代にあらわになった日本社会の「病理現象」を学問の対象としはじめる。トラウマになりかねない一九三〇年代に対する嫌悪と恐怖体験を学問（普遍化・抽象化という作業）に心的加工（psychische Verarbeitung）しはじめるのである。丸山の戦後は、近代日本社会の病理を解剖することと、天皇が「象徴」となり、国体が崩壊することによって、空白となったカンバスにあらたな政治主体としての国民を描き出し、画面を埋め尽くす啓蒙活動にあてられた。三島庶民大学や思想の科学研究会、東京帝国大学憲法研究委員会（委員長・宮沢俊義）、二十世紀研究所（所長・清水幾太郎《いくたろう》）、平和問題談話会などに参加し、活動する。丸山の大衆戦略がはじまる。

文化的切断論

さきにふれた復員後最初の講演にみることができるように、丸山にとって、一九三〇年代にあらわになった日本社会の病理を解剖するときのヒントは、軍隊経験だった。そこで得られたのは知識人と大衆の文化的切断である。丸山は一九四九年の「日本の思想における軍隊の役割」（『談』一）をめぐる座談会でこういっている。

一体明治以後の「近代文化」は知識階級と国民大衆との間に非常なギャップがあったんじゃないかと思います。知識階級だけを考えてみると、ある意味ではヨーロッパのインテリが問題にしておったようなテーマを、やはり絶えず日本のインテリが問題にしておったと思います。漱石とか鷗外とかの思想的レヴェルは、当時のヨーロッパの水準に比してもけっして恥ずかしくない。［中略］知識人の住んでいた世界は観念的にはかなり近代的だったのですが、そうした観念の世界は一般国民の生活を規定している「思想」からは遠くかけへだたっていて、国民生活そのものの近代化の程度との間に非常な不均衡があった。ところが知識社会に住んで、その社会の空気を知っておった人には、どうしても最近の神がかり的ファシズムの出現が突発現象としてしか受け取れない。［中略］実はむしろ逆にそういう人の住んでおった知識社会が特別の社会なので、一般の国民層は全くそれと隔絶された環境と社会意識の中におった。それがコミュニケーションの発達によって、否応《いやおう》なく「大衆」の動向が政治的にものをいうようになったため、そうした潜在的な社会意識に、軍部ファシズムが火をつけてパッと燃え上がったのではないか。

知識人が大衆と切断されていたことと、引用を省略したが明治的知識人に代表される知識人のリベラリズムがデモクラシーとしては不十分だったことの二重の難点が指摘されている。知識人と大衆の文化的断層を埋める（大衆）戦略と旧世代知識人つまりオールド・リベラリストを乗り越える必要が示唆されている。

もっとも丸山の知識人と大衆の断層モデルそれ自体は、戦後すぐの一九四七年に発表された蔵原惟人《くらはらこれひと》（一九〇二―九一）による「文化革命と知識層の任務」（『世界』六月号）とほとんど同じ認識である。蔵原論文は、大衆の「卑俗な封建的文化」と知識層の「高等的な自由主義的文化」のそれぞれを「講談社文化」、「岩波文化」と命名し、この二つの文化の隔絶・背反が、日本にファシズムをもたらした文化的温床だった、としている。だから、丸山が知識人文化と大衆文化の断層を指摘するだけなら、蔵原理論の跡追いをしているだけで、新鮮味に乏しい。丸山のオリジナリティは、やがて書かれる論文でインテリと大衆の中間領域に「擬似インテリ」を析出することによって、「本来のインテリ」とはちがう偽知識人の範疇を設定し、他方で、戦後啓蒙の対象である大衆を半ば免責したところにある。

本来のインテリ・擬似インテリ・大衆

この知識人・擬似インテリ・大衆の三層論は、丸山の「日本ファシズムの思想と運動」（『集』三）論文で詳しくふれられている。丸山の論壇デビューとなった「超国家主義の論理と心理」が発表されて一年ほどあと（一九四七年六月）、公開講演で話されたもので、その内容は翌年刊行された、『東洋文化講座』第二巻『尊攘思想と絶対主義』（白日書院）に収められた。よく知られている論文だが、丸山の戦後社会でのさまざまな啓蒙活動の底にある考え方を示すものとして重要であるので、内容をみておきたい。

ファシズムの担い手を考えるときに中間階級を第一類型と第二類型に分けなければならない。第一類型は「小工場主、町工場の親方、土建請負業者、小売商店の店主、大工棟梁《とうりよう》、小地主、乃至自作農上層、学校教員、殊に小学校・青年学校の教員、村役場の吏員・役員、その他一般の下級官吏、僧侶、神官」である。第二類型は「都市におけるサラリーマン階級、いわゆる文化人乃至ジャーナリスト、其他自由知識職業者（教授とか弁護士とか）及び学生層」である。第二類型は「本来のインテリゲンチャ」であり、第一類型は「疑似インテリゲンチャ乃至は亜インテリゲンチャ」である。ファシズムを煽《あお》ったものは、第二類型のような本来のインテリゲンチャではなくて第一類型の亜インテリゲンチャであり、第二類型のような本来のインテリゲンチャは、ファシズムに消極的抵抗さえおこなった、というのである。

しかし、いまこの論文を少し読めば、ただちに不思議におもうことがあるはずである。ファシズム運動の担い手について断定しながら、国家主義団体の構成員の職業や学歴構成などを示す実証的データの裏づけが本文中にはまったくないことである。

補註（九）で、データらしきものが添えられてはいる。一九四三年に東京都思想対策研究会によっておこなわれた『東京都ニ於ケル教員及ビ中等学生思想調査概況』である。この調査の回答で、決戦下の教育体制について、教育者の時局認識が不徹底、あるいは戦時教育体制をもっと推し進めよというものを「急進的態度」、現在の訓練が統制過剰、あるいは形式主義で、雑務が多くて研究できないなどと答えているものを「保守的態度」、つまり「批判派」とする。「急進派」は、師範学校教師に多い。保守的態度つまり「批判派」は、中学校教師にもっとも多く、青年学校教師にもっとも少ない。同じ教師でも青年学校や師範学校教師は、急進ファシズムへの収斂《しゅうれん》性が強く、中学校教師は、インテリ・サラリーマン的な意識への収斂性が強いことから、第一類型の亜インテリ（青年学校や師範学校教師）と第二類型のインテリ（中学校教師）のファシズムへの態度についての丸山の論の例証とされる。しかし、師範学校教師と中学校教師の学歴構成の違いなどについて立ち入っているわけではない。両者の違いは高等師範や大学などの学歴の違いによるのか、学歴は同じでも師範学校や青年学校と中学校という勤務先の違いによるのかはわからないから例証としても十分ではない。

だからこの論文は、ファシズムに加担せず、消極的であっても抵抗するのが「（本来の）

インテリ」であることを宣言し、聴衆や読者をして「本来のインテリゲンチャ」たらんとする決意を促すエッセイとしてみたほうがよいのである。同時にこの丸山のインテリ論にはもうひとつの仕掛けがあった。大衆を悪玉にせず、擬似インテリを悪玉にしているのである。大衆は啓蒙の対象だから、半ば仕掛けられ騙《だま》された存在とされている。丸山は、一九三〇年代の大衆社会状況が左翼運動を助長するのではなく、むしろ「超国家主義への道をきり開く方向にはたらいた」(「個人析出のさまざまなパターン」『集』九)とみなしていたから、戦後の大衆社会化状況が三〇年代と同じ轍《てつ》を踏まないことを目標にした。丸山の「(本来の)インテリ」と「擬似インテリ」概念には、大衆の(本来の)インテリ化ないしは同伴化という戦略が仕掛けられていたのである。

トラウマと反・反共主義

ここまでが、丸山の戦後の大衆戦略を動機づけた顕在次元だとしたら、動機づけの潜在次元は帝国大学粛正期成同盟や原理日本社についての彼の苦い記憶だった。後年、丸山は鶴見俊輔(一九二二―)との対談(「普遍的原理の立場」『談』七)で、戦後当初は「戦争が終わると一度ひじょうに左寄りになって、その反動としてナチみたいなのがでてくるんじゃないか」と考えていた、と述べている。アメリカでマッカーシー旋風が吹き荒れたときには、

「マッカーシーやヒッケンルーパーなどの無茶苦茶な赤呼《よば》わりは着々と成功しているといわなければなりません。彼等はさしずめアメリカの蓑田胸喜や菊池武夫というところでしょう」(「ファシズムの現代的状況」『集』五)といっている。民主主義国とされたアメリカにおけるマッカーシズム旋風は、丸山にあの三〇年代の日本を思い出させると同時に、戦後日本に再び三〇年代が再現するかもしれないという相当な危惧をもたらした。

本章のあとでくわしくみるように、しだいに「ナチみたいなの」が出現する危惧はなくなっていくが、なにかのきっかけがあると、丸山はそのたびに過剰反応した。丸山は一九六一年一〇月から翌年六月まで、ハーヴァード大学に特別客員教授として招聘される。渡米から二ヶ月ほどたった一二月、家永三郎(当時東京教育大学教授、一九一三—二〇〇二)に書簡を出しているが、そのなかでアメリカについてのつぎのような過剰反応的憂慮を書きつけている。アメリカを全体としてみると、近年、右翼の大衆的浸透は侮りがたいものがある、軍人が公然と右翼関係講演会でアジったり、自由主義は赤の温床だというような論理がでてきたりで、「どうも僕にはすべてが、三〇年代の中期の日本に何となく似ているように見えてなりません」(『書簡』一)。当時のアメリカを「三〇年代の中期の日本」と重ねることが偏ったアメリカ像であったことは、政治史学者北岡伸一が「やはり的外れだろう」と、指摘している(「書評　丸山眞男書簡集1」『朝日新聞』二〇〇三年一二月一四日)。

三〇年代の悪夢は、戦後の丸山の認識と戦略を規定した。中国の人民公社や百家争鳴運動に対して手放しに近い賛同をしたように、社会主義国の現状への批判は少なく、他方で、「日本の政治、経済、社会全般にわたって現在『健全』と考えられているよりもずっと『左』の政策が推し進められねばならぬだろう」（「戦後日本のナショナリズムの一般的考察」『集』五）、とウィングを左に張ることを強調した。あるいは、英米的民主主義対ソ連的共産主義という対立軸を日本社会にもちこむことを否定し、共産主義を民主主義の側にもとめなければならない、共産主義にシンパシーをもつものが自由主義者だ、とさえ言明している（「ある自由主義者への手紙」『集』四）。このような論文が発表されたときは、GHQ（連合国軍総司令部）により共産党中央委員二四人が公職追放となり、共産党員とその同調者が官公庁や企業で解雇（レッド・パージ）されるという時代状況にあったことにもよるが、「左寄り後急速にファッショ化する」かもしれないという丸山の「認識」による共産主義への肩入れ、つまり「反・反共主義」と解することができる。

しかし、一九五五年ごろから、丸山の日本共産党へのスタンスがやや異なってくる。一九五六年に天皇の戦争責任と同時に日本共産党の戦争責任を追及する「戦争責任論の盲点」（『集』六）を発表する。日本共産党が有効な反ファシズム・反帝国主義闘争を組織化できなかったことを指摘したエッセイである。このころの丸山の日本共産党に対する微妙な距離の取り方に、後述するような逸話がある。東大の学生運動家として活躍し、一九五〇年に退学処分をうけた安東仁兵衛《あんどうじんべえ》（一九二七―九八）が五五年の「晩夏か初秋の頃」の丸山との出会いを書いている。さきの「戦争責任論の盲点」が発表される半年ほど前のことである。そのときの模様を理解するには、当時の日本共産党と学生運動の関係について予備知識が必要である。全学連について簡単にふれておこう。

全学連

全学連（全日本学生自治会総連合）が全国一四五校、三〇万人の学生を傘下にして結成されたのは一九四八年九月である。全学連の委員長武井昭夫《てるお》（一九二七―）が共産党東大細胞のリーダーだったように、書記長をはじめ、役職者のかなりは学生党員だった。全学連が日本共産党の指導を逸脱することはすくなくなかったが、決裂までにはいたらなかった。日本共産党も、内部に軋轢はあったにしても基本的に一枚岩であった。

ところが、一九五〇年一月コミンフォルム（共産党情報局――ソ連をはじめとした欧州の共産主義政党が一九四七年に設立した連絡・情報機構）による日本共産党批判が共産党と全学連それぞれの内部でおきる軋轢の契機となった。批判はつぎのようなものである。日本はアメリカ帝国主義の植民地政策のもとにある。にもかかわらず、日本共産党は平和革命を論じている。それは帝国主義占領者であるアメリカを美化する理論であり、マルクス・レーニン主義とは縁もゆかりもない。そういう激しい非難だった。

このコミンフォルム批判をめぐって日本共産党主流派は、平和革命方式だけを捨て、そのほかについては、従来方式ですすむべく所感を発表した。このグループが徳田球一《とくだきゅういち》（一八九四―一九五三）や野坂参三などの「所感派」（主流派）である。それに対して、コミンフォルム批判を全面的に受け容れてソ連共産党を中心とする国際共産主義運動にそって戦略戦術を一新しようとしたのが宮本顕治（一九〇八―）や志賀義雄（一九〇一―八九）などの「国際派」（反主流派）である。所感派と国際派の激しい党内闘争が生じる。ところが同年一〇月ごろから、主流派の地下指導部が「力には力をもってたたかう」武力革命説をとなえる。それまで「右翼日和見主義」と批判されていた主流派（所感派）は突如、「極左はねあがり主義」と批判されていた国際派のお株を奪うように武装闘争方針をとりはじめ、第四回全国協議会（一九五一年二月）で軍事方針が採択された。同年八月、コミンフォルム機関誌は主流派（所感派）を支持し、そのもとでの統一を求めた。第五回全国協議会（同年一〇月）では平和革命が否定された。国際派は解体し、一部は自己批判し、主流派に合流した。のちに日本共産党書記長（一九五八年）になる宮本顕治もこのとき自己批判を書いて主流派に復帰した。

学生運動も所感派（日共主流派）がヘゲモニーを握った。党をあげての武装革命路線が敷かれ、時限爆弾や火焔手榴弾の製造法のパンフレットが飛び交った。各地で武力行動がおこなわれ、山村を軍事根拠地とするため学生が工作隊となり、農民オルグ活動にたずさわった。中核自衛隊などの秘密武装組織をもつようになる。しかし、こうした日本共産党の行動は国民の共感を得られなかった。一九五二年一〇月の総選挙では、公認候補の得票率を大幅に減らし、前回（一九四九年一月）の七％から三％になる。当選者数も三五からゼロに激変した。翌年四月の総選挙では、衆議院で議席をひとつ確保するも、公認候補の得票率は前回（三％）さえも下回る二％となってしまう。

六全協ショック

かくて、日本共産党は方針を大きく転換させる。一九五五年一月一日の『アカハタ』に「党の統一とすべての民主勢力との団結」という文書が発表される。「一切の極左冒険主義とは、きっぱり手を切る」という自己批判と方針転換が宣言される。そして同年七月、日本共産党は第六回全国協議会（六全協）で、それまでの極左冒険主義と一九五〇年の分裂を自己批判し、旧国際派との統一がうたわれた。日本共産党のドンといわれた徳田球一の死亡も正式に発表される。一九五一年から五四年の四年間の極左冒険主義はここに終止符が打たれた。

「愛される共産党」をめざすともいわれた。党がはじめて真摯に自己批判したということに希望をもった人々もいたが、それまで共産党の方針に忠実にしたがってきた者たちの間では、「いままでなにをやっていたんだ」とか「青春をかえしてくれ」という六全協ショックと六全協ノイローゼがひろがった。

小説『されどわれらが日々——』（柴田翔《しばたしよう》）はこの六全協ショックを描いたものである。一人称小説の「私」（大橋文夫）は東大英文科の大学院生。「私」の婚約者が佐伯節子。節子が歴研（歴史学研究会の略——一九三二年に結成されたが、一九四四年に活動停止、四六年羽仁五郎を委員長に再建。進歩的歴史学者や学生の牙城となる）の仲間で共産党員（東大生）だった佐野の六全協以後の行方を探す場面がある。節子は佐野の同級生Aに手紙を書き、消息を尋ねる。佐野のその後を伝えるAの返事はつぎのようなものだった。

六全協による打撃は、

「ぼくも含めて、党と革命に自分の生活の目標を見出していた学生にとっては、殆ど致命的なものに思えました」

［中略］

「それは決して佐野だけの問題だったのではありません。党が間違っているなどとは、考えられないことでした。六全協の決定は、ぼくらがそれまで信じてきたもの、信じようと努力してきたものを、殆ど全て破壊しただけではなく、その誤ったものを信じていた、あるいは信じようとしたぼくらの努力の空しさをはっきりさせることによって、ぼくらの自我をも、すっかり破壊してしまったのです。ぼくらは、いわゆる新方針を理解することも、批判することもできなくなってしまいました。ぼくらは、暫くは茫然自失の状態で、世の中に何か正しいことがあるということすら、信じられなくなっていました。ですが、やがて半年たち、一年たちすると、かなりの人々はそのまま世間の中へまぎれ込んで行き、他のある人々は党の新方針なるものの下で、再び馬車馬的に動きだしました。そして、そうならなかった少数の人たちが、自分たち一人一人が党でなければならないことを理解して、新しい学生運動のために働き出したのです。

ただ、佐野だけは、そのいずれでもありませんでした。彼は六全協の痛手から回復することなく、いわば世をはかなんだような生活を送っているとみえました。大学でぼくらと出会っても、顔を伏せ、なるべく知らんふりをして通って行くのでした」

ここで、「自分たち一人一人が党でなければならないことを理解して、新しい学生運動のために働き出した」といわれた学生のなかから、あとにふれるようにブント（共産主義者同盟、一九五八年一二月結成）などが生まれる。

知識人の覇権

予備知識がととのったところで、安東が赤門前のバス停で丸山と偶然はちあわせしたところまで戻ろう。いま述べた六全協の一ヶ月ほどあとのことである。安東はこう書いている。「赤門前でバスを降りようとする私を停留所から丸山が『安東君』と呼びとめ、わたしも『あ、丸山先生』と声を出した。『ほんとに良かったね』と丸山は心から六全協をよろこび、私も心から『ありがとうございます』とこたえ」、そのまま、二人で近くの喫茶店に入った。

安東が日本共産党のこの間の混乱状況をもっぱらしゃべり、丸山は聞き役だったが、最後に安東がこれからの日本共産党は旧国際派（反主流派）出身者が所感派（主流派）だけでなく、国際派をも批判できるようでなければならない、自分はそうした立場をつらぬきたいといった。丸山は安東のこの決意に賛成し、シンパの姿勢についてつぎのようにいった。「これまでのシンパは、党の外に向って反共とたたかうことが中心であったが、これからは党に向って党にたいする批判をキチンとおこなうことである」といった趣旨だったという。ここに丸山の反・反共主義からの変化をみることができるが、一方、安東は、モダニズムのイデオローグであり、克服すべき存在と決めつけていた丸山に対する評価が大きくかわった

（『戦後日本共産党私記』）、と書いている。

日本共産党を絶対視していた安東にとって、それまでの丸山は、近代主義者にすぎなかった、せいぜいが共産党の同伴知識人だった。ところが共産党神話が崩壊したことによって、共産党と距離をとる丸山が急速に近いものになった。安東は丸山との面談について「我流の私淑がはじまった」とか「この上なく温かな人柄を知る」と感激を披露している。しかし二人の背後からみれば、丸山より安東の変わりかたが大きかったから安東にそうした感激が生まれたにすぎない。二人が個人的に言葉を交わすのはこのときがはじめてだった。声をかけたのは、丸山のほうである。丸山は教師であり、安東は元学生であるから。喫茶店で話そうといったのも丸山のほうであろう。六全協によって安東が日本共産党のありかたに疑問を感じていることが十分察知されていたから、つまり丸山の近くに安東のほうがやってきたから、声をかけ、喫茶店で話そうとしたのである。

六全協の翌年二月、クレムリンにおける第二〇回ソ連共産党大会で、スターリン批判がなされる。スターリンという個人に対する崇拝が、党内民主主義をいかにゆがめてきたかの自己批判報告である。そして、六月のポーランド事件や一〇月のハンガリー事件で、共産党に対して政治的自由を要求する学生・労働者の蜂起がおきる。このころ、吉本隆明は、「高村光太郎ノート――戦争期について」（『現代詩』一九五五年七月号）や「前世代の詩人たち――

壺井・岡本の評価について」（『詩学』同年一一月号）などで文学者や知識人の戦争責任を問い、つづいて戦前、共産党に同伴した文学者や知識人の批判をはじめていた（吉本隆明・武井昭夫『文学者の戦争責任』）。「『民主主義文学』批判」（『荒地詩集』）では、プロレタリア文学者は、一九三七―四〇（昭和一二―一五）年を境にして、その前は権力の弾圧で孤立し「良心に反して」転向を余儀なくされたが、後（戦争期）になると、積極的に、つまり「良心に従って」権力に迎合していったという「二段階転向論」を、同一人物の前期と後期の詩作を挙げることで、暴露した。数年あと（一九六〇年）には、共産党と共産党員を、掟と秘儀からなる「ある種の宗教団体」とパロディ化した小説『パルタイ』（倉橋由美子）もあらわれる。丸山の日本共産党批判論文（「戦争責任論の盲点」）はこうした時期に書かれたのである。丸山の日本共産党との距離化は、大衆インテリと共産党の間に楔を打ち込んだが、楔を打つ知識人は、そのほかにもいたから、丸山の変化に新しい潮流に棹《さお》差していた面があったことは否定できない。

しかし、知識人の中の知識人である丸山が公然と共産党に距離をとりはじめた影響は大きい。政治史学者水谷三公《みずたにみつひろ》は、その意味をつぎのようにいっている。敗戦と占領によって日本共産党との距離が人の序列を決めるような状況になった。そんな風潮のなかで、反体制気分に傾きやすい青年や知識人に東大教授と岩波書店が「共産党・共産主義に代わるもう一つの

『進歩』と社会変革の可能性を鮮やかに示し」たことは、共産主義や共産党にコミットメントしなくとも、進歩的で良心的でありうるのだという自信と誇りを青年にもたらした（『丸山真男―ある時代の肖像』）。水谷のいうとおりであろうが、しかし、より重要なことは、このようなことによって、なにが進行したかである。すなわち、共産党という媒介物なしに左翼の正統的な圏域が創出されたということであり、そのことは、知識人による大衆インテリへの直接的掌握に道が開かれたということなのである。

気がぬける

かくて知識人の象徴支配という、知識人の欲望が満たされる時代がはじまったようにみえた。しかし事態は円滑にすすんだわけではなかった。共産党神話の崩壊は、左翼思想そのものの地すべり現象をともなわずにはいなかったからである。一九五八年一一月の座談会（「戦争と同時代」『談』二）で、丸山――このとき四四歳――は、「精神的スランプ」を口にしている。結核、手術などで長期療養を続け、肉体的エネルギーが減退したこともあるだろうが、「スランプ」は健康上の理由だけではないことを丸山自身が認めている。これまでは、マルクス主義と天皇制精神構造の二つと格闘してきたが、対決していた相手が「少くもぼくの視野の中でフニャフニャになったために、こっちも何かガッカリして気がぬけちゃった」、自分をつきあげる「デモーニッシュな力」が足りなくなった。丸山が対決しようとした当の相手が「フニャフニャになった」とはどういうことか。

まず丸山が戦後再び復活することを恐れた右翼である。丸山は、一九五八年六月八日、憲法問題研究会設立のための第一回会合で東京の学士会館にいた。そのとき、「アメリカ製憲法を即時廃棄せよ！」「曲学阿世の容共学者を葬れ！」などと書いた幟《のぼり》をもった十数人の男が押しかけた。入口を塞《ふさ》ぎ、大声でどなり、嫌がらせをおこなっていた。丸山眞男のほかに辻清明（一九一三―九一）東大法学部教授や清水幾太郎（一九〇七―八八）もいた。幟をもって怒号や罵声をあびせた集団の首領は、赤尾敏である。

しかし、この赤尾敏の過去について、建国会（右翼団体）の創設者だった以上のことを、丸山は知っていただろうか。赤尾敏は、あの帝大粛正期成同盟に名をつらねていた。丸山が蛇蝎のごとく嫌った蓑田胸喜主宰の『原理日本』の誌友でもあった。したがって赤尾敏は、前章でみた日比谷公会堂の帝大粛正学術講演会に、主催者側として出席し、大声で合の手を入れていたのかもしれないのである。丸山は帝大粛正期成同盟の片割れと遭遇していたわけである。そうした因縁を知ってか知らずか、丸山は、学士会館での出来事についてこう書いている。

押しかけて来た連中の性格的特徴も、携帯する道具も、怒号する口調も、彼等の「黄金時代」とほとんど変っていない。けれども彼等をとりまく環境も、彼等をながめる周囲の眼も二〇年前とはまるでちがっていた。［中略］それは見る人を恐怖させたり、威嚇したりするよりも、むしろ滑稽で馬鹿馬鹿しい感じを与えるのである。（「戦前における日本の右翼運動」『集』九、傍点引用者）

左寄りからファシズムへの急旋回という丸山の当初の予測ははずれたことになる。

花より団子

丸山が対決してきたマルクス主義も、すでにふれたスターリン批判やハンガリーやポーランドの民衆蜂起、六全協による日本共産党神話の崩壊などによって、一枚岩的な絶対的信仰の対象ではなくなってくる。しかし、左翼文化の翳りは、社会主義国や共産党神話の崩壊だけでなく、消費社会がはじまったことによるところが大きい。

一九五五年、いわゆる五五年体制——左右両派の社会党の統一と、自由、日本民主両党の保守合同による自民党一党支配体制——がはじまり、一人当たり実質国民所得が戦前の最高水準（一九三九年）にまで達した。神武天皇以来の、つまり史上空前の好景気（神武景気）といわれた。翌年の『経済白書』(一九五六年度版)は、「もはや『戦後』ではない。[中略]回復を通じての成長は終わった。今後の成長は近代化によって支えられる」と書いている。「イノベーション」(技術革新)や「新しい国造り」という言葉も使われている。同年の『国民生活白書』はつぎのようにいっている。一九五五年の国民所得は五一年を一〇〇とすれば、一三〇・六%、五五年における国民の消費生活水準も都市では一三八%、農村でも一二一%に達している。消費内容と生活様式が大きく変化していることについてつぎのように書いている。

ごく最近われわれの生活の中に新らしくとり入れられ、しかもかなりのウエイトをもってきたものをみても、電気洗濯機、ミキサー、テレビ、蛍光灯、ビニール製品、プラスティックス製品などは相当数にのぼり、しかもそれらの数は急角度に増加している。さらに被服類ではナイロン、アセテート、ビニロン、医薬品では抗生物質製剤その他の新薬、家庭燃料では石油、娯楽品では写真機などいずれも五倍ないし十倍の増加を示している。[中略]最近のデパートには四、五年前にはほとんどみかけなかった新らしいデザインで、新らしい種類の製品が無数に売られており、これらは単なる流行的性質のものばかりでなく、すでにわれわれの日常生活のなかに深く根をおろしつつあるものが多い。この現実は、いちじるしく変貌しつつあるわが国国民生活文化の実相である。

一九五五年の消費者物価指数の品目、つまり消費者が購入する代表的な財・サービスには、洗濯機のほかに化学調味料、魔法瓶、蛍光ランプ、電気アイロン、パーマネント、シャンプーなどがあがっている。「消費革命」がいわれるのは、『経済白書 一九五九年度版』であるが、その先駆けが五五年からみられる。電気洗濯機は、五五年で、すでに普及率が三〇%に達しており、これにテレビと電気冷蔵庫をあわせて、「三種の神器」といわれた。

これよりわずか四年前(一九五一年)の講和条約調印後に東京・大阪でおこなわれた世論調査(『毎日新聞』九月一四、一五日)で、「あなたは講和後生活が楽になると思いますか、苦しくなると思いますか」という質問に、「楽になると思う」が七・四%にすぎず、「苦しくなると思う」が六六・一%(「かわらないと思う」一六・一%)だったことをおもえば、人々の予想を大きく超える時代がやってきたことになる。五四年までのメーデーのスローガンは、「労働者を奴隷化する職階制度反対」や「組合の御用化反対」だったのが、五五年ころから「賃金引き上げ」「最低賃金法の制定」「労働時間の短縮」となる。理念=政治(花)よりも欲望=経済(団子)の時代となりはじめる。丸山がこのころスランプを口にした時代風景、つまり貧困と結びついた理想主義=政治主義の衰退がこれである。

スランプは単に丸山個人の健康上の理由でないことは、同時期に清水幾太郎もスランプに陥っていることにみることができる。清水も、一九五七年、五八年を単に研究や仕事だけでなく、思想的にも「行き詰まり」の時期としている。平和問題談話会が発足（一九四九年）して一〇年運動をやってきた、内灘《うちなだ》（一九五二―五六）、砂川（一九五七―五九）闘争にもかかわってきたが、「池に小石を投げ込むようなことをしてきたのではないか。投げ込んだ時は、波紋が起こるが、それは間もなく消えるし、石も水中に消える。［中略］私の心身は、もうボロボロになっていた」（『わが人生の断片』『清水幾太郎著作集』一四）。このように徒労感をつづっている。

安保改定と警職法改正

大衆インテリが共産党に入党しなくとも、進歩的であり、良心的でありうる居場所が作られたが、居場所を利用しようとする大群はうまれなかった。進歩的知識人たちの停滞期だった。しかし、清水幾太郎はさきに引用した徒労感をつづったあとに、こう続けている。「しかし、私たちの前には、昭和三十五年に予想される日米安全保障条約改定の問題が迫っていた」。

トンネルの向こうに安保改定問題という進歩的知識人が活躍できる明かり（政治的争論）

をみていたのである。清水も丸山も「安保の会」や「安保条約再検討声明書」などにより行動をはじめた。

日米安全保障条約は、一九五一年にサンフランシスコにおいて対日講和条約が結ばれたときに、その日の夕方、ひっそりとアメリカとの間に調印された。条約は、アメリカの対日防衛義務が明記されておらず、日本にアメリカの軍事基地を義務づけるという片務的内容だった。保守陣営は、条約の不平等性に、革新陣営は、アメリカの対ソ戦略にくみ込まれることで双方ともおおいなる不満をもっていた。一九五七年二月、石橋湛山《たんざん》首相の病気総辞職によって、岸信介(一八九六―一九八七)内閣が誕生した。岸首相は、安保を双務的な内容に改定することを政治課題にした。同年六月、岸首相は、ワシントンでアイゼンハワー大統領と会談。「日米新時代の樹立」という共同声明を発表した。安保改定が具体的になってきた。翌年、岸は、外相藤山愛一郎をアメリカに派遣し、さらにマッカーサー駐日大使との会談で、安保改定交渉の下準備をする。藤山と駐日アメリカ大使の会談は、一九五八年一〇月から六〇年一月まで二二回も費やしておこなわれた。しかし安保改定反対運動はもりあがりに欠けていた。反対運動は、瓢箪から駒が出るように別のところからやってきた。

日米安保改定交渉が藤山外相とマッカーサー駐日大使との間で開始された四日後の、一九五八年一〇月八日、警察官職務執行法改正案が突然、衆議院に提出された。それまでは、職務質問や所持品調べ、身体検査は逮捕された者だけに限られていたが、「犯罪を犯すと疑うに足る相当の理由のある者」にもなすことができ、「相当の理由」があるかないかの判断を警察官個人の権限にするという改正案である。旧安保条約には日本で内乱がおこったときには、アメリカ軍が出動できることになっていた。日本側は内乱条項（第一条）の削除を要求したが、そのためには警察力を強化することをアメリカから要請されていた。他方、政府は、勤務評定・道徳教育義務化反対運動で手を焼いた経験から、安保改定にも激しい反対運動があることを想定していた。こうして警察力の強化のための警職法改正が上程された。

審議未了

一九五八年一〇月一三日に総評や社会党を中心に文化団体や婦人団体など六五団体で警職法改悪反対国民会議が結成され、知識人や市民の大衆的抗議活動が広がる。同じころ、岸首相は、アメリカ人記者に、いまの日本の憲法では戦争もできないし、海外派遣もできない、国際情勢は大きく変わっているのだから「今や日本国憲法の第九条を廃棄すべき時に来た」と言い出した（一〇月九日の会見、一五日夕刊で報道）。

警職法は、「オイコラ警察の復活」とか「デートも邪魔する警職法」（「デートもできない警職法」）というキャッチフレーズを生んだ。占領政策の変更や経済復興によって戦前的価値へのゆり戻しがあったとはいえ、人々は戦前の警察国家を復活したいわけではない。「オイコラ警察の復活」は、警察国家や権威主義国家復活の危惧の端的な表現である。また「デートも邪魔する警職法」は、警職法が戦後の新憲法という柔らかい社会システムのもとでの私生活主義を否定するものであることを巧みに示したキャッチフレーズである。警職法は、「戦犯・岸」のイメージも前景化した。岸は一章でふれた蓑田胸喜と東京帝大の同級生であり、興国同志会の仲間でもあった。その縁で頼まれたのだろうが、蓑田の主宰した原理日本社の誌友でもあった。当時の人々が岸と蓑田の縁までは知らなくても、東条内閣の閣僚（商工大臣）だったことは知れわたっていた。反対派は勢いづいた。一一月二二日、岸首相と鈴木茂三郎《もさぶろう》社会党委員長との会談で審議未了が決まる。革新勢力にとっては、警職法を審議未了にした勝利の経験は大きかった。安保改定反対運動へのステップとなるとおもわれた。

一九五九年三月二八日、新安保条約締結阻止を目的に警職法改悪反対国民会議を引き継いで「安保改定阻止国民会議」が結成された。国民会議は、社会党や総評などが中心だったが、日本共産党もオブザーバーとして加わっていた。丸山も「安保改定阻止国民会議」ができたころ（三月）に、国際問題談話会設立に参加している。政府の単独講和に反対し、全面講和を説いた平和問題談話会に代わるあらたな活動拠点となった。丸山など国際問題談話会のメンバーは、「政府の安保改定構想を批判する（共同討議）」（『世界』一〇月号）を発表している。

「わからない」が多数

しかし、安保改定反対運動は、警職法反対ほどもりあがらなかった。一九五九年七月下旬の世論調査（総理府統計局）によれば、安保条約の改定を知っているものは、半数にすぎない。知っているとしたものでも、改定の内容となると、ほとんど（九割）が知らない状態だった。だから、「安保改定に賛成か反対か」となると、「わからない」が多数であり、賛成、反対のいずれかを選ぶものは少なかった。しかも、（改定）「賛成」一五％が「反対」一〇％を上回ってさえいた（『読売新聞』一九五九年一〇月九日夕刊）。『読売新聞』の九月調査においても、日米安保条約を「必要」とするものが四六％で、「不必要」とするものは、一二％にしかすぎなかった。政府の改定案に満足するものも二一％いた（同紙、同年一〇月四日）。だから、このころは、革新政党や労組の幹部は、「安保は重い」とか「安保では闘えない」といっていたほどである。

安保改定問題への関心が増え、反対が増えはじめるのは、翌年、国会で極東の範囲などの審議がはじめられてからである。安保改定はわが国の内乱などに米軍が介入できるなどの条項を削除したものの、米軍が極東の安全のため在日基地を使用できる条項は存続した。あらたにつけくわえられた「共通の危険に対処するように行動すること」（第五条）は、日本が無関係な戦争にまきこまれるのではないかという不安を生んだ。三月の『読売新聞』調査では、「承認することを望む」(二一%)よりも「承認しないことを望む」(二八%)が多くなる(同紙、一九六〇年四月三日)。条約批准を急ぐ、岸首相の強権的な手法への反感も高まっていく。こうしたなかで、安保闘争を一大国民運動にしたのは、全学連の「跳ね上がり」行動であったことは否めない。

安保改定阻止国民会議は一三〇をこえる団体の共闘組織だった。内部のさまざまな軋轢のなかでも青年学生共闘会議のメンバーとして国民会議に加わっていた全学連と、社会党や総評を中心とした国民会議幹部集団との運動方針をめぐる軋轢は大きかった。なぜ、このような軋轢が生じたのか。再び全学連についてみておこう。

唐牛健太郎

さきに全学連についてのところでふれたように、五〇年のコミンフォルムによる日本共産党批判で、日本共産党内部は国際派と所感派にわかれた。全学連の党員には国際派が多かったが、日本共産党の主流派は所感派が占めていたことがこの軋轢を大きくさせた。全学連幹部の多くは党員であるため、党内闘争の縮図だった。外部からみればコップ(日本共産党)の中の嵐である。ところが、これもすでにふれたように六全協前後から、全学連の日本共産党離れは公然化してきた。ハンガリー事件を契機に一九五七年一月に日本トロツキスト連盟ができた（同年一二月に日本革命的共産主義者同盟と改称。一九六三年四月、革マル派と中核派に分裂する）。

全学連主流派の日本共産党離れを決定づけたのは、一九五八年六月一日の事件による。前日の全学連第一一回大会で、共産党系学生は、党中央の意図にそわない分子の頭目だった森田実（一九三二―）の失脚を狙った（島成郎『ブント私史』）。議場が大混乱した。そこで、翌日、日本共産党中央は、全学連大会に出席した学生党員一二〇名を代々木にある党本部に招集した。しかし、党側の議事運営に学生側が不満をもち、混乱する。学生たちは、全学連大会を破壊しようとしたとして逆に日本共産党中央学生対策部員の責任を追及し、暴行を加え、会場を封鎖した。そして党中央委員の全員罷免さえも決議した。これまでの党中央と全学連を指導する学生党員との積年の軋轢が限界を超えてついに堰を切った。この事件によって香《こう》山健一《やまけんいち》（一九三三―九七）全学連委員長や森田実などが共産党を除名された。

その半年後の一二月一〇日、日本共産党から除名された全学連幹部を中心に共産主義者同盟（ブント）が結成される。ブントは、マルクス・エンゲルスが最初に共産主義者の組織を結成したときの名前であるが、「同盟《ブント》」は、明らかに「党《パルタイ》」（日本共産党）に対抗して命名されたものである。「世界労働運動研究所」という架空の看板をかかげたブントの事務所（文京区元町)で雑務を手伝っていたブント書記局員が、そのあと二年足らずで死亡する樺美智子《こ》（当時東大二年生）だった。

一九五九年六月の全学連第一四回定期大会で、ブント系は執行部の過半数を占める。委員長に唐牛《かろうじ》健太郎（北大、一九三七―八四）を選出する。執行部の平均年齢は二一歳弱で、共産党コンプレックスがない世代だった。のちのこと（一九六〇年四月二六日の安保改定反対第一五次統一行動）になるが、唐牛は、デモをする学生たちを前に、「おそれることはない。諸君、障害物を乗り越えて一歩一歩進みたまえ」と颯爽とした国会突入の演説をし、装甲車を軽々とのりこえ、機動隊の渦の中に飛び込んでいった。タートルネックのセーターの上に、笛がおどりながら光り、枯葉色のジャンパーの襟を立てた姿が「銀幕の裕次郎やアキラよりも［中略］イカしている」（高瀬泰司「かっこよかったぜ唐牛さん」『唐牛健太郎追想集』）といわれるほどの魅力を放射した。

跳ね上がりとテレビ

全学連主流派が日本共産党と決裂したことは、既成組織とはちがった独自路線ができたことを意味する。学生を独自の層としてとらえる運動論は、全学連の初代委員長である武井昭夫によって早くからとなえられていた。階級に準じるカテゴリーの「層」として学生をとらえるものである。労働者階級といってもしばしばブルジョアイデオロギーに毒されており、学生のほうがはるかに事態を正しく認識することができる面もあり、闘いの方向を素早く察知し、味方の陣営に警鐘乱打することができる、という小《プチ》ブル運動の利点を説いたものである（『層としての学生運動——全学連創成期の思想と行動』）。全学連が日本共産党と決裂することによって、ますます「層としての学生運動」論が支配的となる。いまや独自路線を証示しなければならない。

学生＝前衛論にもとづく学生運動と既存の革新団体組織との軋轢は必至であった。軋轢は、安保反対闘争の中で具体的にあらわれてくる。その最初のあらわれが、安保改定反対第八次統一行動（一九五九年一一月二七日）だった。安保改定阻止国民会議は国会への集団請願運動を指示したが、全学連は、国会に乱入した。日本共産党をはじめとする既存の革新団体から、全学連は「極左冒険主義者」「トロツキスト集団」「アメリカ帝国主義の手先」と批判されるようになり、国民会議の中から全学連を排除しようとする動きがはっきりとあらわれる。

一九六〇年一月一四—一六日、第一一次統一行動がおこなわれる。全学連は、岸首相の渡米に反対し、羽田空港ロビーに座り込みをおこなった。警官隊との大乱闘（羽田事件、一月一六日）で、七六人の学生が逮捕される。樺美智子も逮捕者の中にいた。総評は全学連の行動を跳ね上がりとして逮捕された学生への総評からの弁護団を拒否する態度にでた。学者・

文化人は、学生救援のために一月末に趣意書を発表した。竹内好《たけうちよしみ》や武田清子、鶴見俊輔、橋川文三、埴谷雄高《はにやゆたか》などが署名しているが、丸山の名前はない。丸山が全学連の行動をにがにがしくおもっていたことを示すものである。二月七日には清水幾太郎を代表に、広汎かつ強烈なエネルギーを政党や組合などの諸組織が生かしきっていないとし、全学連を擁護する「諸組織への要請」という文書が、革新政党や労働組合、平和団体、学生団体などの責任者に送付される。丸山はこのときの要請文の発起人でもなく、あとから署名に加わってもいない。

すでに丸山は、羽田事件(一月一六日)以前に、埴谷雄高や加藤周一との座談会(「一年の後・十年の後」『週刊読書人』一月一日号)で、全学連とその背後の思想家、そして新左翼集団についてつぎのように批判していた。ソビエト第一主義がくずれたけれども、「にもかかわらずソビエト社会主義っていうものに対立してあるいはそれを否定して社会主義革命を考えたって、それはユートピア」であり、そうしたトロツキズム(ロシアの革命家トロッキーの永続革命論)が現実には「反動的役割を果たす」と。

しかし、安保改定反対運動にはずみをつけたのは、「跳ね上がり」「トロツキズム」「ブランキズム」(ブランキによる少数精鋭による暴力革命論)「一揆主義」とレッテルを貼られ、批判されていた全学連による過激=派手な街頭運動である。とくにテレビあるいはニュース映画によってかれらの街頭ラジカリズムが報道されたことによる影響が大きい。

全学連の動員においてもテレビの衝撃は大きかった。全学連が、安保改定は日本の核武装、海外派兵、帝国主義日本を意図するものとして、反対闘争の中心テーマにしたのは、第一三回臨時大会（一九五八年一二月）と第一四回大会（一九五九年六月）であるが、いずれも動員数もすくなくもりあがりに欠けていた。埼玉大学学生で活動家だった小野田襄二《じょうじ》（一九三八―、もと全学連副委員長、書記長）も当初は、冴えなかったとしている。もりあがったのは、一一月二七日の国会構内乱入事件であり、なかんずく、それがテレビで放映されたことによるという。「この日、埼玉大は百五十人くらいのしょぼくれた市内デモを行ったが、終わるや、テレビで国会乱入が放映された（寮生が自治会室に駆けつけた）。――安保改訂反対に理由はいらないとはこのことか。［中略］ぼくはもとより活動家は興奮し、心に火が灯《とも》った」（『革命的左翼という擬制　１９５８～１９７５』）と、小野田は書いている。「心に火が灯った」のは、活動家学生だけではない。それまで、全学連の活動を余所事《よそごと》としてみていた一般学生にまでひろがっていく。人々を行動に駆り立てるのは、活字的ではなく口述的、音声的、映像的なものである（A. Smith, *Nationalism and Modernism*）。

あいつと私

このころ『週刊読売』に石坂洋次郎の「あいつと私」(一九六〇年九月—六一年三月)が連載されている。連載が終わって半年後(九月)に同名で映画化(監督中平康《なかひらこう》、脚本池田一朗・中平康)される。映画では「あいつ」(黒川三郎)を石原裕次郎、「私」(浅田けい子)を芦川いづみが演じた。東京の私立大学を舞台にした学生小説である。時期が時期だけに安保闘争もでてくる。仲間の一人である女子学生の結婚式が終わる。ひそかに花嫁に好意をもっていた男子学生が、まだ帰りたくない、「どこか行く所を考えてくれよ」と浅田けい子にいう。以下は、そのあとの場面である。会話はけい子からはじまる。

「ないこともないわ。……私、元村(活動家の女子学生—引用者)さんたちのことが気がかりなの。行ってみない? どこかでぶつかるかも知れないわよ。そうしたら、私たちもデモ隊に加わったら……」

「うめえことを考えたな。黒川(けい子が気になる「あいつ」—引用者)、行こう。僕らもスクラム組んで革命歌をうたおうよ。……まんざらの気紛れでもないさ。僕は政治オンチだが、しかし、新安保の議会での通し方は癪に触るからな……。それだけのことでも、デモ隊に参加する資格があるさ。みんながみんな、ちゃんとした認識をもってる奴ばかりで

もあるまいからな。行こう……」（傍点引用者）

小説の学生たちは、赤坂見附の横丁で車を降り、議事堂のほうに歩き、全学連のデモに飛び入り参加する。警官隊の棍棒などで殴られ、怪我をする仲間もでる。

安保改定反対運動に一般学生が参加するのと同じように、一般市民も参加するようになるのは一九五九年一一月二七日の全学連の国会乱入事件の日のあとからであるが、市民運動としての安保改定反対運動のピークは、一九六〇年五月一九日の衆議院での強行採決の日からである。そのあとほぼ連日デモが続く。小説ではデモの翌日、学生たちが神宮外苑の大学対抗野球試合の応援にでかけている。この年六月五日、神宮球場で春の東京六大学野球最終戦の早慶戦がおこなわれたから、六月四日のことを描いているとも読める。

ところでさきほど引用し、傍点をふった部分、つまり「新安保の議会での通し方は癪《しゃく》に触るからな」が示すように、安保反対運動が大きなもりあがりをみせたのは、安保改定によって日本が関係のない戦争にまきこまれるなどの内容というよりも、岸首相のなりふりかまわない強権的手法への反撥だった。安保改定反対は条文を読んでの内容に対する論理的反撥よりも、やりくちへの反撥（感情）共同体をつくってしまったのである。

六月一五日

六月一五日の国会デモで、全学連主流派は七〇〇〇人以上を集め正門前で集会を開く。午後四時ごろ激しいジグザグデモ。五時ごろ衆院南通用門に集結。指揮者となった北小路敏《きたこうじさとし》中央執行委員（京都府学連委員長）は、「学友諸君！　われわれは国会のまわりを歩くだけではダメだ！　われわれには国会構内で集会を開く権利がある。構内で集会を開こう！……われわれはダテにスクラムを組んでいるんじゃないんだ！　スクラムを崩さず前進しよう！」と煽動した。警官は、機動隊を含め、二万人。五時半ごろから、学生は門扉をこじあける。「帰れ、引っ込め」「やっつけろ」「バカヤロー」。怒号と惨事になっていく。このときのことをある東大教養学部生はつぎのように書いている。

南通用門の前にきた。全学連中執の人達は、「これから国会のなかに入るのだ」とアジっている。［中略］いよいよこれから闘いだ。ロープが後の方にいた私のところまでくる。門柱にまきつけたロープだ。なにしろ引張ることだ。十分ぐらいして門柱は簡単に倒された。次は何かと考えた。このころから非常に緊張してくる。ここまでやったらとことんまでやらなければならないと考えた。ロープがトラックにつけられる。これからがかぎだ、十分ぐらいしてか、トラックを半分引きずりだした。六時半ごろになったか、放水車から水が撒《ま》かれる。二回ぐらいは非常に応えたが、かえってこの水はわれわれの力を増した。憤ったのは私だけではない。闘いとはこういうものだと思った。「たとえ国家の本質を理解していなくとも、権力との闘いに入ることができるのだ。」この放水の間は一進一退だ。この時、すでに門の左側からは法大の学友が垣根を壊し警官との闘いに入っていた。この闘いが門を突破するカギとなったのだ。二十分ぐらいしてからトラックは引きだされた。あとは簡単だ。われわれは隊伍をととのえて怒濤のごとく構内に殺到した。警官隊は、二、三十米《メートル》後方に引きさがっていた。国会のなかに入るのをさえぎるものはだれもいない。これで目的は達せられたのかと思った。だが、このとき、真の目的から国会構内集会は切り離されていた。突如、警官が襲いかかってきた。(「国会デモの記録」現代思潮社編集部編『全学連学生の手記――装甲車と青春』)

学生は将棋倒しにされ、警棒がふりおろされる。手錠をかけられたうえ殴られ、蹴られる者もいる。やがて「学生が殺された」という声が伝わった。東京大学文学部四年生樺美智子は、第一回の激突のとき南通用門で倒れ、第一通用門付近の路上で七時半ころ死体で発見された。全学連の宣伝カーが女子学生ひとりが死亡したと報じ、構内抗議集会を呼びかけた。さきの学生の記録はこのあとのことについてつぎのように書いている。

そのうちに、構内の抗議集会を開くことが伝わった。今度は積極的ではない。僕も卒直《ママ》なところはいる気も闘う気もしなかった。もう同じことに思えたのである。死んだ学友のことを思うと闘わなければならないと思う。だが、闘うとしたらこちらも闘いの準備を行うべきだと思った。〔中略〕一分間の黙悼《ママ》、カメラの音が聞える。石をなげてやりたい気持だ。黙悼の後、又国会の前庭に行くという。〔中略〕また流血になるのに決っている。〔中略〕このとき程、全学連の指導部に疑問をもったのははじめてだ。もう先頭はすぐに動き出した。僕も一緒に動き出した。〔中略〕このとき急に待期《ママ》の警官隊が襲いかかってきた。第一回のときよりものすごい。デモ隊はちりぢりばらばらになる。警棒を抜く、逃げる学友をめった打ちにする。〔中略〕ガン！　額をなぐられる。一瞬気が遠くなる。門から逃げ出すことしか考えない。〔中略〕私はやむをえず、石をむやみに拾い、投げた。〔中略〕一瞬、ホットして《ママ》外に出たが、いつのまにか人の数は減っている。〔中略〕二、三台路上にトラックが横転して火をふいている。私も次のトラックを倒そうと努力した。結局倒れない。やむなくそのまま火をつける。〔中略〕私は三台横倒しにした後、すでに十二時になっているので家に帰った。（同書）

警視庁発表では、学生一七四人が検挙された。負傷者は一〇〇〇人を超した。

ブントももうだめだ

その三日後の六月一八日、五〇万人が国会と首相官邸をとりまいていた。新安保条約は参議院では混乱を回避するため議決がなされなかったので、三〇日経過した六月一九日、自然承認となるからである。学生だけでも一万五〇〇〇人もが国会正門前に座り込んでいた。安保反対闘争で最大の動員数だった。人数が最大だっただけではない。全学連主流派（ブント系）が反主流派（日共系）学生のデモの人数よりも上回った。

そのようにいうと、安保改定反対デモでは、全学連主流派のデモの人数が反主流派よりもいつも多かったのではないかとおもうかもしれない。それは、主流派のデモが激しいものであったから、メディアなどによってとりあげられ、目立ったことによる錯覚である。表2-1は、東京における大学生のデモだけを対象にして主流派と反主流派のそれぞれのデモ人数を公安調査庁が記録したものである。六月四日までは、デモの人数でいえば、圧倒的に反主流派のほうが多いことがわかる。主流派のデモ人数が増えたのは、樺美智子が死亡したあとである。とくにいまふれたように、六月一八日は最大規模だった。この日、「自民党が国会放火の挑発をたくらんでいる」とか「ブント全学連が国会と首相官邸を焼き討ちにする」と

表2－1　全学連動員状況（東京）

単位：人

	主流派	反主流派	合計
1959年11月27日			6,400
1960年4月26日	4,500	9,500	14,000
1960年5月20日	7,000	8,000	15,000
1960年5月26日	6,500	11,000	17,500
1960年6月4日	3,000	7,500	10,500
1960年6月15日	7,500	8,000	15,500
1960年6月16日	10,000	11,000	21,000
1960年6月18日	19,000	17,000	36,000
1960年6月22日	5,300	4,800	10,100
1960年6月28日			1,070

（出所）内閣官房内閣調査室編『安保改定問題の記録（資料編）』1961年より作成

いう噂がひろまった。安保改定阻止国民会議は、国会から遠ざかれという指令を出した。全学連反主流派もしぶしぶしたがい、日比谷公会堂前の広場で集会をもち、有楽町駅まで戻って解散した。しかし、全学連反主流派のデモに参加していた学生のなかから、国会に戻り主流派のデモに参加する者も多数でた。いまや全学連主流派、つまりブントの独擅場《どくせんじょう》になるはずだった……。

全学連主流派は執行部間の異論で、国会再突入をしなかった。巨大なエネルギーをどうすべきか、対処できなかった。唐牛健太郎をはじめとして幹部や精鋭部隊がすでに逮捕されており、この場にいなかったこと、予想をはるかにこえた巨大なエネルギーに指導部が混乱していたことによる。

その数は三万とも四万ともいわれている。首相官邸周囲でのジグザグデモと国会前での座り込みだけに終わった。ブントが指導性を発揮できる反対運動のピークに、「お焼香デモ」とあれほど批判してきた安保改定阻止国民会議と全学連反主流派のデモに似た「整然とした」座り込みという帰結を生んでしまった。ブント執行部のひとりは、「畜生、畜生、このエネルギーが！　このエネルギーが、どうにもできない。ブントももうだめだ」と叫んだ。

深夜零時をむかえたときに清水幾太郎は喧嘩に負けた口惜しさで泣く。丸山のほうは「チラッと腕時計を見て、『ああ、過ぎたな』と思っただけ」だった、といっている。安保条約の通過は短期的な出来事であり、民主主義の定着がなされたという長期的成果に満足したからである。安保新条約の批准書交換は、一九六〇年六月二三日に完了した。同日岸首相が辞意表明する。七月にも散発的（二日、一四日など）に統一行動がおこなわれたが、動員数は少なくなり、安保闘争は終熄した。全学連の安保闘争は七月二日で最後となった。全学連は七月四日から東京の文京公会堂で第一六回大会をおこなったが、反主流派（日共系）と革共同関西派は大会の無効を宣言し、ボイコット、別々に大会を開いた。全学連主流派は、共同（ブント）派とマル学同派（革共同全国委）二八二名でおこなわれた。反主流派は、全学連主流派と闘うために、全国学生自治会連絡協議会（全自連）を発足させた。学生運動の四分五裂《しぶんごれつ》がはじまる。パルタイ（党）に対した「ブント」（同盟）が崩壊し、各派は、「セクト」（分派）と呼ばれ、「セクト主義」という非難用語が頻繁に使われた。数年後には「ノンセクト・ラジカル」によって「セクト」が乗り越えられていく。

市民主義

安保闘争のころの『中央公論』などの総合雑誌には「市民」や「市民意識」「市民精神」「市民主義」という用語が溢れている。市民運動は、フルタイムの活動家ではなく、職業をもつ生活人によって担われ、組織の指令によってではなく、自発的に活動する者たちによる社会運動である。市民運動は五〇年代後半の共産党同伴知識人の「思想的」自立（共産党からの距離化）が「運動的」自立となったことによる。市民運動は、警職法改正阻止運動で輪郭をもちはじめ、六〇年安保闘争でその大きな果実を得た。丸山に代表される進歩的知識人や文化人がもっとも輝いたときである。

たしかに消費社会は、「花より団子」の政治的無関心をもたらしたが、それは政治参加が重くて全体的（党派的）コミットメントを要求するものとしてしかありえないようにみえたからだ。豊かな社会は、政治への軽い、部分的コミットメントの余地を大いにつくる。政治学者の大嶽秀夫は、こうした部分的コミットメント型社会運動の特徴をマイケル・ウォルツアーの言をひき、運動共同体との濃密《シック》な関係に対して、参入と退出が自由な薄《シン》い関係にみている（「六〇年安保闘争における同盟と対立」『法学論叢』二〇〇四）。市民運動とはまさにこうした薄い関係にもとづく運動形態の創出であった。

六月四日の安保改定反対運動デモがもりあがったときに、自民党のスポークスマンはごく一部の跳ね上がりがしている運動で、その証拠に映画館も後楽園のナイターも満員ではないか、といっていたが、さきに引用した小説『あいつと私』のノンポリ学生がそうであったように、かれらはデモの翌日早慶戦に出かけているのである。映画館や後楽園のナイターにいく人とデモに参加する人は別人ではない。丸山たちに代表される在家仏教主義のすすめが現実化したのである。

丸山は事態の推移に満足しながら、総評などの青年活動家を前にした講演でつぎのようにいいきった。今回の安保闘争の教訓について労働者の階級意識というより「一人の市民として、なにかこの事態は非常に危ないという直感のうえにエネルギーが出てきている」（「安保闘争の教訓と今後の大衆闘争」『集』八、傍点引用者）。丸山は本章のはじめのほうでふれたように、一九三〇年代の大衆社会状況が左翼運動を助長するのではなく、むしろ超国家主義への道を開く方向にはたらいた、とみていたから、戦後の大衆社会状況が同じ轍を踏むどころか反対の方向になったことに大いに満足した。こういっている。

根本的なことでは、大衆社会状況では政治的無関心が蔓延するという一般的なテーゼがあったのですが、この一ヵ月で、むしろ国民の中には権力の無理押しに抵抗する健康なデモクラチックなセンスが、戦後十五年の間にかなり生活感覚として生きていたことが実証された。もちろん中央と地方の差はまだまだ大きいですが、国民の自発性と能力性のポテンシャリティー（潜勢力）としては大きなものを持っていることを示したと思います。（「新安保反対運動を顧みる」『集』一六）

丸山は、ジャーナリズムと実践活動をつうじて大衆の「本来のインテリ」化を狙ったが、高等教育の大衆化と大衆教養主義（拙著『教養主義の没落』）に伴走されて、丸山の戦略は功を奏した。六月一〇日までに成人人口の半分に近い一八〇〇万人の安保改定反対署名が集められた。かくて丸山は安保改定反対運動を敗北とみる見方をしりぞけ、「在家仏教主義」が根づいたとした。しかし、はたしてそうだったのだろうか。

前進か

丸山の総括は、イエスともいえるし、ノーともいえる。まずイエスでもあるほうからみよう。

表2－2　安保闘争の評価

単位：%

	一回生	二回生	三・四回生
安保は通ったが民主勢力は前進した	33	24	44
民主勢力は敗北した	8	13	6
どちらともいえない	51	49	44
その他	1	4	2
わからない	4	7	2
無回答	3	3	2
計	100	100	100

（出所）本文参照

表2－3　どの政党を支持しますか

単位：%

	一回生	二回生	三・四回生
自民党	10	6	4
社会党	37	38	48
民主社会党	14	17	15
共産党	3	2	8
新左翼	2	8	4
支持政党なし	30	24	16
無回答	4	4	5
計	100	99	100

（出所）本文参照

安保闘争が終わり池田勇人《はやと》内閣が登場した四ヶ月あとに『京都大学新聞』(一九六〇年一一月一四日号)により「京大生の政治意識」調査がなされている。安保闘争を学生運動としてリードした共産主義者同盟(ブント)のような「新左翼」支持は二回生で八%いるものの、三・四回生(四%)や一回生(二%)では少数派である。全学連主流派と反主流派(日共系)については、「どれも支持しない」が半数以上でもっとも多い。しかし安保闘争の性格についてみると、半数以上が「民主主義の危機からたちあがった」としてとらえている。「安保闘争の評価」については、民主勢力が「前進した」と「敗北した」の間の「どちらともいえない」が半数近くでもっとも多いが、「敗北した」と評価する者よりも「前進した」と評価する者が多い(表2-2)。三・四回生の支持政党調査では、社会党支持が前回(五月調査)の三九%をおおきく上回り半分近くになっている(表2-3)。共産党系学生運動にも非共産党系学生運動団体にもコミットメントしたくないが、革新的立場である学生が多かったということがわかる。

この調査から半年ほどあと、同じ『京都大学新聞』(一九六一年六月五日号)によって「政治意識と学生生活観」調査がなされている。現在の学生運動が「一般学生から浮き上がっている」と回答したものは、五七%(一回生)、五四%(二回生)、五五%(三・四回生)である。同学会(京大学生自治会)などの自治会活動についても「執行部は分派闘争などに終始して

表2－4　大学での勉強についてどういう態度でのぞんでおられますか

単位：％

	1回生	2回生	3・4回生
イ　単位さえとればよい			
A　単に就職にさしつかえない程度に勉強する	2	7	4
B　大学の学問そのものに期待していない	4	8	3
ロ　単位をとるだけでは終りたくない			
A　社会進歩発展のための学問を進める	20	15	17
B　大学卒としてはずかしくない教養、技術を身につける	45	30	34
C　真理探求に徹底する	23	18	18
無回答	6	12	24

（出所）本文参照

いて、一般学生の要求する活動を支持していない」が五三％（一回生）、五六％（二回生）、五〇％（三・四回生）である。だから「学生運動についてどういう態度をとっていますか」については、「積極的に参加する」は、八％（一回生）、七％（二回生）、一三％（三・四回生）にすぎないが、「消極的参加」になると二二％（一回生）、四〇％（二回生）、三六％（三・四回生）もいる。保守党（自民党・民社党）支持は一〇％台で、社会党支持が三三％（一回生）、三六％（二回生）、四〇％（三・四回生）である。

また、「大学での勉強についてどういう態度でのぞんでおられますか」という問の回答をみると、「単に就職にさしつかえない程度に勉強する」や「大学の学問そのものに期待していない」は、ふたつあわせても一回生と三・四回生では一〇%以下（二回生で一五%）である。「社会進歩発展のための学問を進める」が二〇%（一回生）、一五%（二回生）、一七%（三・四回生）もいる（表2-4）。さきにみた半年前の「京大生の政治意識」調査と同じく、共産党系学生運動にも、非共産党系学生運動団体にもコミットメントしたくないが、革新的立場である学生が多かったということがわかる。

このような調査結果は、丸山の在家仏教主義が大学生の間に定着していることを示すものである。序章で紹介した、わたしに丸山眞男を読めといったサークルの先輩も、共産党系でも新左翼系でもないが革新支持の学生だった。ノンセクト・ラジカルは全共闘時代にできた用語だが、安保闘争から全共闘運動がはじまる前までの時代においては、丸山がノンセクト・ラジカルの守護神の位置にあった。逆にいえば丸山は、丸山（などの知識人）に同伴する大衆インテリを創出したのである。

敗北か

しかし、在家仏教主義がひろがったという丸山の総括を国民全体にひろげることはできるだろうか……。

安保新条約の批准書交換（一九六〇年六月二三日）のあと、七月一九日、低姿勢をうたい文句に池田勇人政権が誕生した。政権誕生まもなくの八月一、二日に『朝日新聞』は池田内

表2－5　「あなたはどの政党が一番好きですか」

単位：％

	1956年		1957年			1958年	1959年	1960年		
	8月	12月	3月	7月	11月	9月	2月	1月	5月	8月
自民党	33	36	32	35	32	32	34	36	30	35
社会党	30	28	24	25	24	24	26	23	23	17
民社党	…	…	…	…	…	…	…	3	6	4
共産党	0	0	1	1	0	1	0	0	1	0
自民色	12	12	14	12	14	13	14	12	10	14
社会色	9	6	9	7	9	9	10	8	7	8
民社色	…	…	…	…	…	…	…	1	3	2
共産色	0	0	0	0	0	0	0	0	0	0
ない	4	4	6	5	5	6	4	5	7	8
答えない	12	14	14	15	16	15	12	12	13	12

（注）各政党色は「好きな政党」

（出所）『朝日新聞』1960年8月8日号

閣をどうみるかの全国世論調査をおこなっている。池田内閣を「支持する」が五一％で「支持しない」（一七％）を大きく上回っている。さらに今後選挙があれば、どの政党の候補者に投票するかをみると、自民党は四三％で、社会党二二％と民社党五％を大きく上回っている。どの政党が一番好きですかを時系列でみたものが表2－5である。安保改定強行採決直後には保守と革新がほぼ拮抗していたのが、このときの調査では、完全に自民党が盛り返している。社会党は二〇％を切るにいたっている（支持色を加えると二五％だが、同じ集計法をとれば、自民党は四九％にもなる）。一九五五年の社会党統一以来の全国調査で社会党支持が二〇%を割ったのは、はじめてである。安保闘争が市民運動としてもりあがったことを考えると、社会党の不人気と自民党の人気は予想とまったくちがったものである。

六〇年一一月二〇日、総選挙がおこなわれる。自民党は、公認候補だけでみると選挙前の議席よりも九議席増、無所属からの自民党入党者二名によって三〇〇議席となった。社会党は前回(一九五八年五月)の総選挙では、一六七議席獲得したが、そのうち四〇議席が民社党にうつった。したがって、六〇年一一月総選挙直前は、一二七議席だったが、それよりも一八議席上回った。民社党は当選者一七人で惨敗だった。事前調査からして、社会党は苦戦を強いられた状況にあったが、総選挙投票日の四〇日前の一〇月一二日に党委員長浅沼稲次郎が右翼少年山口二矢《おとや》に暗殺されるという事件があり、テロへの怒りが追い風となったことによる。安保闘争の余熱が選挙に反映したとはいいがたい。

サブカルチャーと左翼性

安保闘争は、大学生と国民一般ではかなりちがった波及効果を残したのではなかろうか。安保改定は戦争につながる、日本は要塞国家になり、警察国家になる、ヒトラー的な独裁政治がはじまるなどと悲壮感がただよっていたが、安保改定によってなにもかわらなかった。

多くの国民は、二幕目の消費社会の気分に回帰した。警職法改正案に反対した人々が、審議未了になるやミッチー・ブーム（一九五九年四月皇太子妃となった正田美智子さん人気）に戻ったように。参入も退出も自由な薄い関係による（市民）運動の運命である。警察国家のイメージを払拭し「所得倍増論」をとなえたニュー保守《ライト》（ライト light なライト right）である池田内閣は消費社会への邁進気分とマッチしながら迎えられた。

しかし、大学生のほうは、必ずしもそうではなかった。一九六一年の四年制大学進学率は同年齢人口の九・四％にすぎなかったから、キャンパスには大学生のエリート意識と相関しながらの理想主義の炎がなお強かった。理想主義＝政治主義は、無条件で消費社会の気分にひたることを潔しとさせないところがあった。

そのことは、サブカルチャーの享受パターンに及んでいる。このころから学生文化に映画や演劇、漫画、小説、評論領域でのサブカルチャーという消費社会文化が浸透し、輪郭をもつようになる。「六〇年代は、ガラクタばかり。そして、六〇年代とはガラクタのもっとも光り輝いていた時代でもあったのだ」と、寺山修司は書いている（「ガラクタが光り輝く時」『負け犬の栄光』）が、「ガラクタ」こそサブカルチャーである。大島渚や寺山修司はいうまでもなく、大江健三郎も当時はサブカル文学の旗手だったといえる。『映画評論』や『映画芸術』はもとより、『思想の科学』さえもサブカル雑誌というべきものだった。『日本読書新聞』はサブカル情報紙でもあった。

しかし、サブカルチャーは、それ自体として享受されることは少なかった。されにくかったといったほうが正確かもしれない。しばしば左翼性（政治主義）の意味付与をすることで、享受された。逆にいえば、政治主義を担保にしてサブカルチャー享受がまかりとおったのである。したがって、読者のあいだでは一見、政治性＝左翼性がない通俗的筋書にさえ、政治性＝左翼性を読み込む牽強付会《けんきょうふかい》が「裏目読み」として流行《はや》った。ピンク映画のベッドシーンに帝国主義のメタファーをみるというように。サブカルチャーの中にも、プロレタリア文学や「傾向」映画（階級闘争や女性解放を描いた昭和戦前期の映画ジャンル）の残り香があったし、そうした香りをみつけるのがインテリ読者コードとなっていた。学生文化における理想主義＝政治主義（的教養主義）の支配は、サブカルチャーをサブカルチャーとして享受する「私有自楽」を（本居宣長「歌ノ本体、政治ヲタスクルタメニモアラズ、身ヲオサムル為ニモアラズ、タヽ心ニ思フヲイフヨリ外ナシ」『排蘆小船《あしわけをぶね》』）、いいかえれば即自的《コンサマトリー》な文化主義を許さなかったのである。

三章　絶妙なポジショニング

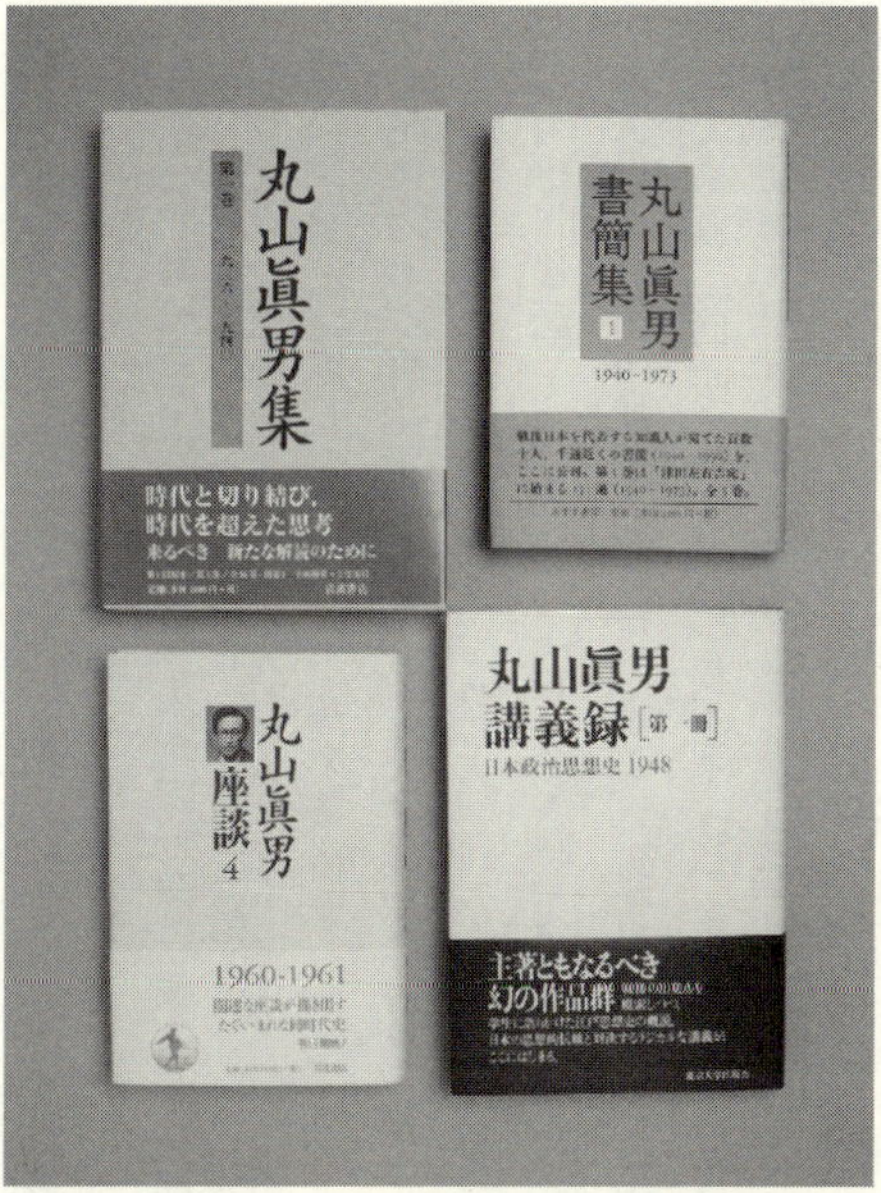

左上から時計回りに、**『丸山眞男集』**（岩波書店）、**『丸山眞男書簡集』**（みすず書房）、**『丸山眞男講義禄』**（東京大学出版会）、**『丸山眞男座談』**（岩波書店）。

「いいな。載せるよ」

丸山眞男が世間的に著名になったのは、『世界』の一九四六年五月号に発表された「超国家主義の論理と心理」といわれている。この論文が世に出る経緯は、丸山自身の回想（「塙作楽のこと」『集』一五）によれば、つぎのようなものである。一九四五年の暮に当時『世界』編集部にいた塙作楽《はなわさくら》（一九一三―九〇）が編集長吉野源三郎（一八九九―一九八一）とともに丸山を研究室に訪問した。塙は東京府立一中と第一高等学校で丸山と同級生だった。丸山は文科乙類、塙は文科甲類。ただし、丸山は一高卒業後すぐに東京帝大法学部に入学したが、塙は法学部に不合格になり、丸山よりおくれて文学部東洋史学科に入学した。一九四五年一〇月、『世界』編集部に入る。吉野と塙は、翌年創刊される『世界』に何か執筆してほしいという依頼で丸山を訪問した。

丸山を指名したのは法学部の田中耕太郎教授である。吉野源三郎は『君たちはどう生きるか』（一九三七）の著者であり、同時に著名な編集者であった。三〇歳そこそこの「無名の」研究者だった丸山に鄭重な執筆依頼の手紙を寄越し、わざわざ研究室にも訪れた。丸山は大いに感激する。丸山は、そのころ西荻窪の父の家に仮寓していたが、四〇〇字詰四〇枚ほどの原稿を三、四日で書き上げた。昭和二一年三月二二日擱筆の日付が入っているから、三月中旬に一気に書き上げたのであろう。吉野は論文を読むと、「いいな。載せるよ」といった。

五月号の巻頭論文だった。

『世界』から丸山に執筆依頼がきたのは偶然というわけではない。当時、代表的な総合雑誌には、『中央公論』（戦後一九四六年一月号から復刊）と『改造』（一九四六年一月号から復刊）があったが、『中央公論』はもとはといえば、一八八七（明治二〇）年八月の『反省会雑誌』に濫觴《らんしょう》がある。『中央公論』と改称されたのは一八九九（明治三二）年一月号からである。『改造』は『中央公論』と比べると新興総合雑誌ではあったが、それでも一九一九（大正八）年四月の創刊である。いずれも老舗《しにせ》雑誌だった。岩波書店は一九一三（大正二）年創業で、文庫や新書を刊行してきた有力書店だったものの、総合雑誌（『世界』）は、戦後の出発（一九四六年一月創刊）である。『中央公論』や『改造』などとちがって執筆人脈をあらたに開発する必要があった。戦前の岩波書店の中核執筆者であり、のちにオールド・リベラリストといわれる安倍能成《よししげ》（一八八三―一九六六）、志賀直哉（一八八三―一九七一）、山本有三（一八八七―一九七四）、田中耕太郎（一八九〇―一九七四）、津田左右吉（一八七三―一九六一）、天野貞祐（一八八四―一九八〇）、和辻哲郎（一八八九―一九六〇）、武者小路《むしゃのこうじ》実篤《さねあつ》（一八八五―一九七六）などが中心となった文化団体「同心会」の協力によって発行された。『世界』という名称も同心会のメンバーである谷川徹三（一八九五―一九八九）の提案によるものだった。

しかし、このメンバーの中では若いほうの田中耕太郎にしても、すでに五〇代半ばをすぎており、新しい世代の執筆者を求めていた。かくて田中によって同じ東大法学部の俊英である助教授丸山眞男に白羽の矢が立てられたのである。

丸山の鮮烈な論壇デビューとなった「超国家主義の論理と心理」論文の要旨はつぎのようなものである。昭和日本のファシズムを、近代国民国家のナショナリズムの衝動や発現と質的に異なった超国家主義ととらえる。ヨーロッパの近代国家がカール・シュミットいうところの中性国家、つまり国家主権が形式的な法機構によって倫理的価値に対しては中立的立場をとったのに対し、日本の国家主義は教育勅語にみることができるように、内容的価値の実体をもって統治したからである。こうして近代日本においては、公と私の区別がなされず、倫理が権力化され、権力が倫理化された。かくて自由なる主体意識が欠如し、行動の基準がより上級の者によって規定される。意思決定者が被規定意識しかもたないから、なんとなくずるずると開戦になる。日本軍隊におけるセクショナリズムや私腹を肥やす風潮、一般兵士の中国やフィリピンなどでの残虐行為(「抑圧の移譲」)をこうした国家原理から統一的に説明している。

マルクス主義しか社会科学の理論を知らない当時の人々にとっては、経済構造からではなく、精神構造から社会心理学的な手法で分析した斬新さと、漱石の小説『それから』などの巧みな引用、「戦犯裁判に於て、土屋は青ざめ、古島は泣き、そしてゲーリングは哄笑する」

などの名文句によって魅せられ、摑まえられ、引き込まれてしまう論文だった。

眼から鱗

論文掲載後、『朝日新聞』の「雑誌評」（一九四六年六月一四日）は丸山論文をつぎのように激賞している。「論壇のマンネリズムの壁にも漸く穴のあく時が来た。疑ふものは丸山眞男『超国家主義の論理と心理』（『世界』五月号）を見るがよい。［中略］何よりも学問の力をはつきりと見せてくれる」。これを機に賞讃の連鎖反応がおこった。丸山自身のちに「自分ながら呆れるほど広い反響を呼んだ」（『現代政治の思想と行動』「第一部　追記および補註」『集』六）と書いている。

この丸山論文によって「眼から鱗が落ちる」衝撃と戦慄を味わった読者は多い。政治評論家の藤原弘達《ひろたつ》（一九二一―九九）の場合は、つぎのようなものである。藤原は、東大法学部を繰り上げ卒業し、学徒動員により中国で戦場にでていたが、一九四六年春に復員した。翌年、日綿実業（商社）に入社したが、どうしても学問がしたくなった。そのきっかけこそが丸山のこの論文だった。もっとも藤原は、丸山の論文が『世界』に掲載されたときには読んでいなかった。東大生の後輩から、丸山眞男の論文が大変な評判になっている、「これを読まないとこれからの世の中はわからんぜ」といわれ、刊行後半年ほど経った同年終わりころ読むことになる。一読して「全身しびれるような」衝撃を受ける。雑誌はすぐ返さなければならないので、徹夜して全部ノートに書き写す。そして、なんどもなんども読み返した。「現在にいたるまでおそらく何十回となく読んだろう。すべて一言一句にいたるまで覚えてしまった位である」と書いている。

のちに藤原は、『藤原弘達の生きざまと思索』全一〇巻を刊行するが、その二巻（『選ぶ』）の第一章は「丸山真男論文との出会い」からはじめられている。同章の「丸山論文の衝撃に対する生体解剖的考察」では、丸山論文にいかに感動したかがくどいほどに書かれている。丸山の論文は、四〇〇字詰原稿で四〇枚ほどだが、藤原は自著のなかで一二九ページにもわたってこの論文の解説と感動の所以を書いている。藤原がいまにいたるまで何十回となく読んで、一言一句覚えてしまった、といっていることが掛け値なしの言い草であり、その衝撃がよくわかるものである。かくて藤原は、「丸山眞男の学問」をしたいということで、東大法学部大学院に進学する。丸山は藤原にとって「絶対的存在」となり、丸山の署名があるものは、どんなものでもノートを取りながら読み、さらには丸山が引用している内外の学者の著書や論文も片っ端から読むことになる。

歴史家の萩原延寿《はぎはらのぶとし》（一九二六―二〇〇一）が、この丸山論文を読んだのは、旧制第三高等学校三年生のときだった。丸山論文の掲載された『世界』は書店の店頭からすぐに姿を消してしまって、手に入れるのが容易でなかった。知人の間で回覧された貴重な掲載雑誌を読んだ。氏はその衝撃を、「目から鱗が落ちるという言葉通りの」ものであり、八月一五日以後も残存していた「大日本帝国の精神」が、音を立てて崩れはじめ、丸山論文を読んではじめて「私たちの精神にとっての『戦後』が始まった」(「戦後日本を創った代表論文　解説『戦後の出発点』」『中央公論』一九六四年一〇月号)、と書いている。

丸山論文の衝撃をめぐる証言をあと二人だけ書いておきたい。のちに丸山学派の俊才政治学者になる藤田省三(一九二七―二〇〇三)もつぎのように書いている。陸軍の学校から復員して瀬戸内海で食料確保のために農業をしていたときに、愛媛県今治市で雑誌『世界』の論文を読んで、仰天する。さらに旧制松山高校二年生のときに雑誌『潮流』に掲載された丸山の「軍国支配者の精神形態」(一九四九)を読んで、丸山ゼミ志望を決める。「自分は学校や学部や学科とは無関係に丸山ゼミに行って勉強するんだ」(「弔辞」『みすず』一九九六年一〇月号)と公言していた。のちに編集者として丸山と接触し、広い意味では丸山学派となる橋川文三もつぎのようにいっている。「ショッキングだったね［中略］学問というものの僕などの知らなかった新しいイメージ、それが昭和二十一年だか二年ごろの灼熱的で流動的な状況の中で、本当に初めての思想としてぼくなんかをとらえたわけだ。［中略］混沌を照らすことによってかえって混沌を生彩あらしめるような人間精神の意味というようなこと、それを僕は感じたわけだ」(「戦争と同時代」『談』二)。

全国区的か

「超国家主義の論理と心理」論文によって丸山は鮮烈な論壇デビューをはたした。そして、丸山よりも一〇歳以上年長の歴史学者羽仁五郎(一九〇一―八三)や哲学者古在由重《こざいよししげ》(一九〇一―九〇)、英文学者中野好夫(一九〇三―八五)などが陣取っている岩波書店の「役員室」に出入り自由の「身分」となった。三二歳で、押しも押されもせぬ岩波知識人になった。岩波書店の吉野源三郎を中心に生まれた平和問題討議会(一九四八年九月発足、翌年三月平和問題談話会)の中心メンバーとなる布石が打たれたのである。丸山がこの論文で名声を博したことは、論文が発表された半年後の『文藝春秋』一一月号の「登場人物」に映画監督黒澤明(一九一〇―九八)などと並んで人物紹介が二ページにわたって掲載されていることにもみることができる。そこではつぎのように紹介されている。

丸山眞男は東大の法経両学部を通じて、先輩からも学生からも、最も嘱目され信頼されてゐる若き助教授の一人である。東洋政治思想史を講じながら、革命を語り、明治維新の封建性を追究し、ニイチエ・ヘーゲルを分析する彼の態度には、学生の若い情熱に、何か深く訴へるものがあるやうだ。［中略］之からの学究の方向を示すものとして、彼の態度は注目すべきものがあるであらう。唯彼には非常に慎重な処《ところ》があり、ジャーナリズムの風潮に乗つて荒される様な事はないであらうが、我々は日本法学界のホープとして自重をとくに望みたい。

媒体が『文藝春秋』であるにもかかわらず、理論的学者として「秀れたマルクス主義政治学者」になってもらいたいとそえられているところなど、いまからみると、時代を感じさせるところもあるが……。

このようなことから、「超国家主義の論理と心理」論文によって、丸山が一挙に全国的に名声を博したように語られることが多い。たとえば、つぎのようにである。

これにより（超国家主義論文により―引用者）丸山真男の名は思想界・言論界において一挙に全国区的なものとなった。［中略］その反響は大球場の隅々にまで鳴り響きわたったのである。（田中浩『日本リベラリズムの系譜』）

しかし、丸山が「超国家主義の論理と心理」によって「大球場の隅々にまで鳴り響きわたった」というのは、「白髪三千丈」や「血流れて、杵《しょ》を漂わす」（はげしい戦闘で血があふれ杵、つまり盾が浮いてしまうこと）的な比喩ではないだろうか。さきに丸山論文の衝撃をつたえる数人の証言を引用したが、いずれも本郷文化圏やその予備軍の、知的水準のもっとも高い人々の間でのことである。丸山が名声を博したことは事実だが、このころは狭い範囲の知識人圏でのもので、名声の範囲が大衆インテリにまでひろがるのはもっとあとのことである。丸山論文が発表された直後の一九四六年六月に日本出版協会が雑誌読書傾向を調査したものをみても、当時、丸山論文が本郷・東大文化圏やその予備軍である知的エリートたちを超えて広い範囲の読者（大衆インテリ）を摑んだかはかなり疑問である。

殆んど書かない

いまふれた日本出版協会による「雑誌輿論《よろん》調査」をみることにしよう。この調査は『日本読書新聞』や『北海道』『中部日本』『西日本』などの地方紙をつうじておこなわれた。回答者は、二〇六二人である。内訳は男性が八七％で、一九―二五歳が四八％、学生が二八％、会社員が一六％である。新聞による呼びかけによって回答が寄せられたのだから、年齢、職業、地域などサンプリングに偏りがあるが、本郷文化圏の知識人よりも広い範囲の大衆インテリではある。そこに「今年になって一番感心した雑誌の月号」の統計（表3－1）がある。

表3－1　「今年になって一番感心した雑誌の月号」

単位：人数

世界　4月号	113
世界　1月号	38
リーダーズ・ダイジェスト　6月号	35
世界　3月号	31
世界　5月号	27
展望　3月号	25
人間　4月号	15
（以下省略）	

（出所）『日本読書新聞』1946年8月21日号

なるほど丸山の執筆した『世界』五月号は上位五位にはいっている。しかし、『世界』の一月号から五月号までの順位でいえば、五冊中第四位である。読者が選んだ第一位は四月号であることに注意したい。四月号の巻頭論文は「自然科学者の反省」（小倉金之助）であるが、読者の目当ては津田左右吉《つだそうきち》の論文「建国の事情と万世一系の思想」だったろう。この論文は、敗戦後はじめての衆議院議員総選挙（一九四六年四月一〇日）直前に発表された。天皇制存続かどうかの論議がもっぱらであった当時としては、天皇や皇室が日本人にとっていったい何であったかを上代から説きおよんだ津田の論文は多くの読者の関心をひいたとおもわれる。丸山の「超国家主義の論理と心理」は、天皇そのものというより天皇制システムの解剖である。のちに江藤淳（一九三二—九九）によって「心臓病の患者が心電図を見せられ、ここが悪いと指摘されたような名論文」(「人物歴訪 その2」『日本読書新聞』一九五九年二月九日号)と評されたが、それだけに抽象度の高い論文である。津田の論文を理解するようなわけにはいかない。普通の読者の関心と理解の範囲を超えたことは想像にかたくない。

丸山は「超国家主義の論理と心理」論文以後も『世界』や『中央公論』などの総合雑誌に登場しているが、そのほとんどは座談会や対談である。「超国家主義の論理と心理」の続篇といえる「軍国支配者の精神形態」(『潮流』五月号)が一九四九年に書かれているが、あとは、総合雑誌に一年に一本ないし二本の論文を寄稿している。それも手紙形式(「ある自由主義者への手紙」『世界』一九五〇年九月号)や対話形式(「肉体文学から肉体政治まで」『展望』一九四九年一〇月号)が多い。そのほかは短いエッセイを『帝国大学新聞』や『思想の科学』などに寄稿している程度である。たしかに「超国家主義の論理と心理」は場外ホームランだったが、そのあと長打を放っていたわけではない。完璧癖からくる遅筆もあったし、「雑文」への警戒もあっただろう。理由は奈辺《なへん》にあれ、丸山はデビュー論文よりあとに大きな論文をほとんど書かなかった。

映画評論家瓜生忠夫《うりゅうただお》は、「人物評論 知的群像」(『社会』一九四八年一〇月号)で、大塚久雄や眞下信一(哲学者、一九〇六―八五)とともに丸山を挙げ、「超国家主義の論理と心理」が学生やインテリから支持を受け、商業ジャーナリズムの期待が大きかったのだが、「しかし彼はそれ以後殆んど書かない。多くの人の期待を裏切って殆んど書かない」としている。この人物評から一年後の『日本読書新聞』（一九四九年一〇月五日号）の「ブックレヴュー人物版」も、丸山を「超国家主義の論理と心理」の著者として紹介しているが、「ジャーナリズムはこの人気教授を競い迎えようとしたが、かれは、容易に応じなかった」としている。

したがって、丸山が「超国家主義の論理と心理」でいくら文名を上げたからといって、その後、大きな論文を書いていないのだから、丸山ファンの裾野がひろがったとはおもえない。平和問題談話会などでの活動などがなかったならば、忘れ去られていたかもしれないほどである。知名度はやはりごく一部の人に限定されていたはずである。さらに当時の別の読書調査をみよう。

表3－2　書かせたい執筆者

単位：人数

①清水　幾太郎……69	⑧出　隆……22
②中野　好夫……57	⑧石坂　洋次郎……22
③山本　有三……35	⑨大岡　昇平……20
④志賀　直哉……33	⑨川端　康成……20
⑤谷崎　潤一郎……30	⑨笠　信太郎……20
⑥小林　秀雄……24	⑨中島　健蔵……20
⑦南原　繁……23	⑨中谷　宇吉郎……20
⑦都留　重人……23	⑩田宮　虎彦……19
⑧上原　専禄……22	⑩武者小路実篤……19
⑧戒能　通孝……22	⑩平野　義太郎……19

（出所）本文参照

一九五二年の『図書新聞』（四月二八日号）による大学生・高校生の読書世論調査（三四九〇人）の「あなたはどういう雑誌を愛読していま

すか」では、トップに『世界』が挙がっている。二位以下は『文藝春秋』『中央公論』『蛍雪時代』『平凡』『週刊朝日』『群像』と続く。「どんな人の執筆を希望しますか」の順位は表3－2のようである。丸山への希望はあるが、わずか三人である。その二年後の一九五四年のある雑誌の、読者カードによる希望執筆者をみると伊藤整と亀井勝一郎を筆頭に、中島健蔵、末川博、河盛好蔵《かわもりよしぞう》など三〇人の名前が挙がっているが、丸山の名前はない（社会心理研究所「世論をつくる人々」『知性』一九五四年一〇月号）。同年の『文藝春秋臨時増刊号』の「文壇論壇毒舌採点集」にも丸山は挙がっていない。さらに一九五六年九月号『知性』で「文化指導者30人の分析」がなされており、そこには清水幾太郎をはじめとする三〇人が対象になっているが、丸山の名前はない。たしかに「超国家主義」論文によって丸山は著名になったが、一部の知的エリートを中心にした知名度であって、大衆インテリの間では亀井勝一郎や中村光夫などの評論家はもとより、清水幾太郎や大内兵衛などとも比べものにならない狭い範囲の知名度だった。

著作の売れ行き

そのことは丸山の著作の売れ行きによっても確認できるだろう。丸山の処女作である『日本政治思想史研究』は一九五二年に三〇〇〇部が刊行された。一年三ヶ月後（一九五四年三月）に二刷がで、そのあとも版を重ねているが、一回が五〇〇か一〇〇〇部といった程度である。『日本政治思想史研究』はジャーナリスティックな時局論文からは遠い硬派の学術書であるから、そう簡単に読者がつくというものではないだろう。しかし、あとに述べるように、著者の知名度があがれば、読者は、著者の過去の著作にさかのぼるということがおきる。『日本政治思想史研究』が毎年増刷されたということは、そうした読者がいたことを裏づけるが、まだそのような読者はさほど多くはなかったということになる。

丸山の知名度をあげたのは、『現代政治の思想と行動』の刊行によってである。上巻は、一九五六年一二月、下巻は翌年三月にでている。総合雑誌の巻頭論文で有名になったといっても、それだけでは名声の範囲は狭い。書籍になることによって多くの読者の手に届きやすくなる。著者の思考の体系もわかり、知名度がひろがっていく。しかも『現代政治の思想と行動』は、『日本政治思想史研究』とちがって時論的な現実政治に関する論文、丸山ののちの言葉でいえば、「本店」ではなく「夜店」の領域の論文が収められていたからなおさらである。上下巻刊行後、一、二年後に安保闘争がはじまる。丸山の『現代政治の思想と行動』のアクチュアリティが増した。

一九六四年五月に増補版がでるまで上巻は二七刷、下巻は二九刷を重ねた。増補版も一九九六年二月で一四八刷。累計で三七万部である。『日本政治思想史研究』は三〇〇〇部が売り切れるまでおよそ一年余かかったのだが、六〇年代と七〇年代には、毎年二〇〇〇—三〇〇〇部が増刷された（平石直昭「五〇年の本棚から 日本政治思想史研究」『UP』二〇〇一年五月号）。累計で七万五五〇〇部である。しかし、五〇年代後半は一年に五〇〇部増刷のペースだった。丸山に多くの読者がついたのは、六〇年代と七〇年代であることがわかる。岩波新書の『日本の思想』は、丸山の読者層の拡大にはずみをつけた。序章でわたしの丸山の著作との出会いを書いたが、まさしく丸山の読者の裾野の拡大の時代だったのである。安保闘争によって丸山によって描出された政治世界のリアリティが増し、丸山の読者が創出された。また他方で、丸山の本が安保闘争で闘う人々を創出した。

以上、二章の後半から丸山の大衆インテリの間での覇権を、通時的・俯瞰的に（外在的に）みてきた。ここからは、丸山の覇権のメカニズムを丸山のポジションや言説によりそって（内在的に）みていくことにしたい。

資本・権力・エリート

丸山の覇権は、学問界と政治界（政治的実践）、ジャーナリズム界の交通によってなされたものである。しかし、複数の界を股にかければ、自動的に増殖利潤が得られるというものではない。界の往来が可能になり、重層性から増殖利潤を得ることができたのは、丸山が（東大）法学部教授であったというポジション効果が大きい。では東大法学部とはどのようなポジションだったのか……。高等教育機関は、単独で存在しているのではなく、他の高等教育機関との関係の中で存立している。東大法学部のポジション効果は、他の大学や同じ東大の文学部などとの関係でみなければならない。こうした視点でアプローチするためにいくらか迂回したい。

アメリカの社会学者ロイック・J・D・ヴァッカントは、ピエール・ブルデューの『国家貴族』（*La noblesse d'état*）の解説論文（"On the Tracks of Symbolic Power: Prefatory Notes to Bourdieu's 'State Nobility'", *Theory, Culture & Society*, Vol. 10, 1993）で、フランスのエリート高等教育機関であるグランド・ゼコール（高等専門大学校）を社会空間や権力場との関連で位置づけたモデルを提示している。考えの起点として示唆的である。

モデル設定は、エリートには、文化資本が豊富であるが経済資本に乏しい文化ブルジョアと、経済資本が豊富であるが文化資本に乏しい経済ブルジョアがいることに着眼したものである。エリートの資本構成（文化資本と経済資本）のねじれがポイントになっている。資本構成の違いによって、エリートの社会空間と権力場、エリート校の区分けがなされる。芸術家は文化資本に比べて経済資本が乏しく、実業家は、経済資本に比べて文化資本が乏しい。両者の中間、つまりほどほどの文化資本とほどほどの経済資本の保有者が専門職業者である。

これを権力場でみれば、芸術場や学術場は、文化資本に比べて経済資本が乏しい場であり、経済場は経済資本に比べて文化資本が乏しい場である。官僚場は両者の中間にあることになる。

このように資本構成に着目してエリート高等教育が、つぎのように分類されている。フランスのエリート高等教育は国立の大学ではなく、主に諸官庁・経済団体・私立機関が運営するグランド・ゼコールである。フランスでは高等教育がグランド・ゼコールと大学でエリート型とノン・エリート型に分岐しているが、それだけではない。エリートが文化資本と経済資本で分岐していることに対応して、グランド・ゼコールが文化資本と経済資本の構成の違いによって分岐している。ジャン＝ポール・サルトルやミシェル・フーコー、そしていまふれているピエール・ブルデューなどの絢爛豪華な卒業生で有名な高等師範学校（エコール・ノルマル・シュペリユール）は文化資本に比べて経済資本が乏しい学校であり、ビジネス・エリートなどを輩出し、フランスのハーヴァード・ビジネス・スクールともいわれる高等商科学院（HEC）は、経済資本に比べて文化資本が乏しい学校である。高級官吏を輩出する国立行政学院（エナ）や高級技術者を輩出する国防省理工科学校（エコール・ポリテクニック）は両者の中間である。したがって高等師範学校（エコール・ノルマル・シュペリユール）はブルジョアの中の文化資本に富むフラクション（下位集団）の学校に、高等商科学院や政治学

図3－1　資本・権力・エリート

文化資本＋		文化資本－
経済資本－		経済資本＋
	社会空間	
「芸術家」		「ブルジョア」
科学者	専門職業	実業家
	権 力 界	
芸術場――学術場――官僚（政府）場		――経済場
	エリート学校界	
知の学校		政治・経済の学校
エコール・ノルマル・シュペリユール（高等師範学校）	エナ（国立行政学院）・シアンス・ポ（政治学院）	HEC（高等商科学院）
学生のそれまでの学歴・文化資本を重視する		学生のそれまでの学歴・文化資本を重視しない
学問的に支配する		学問的に支配しない
社会的に支配しない		社会的に支配する
文化的活動		スポーツ活動
左翼系		保守系
知性・思考・洗練・教養		権力・行動・雄々しさ・実用

（出所）上段は Wacquant, L.J.D., "On the Tracks of Symbolic Power: Prefatory Notes to Bourdieu's 'State Nobility'", *Theory, Culture & Society*, Vol.10.（1993）. 下段の「学生のそれまでの……」以下は、Bourdieu, P.（translated by L.C.Clough）, *The State Nobility: Elite Schools in the Field of Power*, Polity Press, 1996 によって竹内が補足した。

院はブルジョアの中の経済資本に富むフラクションの学校に、国立行政学院や国防省理工科学校は高級官吏などの経済資本も文化資本も中間に位置するフラクションの学校になりやすい。図3-1の左側の学校（知識人の学校）と右側の学校（権力の学校）は、学生のそれまでの学歴・文化資本を重視する／しない、学問的に支配する／しない、社会的に支配しない／する、文化的活動／スポーツ活動、左翼系／保守系、知性・思考・洗練・教養／権力・行動・雄々しさ・実用などで区別される。

図3-1の下段の高等教育機関の布置は、あくまでも一九六〇年代から八〇年代のフランスを準拠にしたものである。階級構造や教育システムが異なった日本社会に機械的な対応関係をもとめることはできないが、日本における高等教育界の布置を図3-1と関係させて位置づけることにより、日本型エリート教育の特徴（ずれ）もみえてくる。まず、相似型からいえば、旧帝国大学系の国立総合大学と地方国立大学・私立大学は、グランド・ゼコールと大学のエリート型とノン・エリート型に、旧帝大系法学部と旧帝大系文学部は経済資本と文化資本の分岐におおむね対応しているとみることができる。図の下段のエリート校の位置を近現代日本でみると、高等師範学校には帝大文学部や理学部、高等商科学院には慶應義塾大学経済学部あるいは一橋大学などがおおむね該当するだろう。エリート高等教育界をめぐるフランス型と日本型の違いについては、これからふれていくことにする。

法学部と文学部

史（学）・哲（学）・文（学）から構成される文学部は、作家や学者などを輩出する人文知識人的学部（知識人の学校）である。それに対して、法律学や行政学などを教授する法学部空間は、官僚や政治家、経営エリートを輩出するテクノクラート的学部（権力の学校）である。こうした学部文化の差異は、大学の中の大学である東京大学でこそもっとも際立ってあらわれる。法学部はフランスのカードル（官僚や企業の幹部職員）などのテクノクラートの養成学校であるエナ（国立行政学院）に似た権力（テクノクラート）の学校にあたる。したがって、法学部は官僚場や経済場につながっている。それに対して文学部は、フランスの知識人の輩出学校であるエコール・ノルマル・シュペリユール（高等師範学校）に似ており、知識人の学校にあたる。文学部は学術場につながっている。権力の学校（法学部）と知識人の学校（文学部）は、優勢価値がそれぞれブルジョア的価値（効用・専門）と教授的価値（創造性・クリティーク）であることでも異なっている。

しかし、日本の法学部は、エナのような行政幹部やビジネス・エリートの学校、あるいは法曹養成のためのロー・スクール（法科大学院）として特化した学校ではない。ジャーナリストや学者も輩出する。講座・教授科目も民法や刑法、商法などの実定法だけでなく、政治思想や外交史などの文学部的な講座・教授科目を含んでいる。日本の文学部もセミ・テクノクラートを輩出する社会学や心理学を含んでいる。とすれば、法学部空間と文学部空間はフランスのエナとエコール・ノルマル・シュペリユールのように異なった原理で遮断されるというよりも、交叉している。

そのことは大正時代に東北帝国大学と九州帝国大学に文系学部が設置されることが決まったときに法文学部（東北帝大は一九二二年、九州帝大は一九二四年に設置）として出発したことにみることができる。法科万能主義が理想や目標を等閑にした形式主義をもたらしているという批判に対しての措置だったが、法学部文化と文学部文化が水と油だととらえられていたとしたら法文学部のような構想はでてきはしなかっただろう。ただし九州大学と東北大学の法文学部は、戦後（一九四九年）、いずれも法学部と文学部に分離してしまったが、逆に戦後、金沢大学や熊本大学などの多くの新制大学に法文学部が誕生した。戦後できた法文学部が法学部と文学部などに分離した大学も多いが、愛媛大学や鹿児島大学では現在でも法文学部が存続している。

学者と学者ジャーナリスト

丸山の専攻する日本政治思想史は、法学部の学問であるが、文学部にも近い学問であることにとりあえず注意したい。したがって、文学部がアカデミズムで法学部がテクノクラティズムというわけではない。文学部は政治的社会的活動を遮断した純粋アカデミズムの力が作用するが、法学部はテクノクラート的学部であるぶん、法学部的アカデミズムは必ずしも社会的活動を遮断しないことになる。

丸山が文学部教授でなく、法学部教授であったことによって象徴資本と専門的能力を政治場やジャーナリズム場に投下し、場の重層効果が可能になり、重層性から増殖利潤を得ることができたというのは、このような意味においてである。丸山が文学部教授であったならば、そうした活動に踏み出すには相当な抵抗があったはずである。むろん文学部教授であっても政治活動やジャーナリズム活動ができないわけではないが、講壇アカデミズムのメッカである文学部においては、その地位と威信にとって、容易にマイナスとなりがちである。文学部教授は、政治界やジャーナリズム界との絶縁において、無償の知（学問のための学問）に由来する威信を獲得する。法学部においてもそうしたリスクはないわけではないが、もともとテクノクラート的学部（テクノクラティックなアカデミズム）であれば、社会的活動や発言は文学部ほどすぐさまマイナスにならない。法学部と文学部では、教授たちの社会的活動や発言について、学部文化との親和と軋轢の程度がちがっている。

ここで、平和問題談話会のもとになった平和問題討議会に参加した東京地方の学者たちの構成をみることにしたい。部会は、文科、法政、経済、自然科学の四部会にわかれている。それぞれは、文学者、法・政治学者、経済学者、自然科学者がメンバーとなっている。それぞれの部会のメンバーの中に東大教授（助教授以下を含む）がどのくらいの割合でいるかをみてみよう。文科部会は一一人で、東大教官は中野好夫文学部教授、和辻哲郎文学部教授、宮原誠一文学部講師。東大教官の割合は二七％である。法政部会は七人で、東大教官は鵜飼《うかい》信成《のぶしげ》社会科学研究所教授、川島武宜《たけよし》法学部教授、高木八尺《やさか》法学部教授、丸山眞男法学部助教授。東大教官の割合は五七％である。経済部会は八人で、東大教官は有沢廣巳《ひろみ》経済学部教授、大内兵衛経済学部教授、矢内原忠雄経済学部長、脇村義太郎《よしたろう》経済学部教授。東大教官の割合は五〇％である。自然科学部会は五人で、現役の東大教官はいない。もと東大教官であった者を加えて部会ごとの割合をみると、文科部会はおらず、二七％、法政部会は二人増え、八六％、経済部会はおらず、五〇％、自然科学部会は一人で、二〇％になる。法学部・経済学部教授と文学部・理学部教授の参加の割合に大きな違いがあることがわかる。

表3-3は『世界』創刊号から一九六〇年まで、登場回数が多い上位一五人をリスト・アップしたものである。上位に中野好夫文学部教授（英文学）がおり、下位に渡辺一夫文学部教授（フランス文学）がいる。また媒体はちがっても林健太郎文学部教授もジャーナリズムで活躍していた。だから、東大文学部教授でジャーナリズム界で活躍していた者もいたが、

経済学部教授や法学部教授とちがって、アカデミズムからの批判のまなざしは強かった。渡辺一夫はジャーナリズムにおいては時論的な問題ではなく、おもにフランス文学に関係したことを書いたが、林健太郎や中野好夫は専門外の時論に健筆を振るったから、いずれも学者というよりも学者ジャーナリストとしてみられていた。中野にいたっては、そんなまなざしに嫌気がさしたのか、一九五三年三月には東京大学教授を辞職しているほどである。文学部

表3－3　『世界』の登場回数（1946—1960）

執筆者	回数
都留重人（1912—）	68
大内兵衛（1888—1980）	68
清水幾太郎（1907—88）	54
中野好夫（1903—85）	48
有沢廣巳（1896—1988）	44
脇村義太郎（1900—97）	36
安倍能成（1883—1966）	34
入江啓四郎（1903—78）	32
谷川徹三（1895—1989）	32
中島健蔵（1903—79）	30
美濃部亮吉（1904—84）	28
鵜飼信成（1906—87）	27
小幡操	27
日高六郎（1917—）	26
渡辺一夫（1901—75）	26

（出所）石原萠記『戦後日本知識人の発言軌跡』（自由社，1999）より作成

文化がかならずしもジャーナリズムと親和的でないのは、文学部出身の有名大学教授でジャーナリズムで活躍した者には、桑原武夫(フランス文学)や日高六郎(社会学)のように文学部教授ではなく、人文科学研究所や新聞研究所などの(文学部からみて)傍系所属の学者が少なくなかったことも、ひとつの証左となろう。

丸山のほうは、政治活動においてもジャーナリズム活動においても慎重に身を処したこともあるが、丸山がもし文学部教授だったら、そのような慎重さが功を奏したかどうか……。象牙の塔の外での活動を遮断する傾向の強い文学部においては、丸山的慎重さの余地がなくなり、文学部的アカデミズムに閉じこもる学者的学者か、その反対のジャーナリストになってしまうかの二つの選択肢しかなかったのではないだろうか。

しかし、丸山が法学部教授だったことが政治的活動やジャーナリズム活動をするうえでの抑制力を弱めたというだけではない。丸山の覇権への積極的作用因にもなったことが重要である。

交叉

ここで法学部文化と文学部文化を教授科目(講座)をもとに図式化したもの(図3-2)をみよう。左端の民法や刑法などの実定法学が法学部的特色をあらわしており、政治史や政

図3－2　法学部と文学部

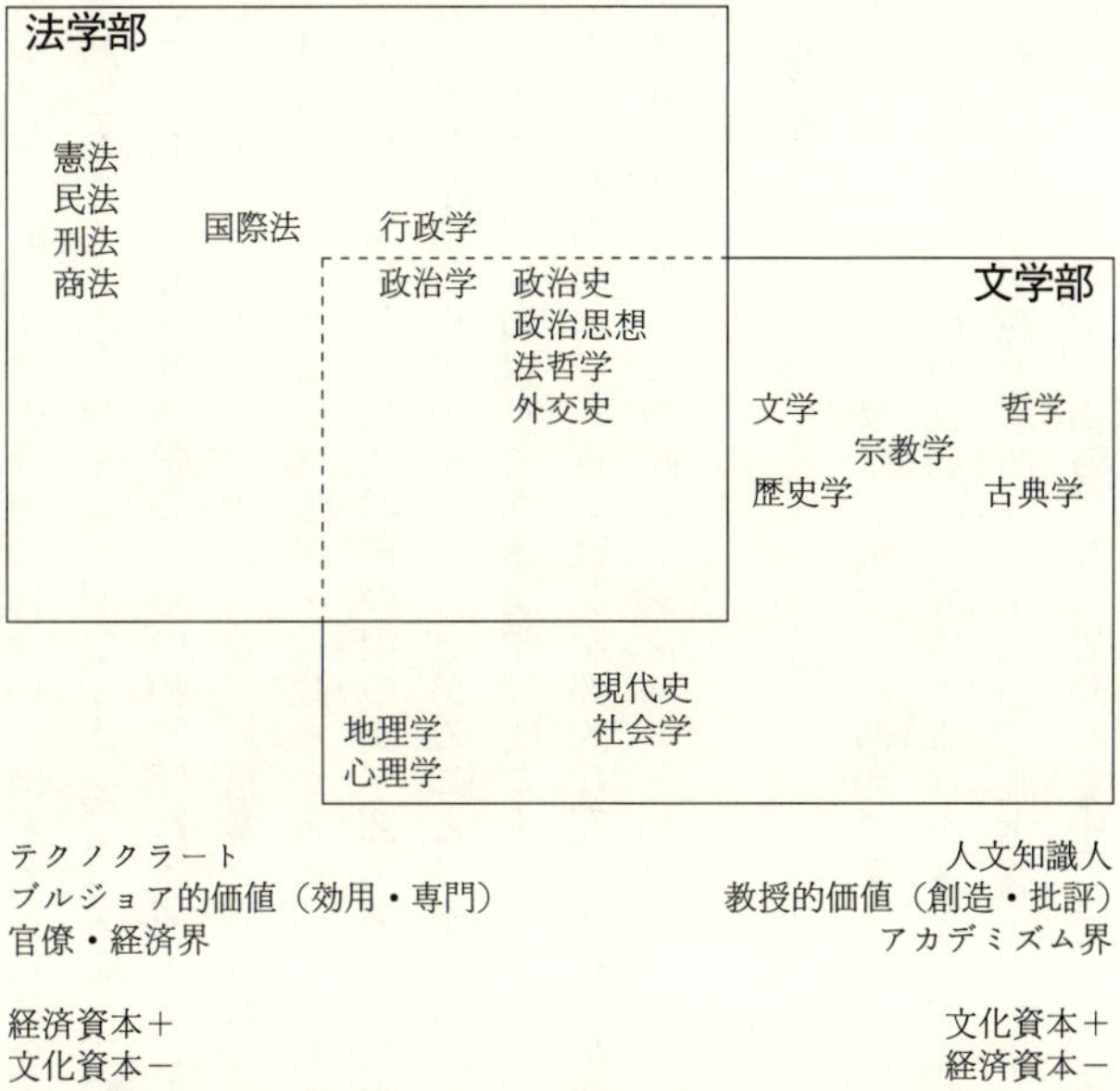

治思想が法学部的な科目（講座）からもっとも遠い。その中間に行政学や政治学が位置している。逆に、右端の哲学や古典学などが文学部的特色をもっともあらわしており、社会学や心理学が文学部的な科目（講座）から遠く、文学や歴史学がその中間にある。したがって法学部空間の右側にいけばいくほど非法学部（文学部的）講座になる。文学部は、左端にいけばいくほど非文学部的になる。しかし、社会学や心理学は、政治史や政治思想史が文学部的となるように、法学部的になるかといえば、そうではない。文学部の左端にあ

っても法学部的な学問と同等ではない。国家公務員試験Ⅰ種（上級）で、行政職・法律職・経済職とならんで心理学系（人間科学Ⅰ）職や社会学系（人間科学Ⅱ）職があるが、これまでのところ心理学職や社会学職から中軸官庁に入省することは困難であったし、周辺官庁に入省してもその後のキャリアで法律職や経済職と同等だったとはいいにくい。そもそも心理学系・社会学系の採用人数は法律・行政系から比べてきわめて少ない。

しかるに政治思想史は法学部の中の文学部である。丸山は「（自分がやっている）政治思想史なんて法学部の周辺です」とことあるごとに語っていたが、法学部の「周辺」であることで、アカデミズムの殿堂である文学部的なものの力を得、法学部的法学部学問に対抗できたのである。丸山のポジションは法学部的な実践活動の余地があり、かつ文学部的アカデミズムの香りもあるという絶妙のポジションとなった。

大風呂敷

丸山のポジション効果は、法学部にあって文学部であるという周辺効果だけではない。それは、同時に丸山の西欧的レンズによる日本論を可能にした。丸山による西欧思想家を鏡にした徳川時代の思想の解明は、手堅い実証主義を旨とする文学部的学問からすれば、「大風呂敷」にみえるはずである。社会思想学者中野敏男は、丸山の助手論文「近世儒教の発展における徂徠学の特質並にその国学との関聯」について、こう書いている。

この助手論文を手にする読者が、おそらく誰しも始めにちょっと驚かされるのは、ヘーゲルの『歴史哲学』を冒頭に据えたその問題設定の広大さ、別の言い方をすれば、その大仰さではないだろうか。江戸時代の儒教について論ずるのに世界史を語るヘーゲルを前面に持ち出し、徂徠学の性格を描き出すのに「シナ歴史の停滞性」という世界史的認識を対照項にするということ。丸山ほどの人物がやったことなので誰もそうは言わないが、このような枠組みの設定は一論文としては明らかに過大であり、篤実な研究者なら眉をひそめるほどの「大風呂敷」だとさえ言えるのではないか。「シナ歴史の停滞性」などという固定観念（オリエンタリズム！）の問題性はここでは問わないとしても、それを儒教の問題に直ちに因果的に接続させるのだって、方法的にはずいぶんな飛躍がある。（『大塚久雄と丸山眞男』）

ここで中野が篤実な研究者なら眉をひそめるていの「大風呂敷」という、くだんの丸山論文の冒頭はつぎのようなものである。

ヘーゲルはその「歴史哲学緒論」においてシナ帝国の特性を次の様に述べてゐる。
「シナ及び蒙古帝国は神政的専制政《テオクラーテイッシエ・デスポテイー》の帝国である。ここで根柢《こんてい》になつてゐるのは家父長制的状態である。［後略］」

ここでヘーゲルは東洋的世界にはじまり、ギリシア・ローマ世界を経てゲルマン世界において完結する彼の歴史哲学の図式を念頭に置いてゐることはいふ迄もない。ヘーゲルは世界精神の展開過程をその時代時代における世界精神を担つた民族の興亡として叙述したから、地理的な区分が同時に歴史的な段階を意味することとなつた。この図式そのものは実証的な歴史学の立場から見れば多分に恣意性を免れない。ヘーゲルがシナ的或は東洋的として叙述してゐる様な特性は程度の差こそあれ殆んどあらゆる国家の歴史において一度は見出されるところである。しかし重要なことはシナにおいてはかうした特性が一つの段階を形成しただけではなく、まさにそれがたえず再生産されたといふことである。そこにいはゆるシナ歴史の停滞性があつた。さうしてこのことはヘーゲルもまた洞察を誤らなかつた。

ヘーゲルからの引用はまだまだ続くが、丸山論文からの引用はここまでにする。中野はこの「大風呂敷」の丸山論文について、読者が違和感をおぼえないのは、「丸山ほどの人物がやったこと」だからとする。丸山が著名になった事後論としては中野のいう解釈が成り立つだろう。しかし、この論文が発表されたときには、丸山は東大の一助手である。それでもこの論文が受理され、違和感をもたれなかったことはなぜかということに問題の所在はある。

もし丸山が実証史学を旨とする文学部助手だったら、このような「大仰」な論文は、書けなかったというよりも、書きもしなかったであろう。丸山のこの「大風呂敷」論文も文学部の歴史系の日本思想史ではなく、法学部の政治思想史だったから可能だった。しかも、一章でふれたように指導教官の南原が、日本思想の論文であっても註の半分が外国の学者の論文であれという指示をしたことによって、丸山がこれまで学習してきた近代ヨーロッパの思想枠組で、日本政治思想を読み解く論文を書いても「大風呂敷」どころか、それこそが「科学的」日本論と歓迎されたのである。

日本史学会でも歓迎

さらに、丸山にとって幸いだったのは、丸山の「近世儒教の発展における徂徠学の特質並にその国学との関聯」が発表されたころの日本史学の学問的状況だった。そこでは、アカデミズム史学の中心だった『史学雑誌』で、平泉澄などの皇国史観派が幅を利かせるようになり、他方で旧来の実証史学に飽き足らぬものを感じた若い史学者が「歴史学研究会」(「歴研」)を結成していた。したがって歴史学研究会で活動した若い世代の歴史学者にとっては、敵は法学部や経済学部などに所属する歴史研究者ではない。同じ国史の年長世代である。学問領域内部で世代間闘争がおこっているときには、学問領域を超え仲間《イン・グループ》意識や共闘さえ生まれる。

歴史学研究会においては、丸山より四ヶ月ほど前(一月二五日)には国史畑とはちがう農業経済史の古島《ふるしま》敏雄(東京帝大農学部講師、一九一二―九五)が招待され、日本史部会で「元禄前後に於ける農業経営規模」を報告している。マルクス主義の枠組で日本史を読み解く羽仁五郎がスターだった歴史学研究会では、丸山論文は、日本史専攻の研究者のアイデンティティを揺るがせる大風呂敷であるどころか、盟友とさえみられた。だから丸山は、一九四二年五月二九日の歴史学研究会日本史部会で「近世封建社会の基礎づけ方の二様態」という講演をしている。『国家学会雑誌』に連続的に発表していた「近世儒教の発展における徂徠学の特質並にその国学との関聯」と「近世日本政治思想における『自然』と『作為』」論文を再構成して報告された。また丸山論文は歴史学研究会の幹部である遠山茂樹(一九一四―)によって、系統的な脈絡の中で近代意識の成長を探る「重大な問題提起をなした」論文、と好意的に紹介(「近刊雑誌論文要目 日本史/近世思想・文化」『歴史学研究』七七号、一九四〇年五月）された。

当時のそのような歴史学研究会の雰囲気をあらわすものとして今井修（「丸山眞男と津田左右吉」（二）『丸山眞男手帖』二一号、二〇〇二）は、『歴研半世紀の歩み』（青木書店、一九八二）所収の座談会「戦中の『歴研』」のつぎのような箇所をひいている。

永原（慶二）　史学科だけの伝統的アカデミズムだけじゃダメだ、もっと周辺科学とも交流しようといった空気はあったんですか？

松島（栄一）　ありましたね。我々の時、僕が入って最初の部会はあれでしたよ、丸山真男さんの……。あの丸山さんの国家学会雑誌の論文は林基《はやしもとい》さんが見つけてきて、丸山氏がこういう研究をしているからっていうんで取上げようといったというような……。で、それは丸山君にとってもうれしかったらしいよ。それまでは歴史学とは関係がないわけなのよ。ところがね、ある日突然に歴史学研究会から、あなたの論文の合評会をしたいからとか葉書が来てね……。だから彼は来たよ。

こうして「大風呂敷」は政治学の年長世代はいうまでもなく、若い日本史学者によって評価されるという幸運なスタートを切った。戦後になると、丸山はすでにみたように「超国家主義の論理と心理」論文でデビューし、総合雑誌を中心にジャーナリズム活動をするようになるが、すでに丸山がアカデミズムで承認されていたことの象徴移転効果も大きかった。「大風呂敷」といえば、ドイツ哲学などの欧米の理論によって日本を読み解いた和辻哲郎もそうであった。しかし、『古寺巡礼』(一九一九)や『日本古代文化』(一九二〇)などで有名になったぶん日本史学者には「けぶたが」られ、哲学者の間では、いろんなことに手をだすとか、洋書を読まないとされ、「君、和辻君のようになってはいかんよ」という陰口がたたかれた。「異端的な二流の哲学者」とさえみなされていた(湯浅泰雄『和辻哲郎』)。和辻のアカデミズムでのこうした不運からすれば、丸山は幸運な出発をしたことになる。

象徴交換

丸山は、ジャーナリズムで執筆しはじめた理由についてこういっている。市民の政治関心と政治行動は在家仏教主義であるが、だとしたら自分は学問世界の「坊主」であり、坊主は坊主として修業をつまなければならないが、宗教と同じように学問に活力を与えるのは、職業としての学問専従者ではない「俗人」の学問活動である、だから、自分は、「学界とジャーナリズムの『架橋』ではなくて、学問的思考を『坊主』の専売から少しでも解放することにあつたのである」(『増補版　現代政治の思想と行動』「増補版への後記」、『集』九)。

こうした丸山の意図に疑いをいれるものではないが、丸山自身の主観的意図とその客観的結果は別である。丸山のアカデミズム場での威信と学問資本がジャーナリズム場に投下され、威信と資本が倍加し、倍加したジャーナリズム場での威信と資本がさらにアカデミズム場に再投資され追加利潤が得られることになった。象徴交換、つまり象徴資本の移転である（図3－3）。

図3－3　増殖効果

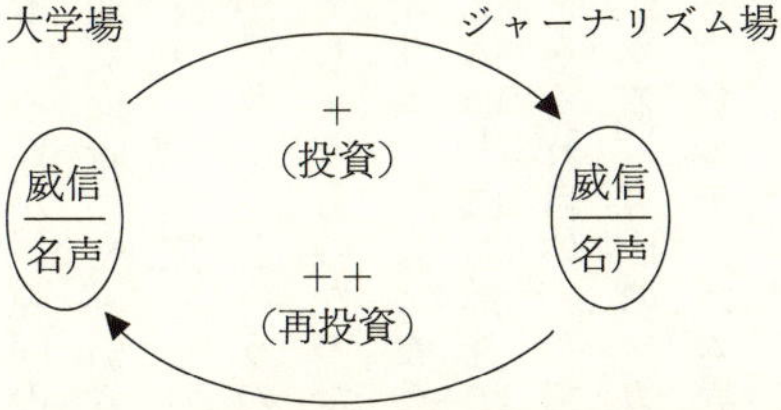

丸山は、アカデミズムとジャーナリズムで文体や論理の運び方を使い分けたわけではない。『増補版　現代政治の思想と行動』の後記のなかでこういっている。ここに収めた論文が学界では「あまりにジャーナリスティックに見え」、ジャーナリズムの世界からは「あまりに『専門的』もしくは『難解』だという非難を浴びる」ことは覚悟のうえだった（『集』九）。アカデミズムは、普遍的妥当性を志向し、複雑な語彙と統語法《シンタックス》にもとづいていることで「話者は、発話のうしろに隠れてしまう。発話は、具体性を失い、文脈から分離」（アルヴィン・グールドナー『知の資本論』）しがちである。こうしたアカデミズム知に丸山はメタファーなどのジャーナリズム的文体を差し込むことによって躍動する生命力をふきこんだ。他方で、

おもしろいが、隙間の多いジャーナリズムに厳密性の楔をうちこんだ。「通奏低音」や「引き下げデモクラシー」など、丸山の社会現象についてのネーミングやメタファーは卓抜とされているが、それが卓抜だとされたのも、こうした象徴交換によるところが大きい。というのは、事態を単純化したネーミングやメタファーは、しばしば軽薄になってしまうものなのだが、丸山のネーミングやメタファーが、軽薄にみえず、むしろ説得力を増すものになったのは、それらが、丸山のアカデミズム界での圧倒的威信と硬質で凝縮した文体の中におかれていたからだ。ひるがえってみれば、「タコ壺文化」や「ササラ文化」なども それ自体としては、それほど秀逸なネーミングかどうか留保しなければならないところがある。丸山のアカデミズム界での圧倒的威信を背景に卓抜なネーミングになったともいえる。アカデミズム界の象徴資本移転効果ともいうべきものである。

無意識の戦略

しかし、アカデミズムとジャーナリズムを股にかければ自動的に増殖利潤が得られるというものではない。「あまりうまく書きすぎると、文学的利潤を手に入れることはできても、科学性の印象を危うくする。下手に書くと、厳密性なり深遠性（哲学の場合と同様）の印象を生み出すことができるが、世間的成功は犠牲にしなければならない」（ピエール・ブルデュー『ホモ・アカデミクス』）ことになる。

そのことは、さきにふれた藤原弘達の来歴をみればよくわかるだろう。藤原は、丸山を師として学問に励んでいたが、一九五〇年代半ばからジャーナリズムにデビューする。『中央公論』から原稿の依頼をうけた藤原は、丸山に相談に行っているが、「やる以上は、本格的にやれ」といわれたものの、いい顔はされなかった。「あんなの（大宅壮一─引用者）がハバをきかすジャーナリズムにでてゆき、妙チクリンな政治評論家なんかとまじわって今日的な問題に取り組んでいけば、政治思想史や政治史を研究する一種の歴史家としての立場を捨てなければ、到底やっていけるものではない。相当の決意を要する問題だよ」（『藤原弘達の生きざまと思索　4　売れる』）といわれた。

しかし、もともと相談というものがしばしば自己の意志の確認にすぎないように、藤原の意志は固く、丸山の苦い顔はジャーナリズムにでていくことを止めるものにはならなかった。藤原には藤原ならではのプライドもあった。大宅壮一はアカデミズムにコンプレックスが、丸山にはジャーナリズムにコンプレックスがあるといっていたから、自分こそはアカデミズムとジャーナリズムの両方を股にかけることができるとおもったのだろう。しかし、藤原が有名になったのは、ジャーナリストとしてであって、学者としてではない。やがて、一九五七年からラジオやテレビにも出演するようになる。藤原は学者資本を象徴移転させるのではなく、切断することによって、ジャーナリストとしての名声を得たのである。藤原がジャーナリズムで有名になるにつれ、「タレント教授」といわれるようになり、大学教授ではないとさえいわれる。藤原の場合、学問資本がジャーナリズムデビューには有利にはなったかもしれないが、その後のジャーナリズムでの活躍はアカデミズムではマイナスになった。そのことによって、藤原はますますジャーナリズム的ジャーナリストとなった。

丸山のアカデミズム界とジャーナリズム界の象徴交換効果は、丸山が極力ジャーナリズムでの執筆をおさえ、ジャーナリズムからの汚染効果を極力遮断したことによって成立した。「超国家主義の論理と心理」論文で有名になっても、その後ほとんど本格論文を書かなかったことは、本章の冒頭でふれたとおりである。ジャーナリズムでの発言は少なくないが、座談会や短いエッセイなどが多い。執筆をおさえるだけではなかった。媒体も選んでいた。『世界』『中央公論』『展望』『日本読書新聞』『東京大学新聞』などが発表媒体であり、そうでない場合は、一転して無名のミニコミ誌紙に限定されていた。ここらあたりは、丸山の無意識の戦略である。

西欧の学問の概念と文法によって

丸山の象徴戦略にもとづく増幅効果は、アカデミズムとジャーナリズムだけでなく、西欧と日本の仲介者というポジショニングからも発生している。

丸山が助手になり、日本の政治思想を研究する経緯については、一章でふれたが、丸山は、儒教の古典から江戸時代の儒学者や国学者の著作を読み、一九四〇年に助手論文（「近世儒教の発展における徂徠学の特質並にその国学との関聯」）をまとめた。論文の冒頭は、すでに引用したようにヘーゲルの『歴史哲学緒論』からの引用ではじまり、その紹介に数ページを費やしている。父幹治の友人で丸山眞男にとっては、南原と並んでもうひとりの「先生」だったジャーナリスト長谷川如是閑に、この論文の抜刷をもっていくと、冒頭にいきなりヘーゲルが出てくるところから、「ああ、またヘーゲルか。東大じゃヘーゲルといわないと助教授になれないようだね」とからかわれた（「夜店と本店と」『談』九）、という逸話つきである。

序章でみたように、一九六〇年代に大学生や大学院生だったわたしなどの世代にとって丸山眞男は、大塚久雄などと並んでというより、それ以上に神格的な学者だったが、丸山はヘーゲルの著作のすべてを原文で諳《そら》んじている、とまことしやかな噂まで流布していた。

丸山は、助手論文ほかをおさめた『日本政治思想史研究』のあとがきで、津田左右吉や村岡典嗣《つねつぐ》（一八八四―一九四六）などの従来の日本思想史研究から教えられたが、アプローチとしては古典学者を別にして「K・マンハイム（とくにその『イデオロギーとウトピー』における全体的イデオロギー概念 Totaler Ideologienbegriff）、M・ウェーバー（とくに『儒教と道教』および『プロテスタンティズムの倫理と資本主義の精神』に示された分析方法）であり、なお翻訳で読んだF・ボルケナウの『封建的世界像から市民的世界像へ』も少なからず裨益《ひえき》した」（『集』五）と書いている。また、一九四〇（昭和一五）年に、丸山は津田左右吉博士に助手論文（「近世儒教の発展における徂徠学の特質並にその国学との関聯」）を送付して、返事をもらったが、それに対するお礼の書簡（六月二一日消印）を出している。そこにはつぎのようにある。

日本思想史の勉強をはじめてからなお日浅く、識未熟なるにもかかわらず、きわめて大胆な分析を敢てしました点、先生の様な御碩学《せきがく》の御目にふれるのが気恥しい心持が致しますが、他方また、どうせ私の様に畑違いの経歴を持ったものは専門家の真似をしてみたところで、大した成果を挙げられませんので、むしろ思い切って、素人のドグマを提示した方が意外に専門の方の参考になることもあるのではないかとひそかに期して居ります。西洋の社会科学を専攻した者の眼に徳川時代の思想がいかに映じたかという点で、多少とも先生の御関心を惹《ひ》くことが出来ましたら幸甚の至りです。（『集』一六、傍点引用者）

丸山は西欧の学問の概念と文法によって、日本思想の読み解きをしたのである。

バークレーで

西欧と日本の仲介者としての丸山について、わたしのいくらかの経験をまじえて説明していきたい。実は、わたしは、一度だけ丸山の姿と肉声に接しているからである。

一九八三年五月、カリフォルニア大学バークレー校で日本セミナー（「戦後日本――戦後は終わったか」）があったときである。丸山は大江健三郎や永井道雄（元文部大臣、一九二三―二〇〇〇）などとともに講演した。当時、丸山はすでに東大教授を辞して一二年、六九歳、バークレー校の特別客員教授として招聘されていたときだった。そのとき、わたしはカリフォルニア州に滞在していたこともあって、友人のアメリカ人学者とともに、このセミナーに参加した。活字だけでしか丸山を知らなかったわたしは、「この人があの丸山先生か」、と強い印象をうけた。昼食を終え、わたしを含めた一〇人ほどの日本人参加者は丸山を囲んで芝生で談話する機会をもった。ほとんど丸山の独演状態で、巷間《こうかん》いわれていたおしゃべり好きな丸山像を再認した。すこし不思議におもったこともある。丸山は、英語で講演をした余勢もあってか、英語でしゃべりつづけた。たとえアメリカとはいえ、その場にいたのは日本人だけである、なぜ日本語でしゃべらないのだろうか。

丸山は当時のバークレー校を中心にしたアメリカの日本学者に絶大なる人気があった。さきに述べた、セミナーに同伴したわたしの友人のアメリカ人は、アメリカの日本学者のほとんどは丸山教教徒です、ともいっていた。そういわれたのは、丸山の著書（『現代政治の思想と行動』『日本政治思想史研究』）が英文で刊行されていた（*Thought and Behaviour in Modern Japanese Politics*, London: Oxford University Press, 1963, *Studies in the Intellectual History of Tokugawa Japan*, Princeton Uiversity Press, 1974）こともあるが、丸山の論文が、マックス・ウェーバーをはじめとする西欧の学問の分析概念によって日本の思想や文化を解剖するものだけに、外国人であるかれらには、丸山の日本論はきわめて理解しやすかったということが大いに関係していたはずである。丸山自身、英語版『現代［日本の］政治の思想と行動』の著者序文で、こう書いている。

ヘーゲルは私を圧倒的に魅惑した。［中略］そして、『精神現象学』のような著作に大きく刺激されながら、私は徳川時代の思想史についての私の戦前の論文を書いたのであった。［中略］社会的・政治的研究の領域においては、ドイツの「歴史主義」とイギリスの「経験論」との間の中間的立場をとる思想家たち——マックス・ヴェーバー、ヘルマン・ヘラー、およびカール・マンハイムのようなひとびと——に、私はこれまでつねに深い共感を覚えてきたし、またもっとも刺激をうけてきたのである。（『集』一二）

つきあいの深かったロバート・N・ベラーはバークレー滞在中の丸山が、日本の詩歌を軽蔑し、芭蕉よりもゲーテが好きと公言し、「ニーベルングの指輪」の公演を鑑賞するためにシアトルまで出掛けていったことなどから、「ときとしてヨーロッパの（とりわけドイツの）ものに対する丸山の愛着はほとんど喜劇的でもあった」（「学者丸山眞男と友人丸山眞男」『丸山眞男の世界』）としている。また藤原弘達によると、丸山は外国の学者から「You are too western minded!（あなたはあまりにも西欧的心情に過ぎる）」（『藤原弘達の生きざまと思索 3 世に出る』）と評されたという。

二重、三重の仲介者

丸山の著作の理解しやすさは、日本のインテリについてもいえる。日本でインテリになるということは、外国語（西欧語）を習得し、西欧学問の概念や思考法の眼鏡をかけるということであった。やがて眼鏡は身体の一部のようになる。その意味では、日本でインテリとは西欧化された日本人である。だとしたら、そうしたインテリ＝西欧化した日本人――理念化された西欧近代を身体化する日本人――にとっては、日本文化を理解する眼鏡は、西欧的学識を通してでしかない。丸山は日本思想や文化の西欧人への仲介者だっただけではない。日本のインテリへの仲介者でもあったのである。徳川時代の思想（『日本政治思想史研究』）では、儒教の正統学派の解体と徳川社会の秩序のきしみの関連を、中世のトマス派の宇宙観の変化と中世の政治秩序のきしみとの関連で述べたり、徂徠を『君主論』のマキャヴェリに準《なぞら》え「近代的政治学の樹立者」などとするが、このような類比によって西欧化した日本のインテリは儒教や徂徠を理解することが、むしろ容易になるのである。

丸山の仲介者機能はそれだけではない。日本のインテリは丸山の研究に接することによって、西欧社会や文化（の理念型）と西欧学問の分析概念も知ることができる。日本のインテリにとって、丸山は二重、三重の仲介者であった。丸山について、近代主義だとか、西欧を過度に理念化しているとか、半西欧人だという非難があるが、日本で学問をしてインテリになっていくということが、もう丸山の読者（半西欧人）に準備されてしまっているのである。

丸山が西欧と日本の仲介者であることを自他ともに任じていたことは、座談会などのちょっとした談話にみることができる。たとえば、「転向研究会」の討論（「現代世界と転向」『共同研究　転向』下）においてもこんな場面がある。司会者の鶴見俊輔（一九二二―）はヨーロッパの転向と対比して日本の転向を考えてみたいと問題提起し、「丸山さんいかがですか」と水をむける。丸山は「そういうときに当てないでよ。（笑）少しまとめてくれればよかったが……」といいながらも、アイザック・ドイッチャーの研究を紹介しながら、ヨーロッパの転向と日本のそれを比較してしゃべっている。司会者が丸山の役柄を心得ているだけではない。丸山自身も自分の役どころを心得ている。

半可通というリスク

丸山が二重、三重の仲介者であることは、仲介者効果（利潤）を増殖させるが、半可通とか、誤解して紹介しているという非難のリスクも大きくさせる。仲介者にともなう利潤とリスクをみるまえに、そもそも仲介者とはどのようなものなのかをみておこう。

社会学者田中滋《しげる》は、日本の社会学者や進歩的文化人は欧米先進国の媒介者であるとし、媒介者についてつぎのような定義をしている。田中のいう媒介者は、ここでいう仲介者と同義である。田中によれば、媒介者とは、「二つのシステム（組織・集団・社会あるいは宗教や文化など）の間にあって、それらの相互作用を（一方的にあるいは双方向的に）媒介・仲介し、結節点となる個人（あるいは集団）」のことである。そして、こうした媒介者に働く正・負の二重力学についてつぎのように述べている。媒介者は、二つのシステムの媒介という機能にともなう超越性と中心性によって権威や権力を保有したり、付与される可能性が高い存在であるが、逆に、「媒介者の何らかの失敗は、媒介者の有徴性ゆえにドラスティックな意味付与の反転現象を引き起こし、権力・権威の剝奪・失墜へ、さらには追放へと媒介者を導くことにもなる」(「媒介者たちの社会学はどこへ?」『フォーラム現代社会学』一号、二〇〇二)。

媒介者、つまり仲介者ならではのカリスマ性と権威付与という正の作用と、それが反転したときのスティグマ(汚名)付与という負の作用の力学を田中は指摘している。しかし、媒介者ないしは仲介者の「負の作用」については「何らかの失敗」によって「ドラスティック」な反転がおきるというだけでは、説明として十分ではないだろう。媒介者ないしは仲介者の正の作用(カリスマ化)がそうであるように、負の作用もハプニング(「何らかの失敗」)によっておこるというより、構造内在的である。

というのは、仲介者のポジションは、二つのシステムに通暁しているとみなされて、権威を付与される反面、どちらのシステムに対しても半専門家だと権威を剝奪される契機が構造化されているからだ。いやそれ以上に仲介者は、それぞれのシステムの個別専門家に対しては境界侵犯者、つまり業界利益の毀損者である。しかも、より抽象度の高いところから一般化するから、仲介行為が成功すればするほど専門家にとっては暴挙めいたものにうつる。ところが専門家にとっては、仲介者と同じ包括的学識に立っての批判は難しい。丸山に対する包括的批判は、欧米、アジア、日本にわたっての学識が必要である。しかし、特定のシステムの専門家という立場から、仲介者による仲介情報が半可通であるとか誤解して伝達しているると批判するのは可能である。後者こそがもっとも有効で確実な批判戦略である。したがって丸山批判のひとつのパターンは、包括的批判というよりも、丸山の仲介するある特定のシステムの専門家というポジションにある者から、仲介者丸山の半可通や誤解が指摘されるというものである。

諸家の批判

『日本政治思想史研究』についての吉川幸次郎の書評（『思想』一九五三年四月号）は、そうした視点からの初期の婉曲的批判である。丸山の業績が思想の歴史や思想の帰結よりも思惟方法や過程に重点をおいていることを画期的として評価しながらも、吉川はこういっている。著者（丸山）もあとがきで、戦争中の執筆であるため、中国の近世と日本の近世を対蹠《たいせき》的にあつかったところは「今日から見てまず最も目につく欠陥」と、自ら指摘している。そして、今後この欠点を埋めてほしいとし、「中国学者の言に耳を傾けすぎるよりも、むしろその研究の領域をひろめ、みずから中国思想史の研究にふみこまれることを、私はひそかに期待している」（傍点引用者）といっている。また、近世日本史家で、当時東大史料編纂所近世史料室長だった伊《い》東多《とうた》三郎《さぶろう》（一九〇九—八四）は『日本近世史（二）』（一九五二）において、『日本政治思想史研究』の第一、第二論文について、徂徠の学説が仁斎、李王二子（李攀竜《りはんりよう》と王《おう》世貞《せいてい》）、荀子《じゅんし》を粗雑に集成したものにすぎないという自己の見解から「西洋哲学思想史のイデオロギー的研究の適用により、徂徠の学説の意義を特筆することは、過褒である」と書いている。

丸山擁護派内部からの批判もある。丸山は、「開国」(『集』八)論文からはじまり、文化衝撃、つまり文化接触問題を掘り下げていったが、後年、この問題についてつぎのようにいっている。「文化衝撃は「東アジア諸国特有の問題である。[中略]すくなくとも英・独・仏・伊・スカンジナヴィア諸国といったヨーロッパの国にはそういう『衝撃』はありません」(「原型・古層・執拗低音」『集』一二)。これに対して政治学者の山口定《やすし》は、ドイツ政治史の専門家の立場からこの丸山の言明に疑問を提起する。すくなくともドイツにおいては、隣国のフランスの大革命とナポレオンの軍事的支配の衝撃からはじまる西欧民主主義の展開への文化的反撥は、きわめて重要であった、「ドイツの場合、(異)文化接触の問題は近・現代における歴史発展を説明する最も重要な問題なのである」(「丸山眞男と歴史の見方」『丸山眞男論』)、といっている。

いずれも外国研究の専門家というポジションからの丸山批判である。丸山が西欧や中国を仲介するということは、日本についても専門家とはいえないということになる。

丸山が『日本の思想』で文名をあげたころ、梅原猛はつぎのように丸山を批判している。梅原は西欧哲学を学んだが、しだいに日本の仏教についての研究に専念し、仏教とくに大乗仏教という大きな背骨が日本の精神の中核に通っているという考えに到達していた。丸山が『日本の思想』の中で、あらゆる時代の観念や思想に相互連関性をあたえる「中核あるいは座標軸に当る思想的伝統はわが国には形成されなかった」という言明に反対する。ヨーロッパ的背骨ばかりみているから日本の背骨が全く見えなくなってしまっているのだ、日本の思想がタコツボ型だと丸山はいうが、丸山の思索がタコツボなのだ、という。そしてつぎのように激しく批判する。

私はもし丸山氏が、古事記を読み、日本書紀を読み、祝詞《のりと》を読み、成唯識《じょうゆいしき》論をよみ、華厳経を読み、法華経を読み、大日経《だいにちきょう》を読み、浄土三部経を読み、空海を読み、最澄を読み、円仁を読み、源信を読み、法然を読み、親鸞を読み、日蓮を読み、一遍を読み、羅山を読み、宣長を読み、篤胤《あつたね》を読み、慈雲《じうん》を読み、そして、日本の美術や文学や芸能や民俗の実際をしらべ、その上で、精神史は不可能だ、座標軸はないというのなら丸山を許してもよい。しかし、そういう本を読まず、又ほとんど読もうともせず、日本の美術や文学や風俗について一向に調査しようともせず、性急に、日本では精神史が書けない、日本の思想はツギハギだ、タコツボだというのは到底許しがたいのである。丸山氏は彼がヘーゲルの哲学にそそいだ学問的情熱の何分の一かを、法華経や浄土三部経にそそいだ後に、断定すべ

きだったのである。(「明治百年における日本の自己誤認」『日本』一九六六年六月号)

丸山に対する過激な批判には、つぎのようなものもある。哲学者加藤尚武《ひさたけ》は、『日本政治思想史研究』で使用している Sein と Sollen はカント哲学を踏まえていれば、間違いで、旧制高校レベルで使用しているにすぎないなどの例をあげ、「丸山には言葉の深層にまで達する水準での西欧思想体験がない」(「堕ちた偶像・丸山眞男」『諸君!』一九八七年七月号)と断言している。中国哲学史学者加地伸行《かぢのぶゆき》は、「做《な》」(す)の訓《よ》みや「心」「法律」の解釈における不十分さを示して、丸山は「漢文知らず」で、「字面《じづら》だけを見てただちに現代語風に解し、どんどんと語義を離れて空想をたくましくしていった」と、「中国古典学への無知」(「丸山眞男の大いなる誤読」『正論』一九九九年二月号)について指摘している。

仲介者には利潤と同時にリスクがともなっている。丸山のカリスマ化と丸山批判はあざなえる縄のごとき一体のものである。丸山批判が多かったのは、カリスマ的権威をもった知名度だけによるのではなく、仲介者であるがため、批判も受けやすかったのである。

不戦勝

丸山は、自分への批判に対する反論をほとんど公表していない。「私のこれまでの学問について、私はただの一度も胸にこたえる批判をきいたことがない」（『自己内対話』）という矜持によるところが大きかっただろうが、ジャーナリズムを知りすぎるほど知っていた丸山は、反論がジャーナリズムで消費される論争になるだけということをあらかじめ読んでいたこともあろう。丸山は、「私が何かいえば、［中略］増幅作用をひきおこし、したがって歪率を大きくするだけだ」（同書）とも書きつけている。とくに、在野知識人からの批判に、アカデミズム知識人への怨望《えんぼう》感情がはりついていることを人一倍感じてしまう丸山は、沈黙をたもったということもあるだろう。

しかし、丸山の批判への沈黙は、結果的には仲介者効果や仲介者利潤を保存する絶妙な戦術にもなった。アカデミズム界とジャーナリズム界における丸山の圧倒的威光を背景に、批判への「沈黙」は、「逃げ」という敗北ではなく、「無視」や「黙殺」という勝利（不戦勝）にさえ帰結した。つまり丸山批判が多くなればなるほど、あるいははげしくなることは、（丸山を）「認めまい」として非難することでかえって丸山の権威を認め、中心化したのである。丸山の著作は解釈が積み重ねられるべき経典と化する。

とすれば、「ここには思想家というには、あまりにやせこけた、筋ばかりの人間像がたっている。学者というには、あまりに生々しい問題意識をつらぬいている人間の像がたっている。かれは思想家でもなければ、政治思想史の学者でもない。この奇異な存在は、いったい何ものなのか」(「丸山真男論」『吉本隆明全著作集』一二)という吉本隆明の丸山像は、丸山が丸山らしかったと言っているにすぎない。単なる政治思想史の学者でも、単なる思想家でもないところにこそ、丸山の象徴交換効果による魅力とカリスマ性が生じたのである。だからこそ、吉本の言明に対して丸山は密かにこう応答した。「主体的なコミットメントを欠いた『認識』に安住する学者にも満足できず、他方、思想、世界観等々をどんな美しいコトバで表現しようと、ザハリヒな認識、鉱物質のようにつめたい認識への内的情熱をほとんど理解しない思想家たちにも左袒《さたん》できない私は『化物』たらざるをえないではないか」(『自己内対話』)。

浮上効果

こうした西欧と日本の仲介者効果とそれにともなう仲介者利潤が、丸山を日本の知識人界において、象徴的権力と象徴的威信の覇者に押し上げた大きな作用因であるが、丸山の「参照の極」への押し上げということでいえばまだある。

多くのインテリは、あるいは周辺学者は、丸山の著作を読むという行為で「参照の極」としての丸山につながることができる。丸山に、あるいは丸山的なるものにつながることで、知的特権階級の(すくなくとも主観的)所属感を得られる。インテリ界の周辺あるいは、学界の周辺にいても丸山の著作に通じてさえいれば、本来の学者や本来のインテリとして、すくなくとも主観的には格上げされるという浮上効果（二流の正統化）が得られる。したがって、拠《よ》り所のほしい周辺学者やインテリの浮上効果狙いの集積によるまつりあげも丸山のカリスマ（「参照の極」）化に大いに作用した。丸山はジャーナリズムとアカデミズムの知名度によって「社会的面積」を拡大しただけではない。丸山もジャン＝ポール・サルトルと同じく、とりまきから、エピゴーネン、大衆的丸山ファンまで、大きな裾野をもつことによって、まさしく「複数の中心をもつひとつのシステムを統合し、その唯一の参照の極」（アンナ・ボスケッティ『知識人の覇権』）となった。

四章　大衆インテリの反逆

全共闘が立てこもる東大安田講堂を放水などで攻める警視庁機動隊。1969年１月。（読売新聞社提供）

戦後初期に丸山眞男が思い描いた大衆文化戦略は、六〇年安保闘争における大衆の市民化、つまり大衆のマス・インテリ化によって、功を奏したようにみえた。丸山の著作の読者は拡大した。丸山がもっとも輝いたときである。しかし、丸山は万々歳というわけではなかった。安保闘争がもりあがった真っ只中で、反丸山感情もまたほとばしりでていた。

一九六〇年五月一九日と翌日未明の新安保強行採決がなされた数日後、五月二四日、東京神田の教育会館に二五〇〇名が集まった。学者たちの安保問題研究会と作家たちの安保批判の会が世話役で、岸内閣総辞職要求・新安保採択不承認学者文化人集会が開かれた。そのとき丸山は、つぎのように演説した。

二十日未明以来、事態は一変し、問題はかんたんになった。われわれの立場は、会期延長と新安保の承認を一挙に強行した岸内閣のやり方を承認するか、否認するか、われわれの歴史からこのような非民主主義をまっ（抹）殺するか、しないか、二つに一つである［中略］われわれは、岸首相のすてた一切の民主主義的なものをわれわれのものとするために立ちあがる……このみぞう（未曽有）の危機こそ、みぞうの好機でもある……。（田中寿美子「追いつめられる岸政府」『朝日新聞』一九六〇年五月二六日号）

丸山は安保改定反対運動の論争点を、安保改定そのものから「民主主義と憲法蹂躙を許すのか許さないのか」という議会主義擁護の問題に切り替えた。「安保の問題は、あの夜を境いとして、あの真夜中の出来事を境いとして、これまでとまったく質的に違った段階に入った」（「選択のとき」『集』八）という丸山の争論の切り替え行為は、あくまで安保粉砕を叫ぶ全学連幹部にとっては、不愉快というより裏切りとさえおもえるものである。

それから一ヶ月とたたない六月一五日、全学連主流派のデモに参加していた樺美智子（ブント）が死亡し、連日、抗議行動がおこなわれる。全学連主流派のアクティヴィズムに流れがきたかとおもえた。しかし、樺美智子の死亡した二日後、在京七つの新聞社（朝日、毎日、読売、産経、日経、東京、東京タイムズ）は、「六月一五日夜の国会内外における流血事件は、その事の依ってきたる所以を別として、議会主義を危機に陥れる痛恨事であった」ではじまる「暴力を排し、議会主義を守れ」の共同宣言を発表する。翌日、地方新聞もこの宣言を掲載する。それまでの安保改定反対運動に大きな水をさす共同宣言だった。なかでももっとも過激な行動をとってきた全学連主流派には痛手となった。丸山眞男の議会主義擁護論は、「暴力を排し、議会主義を守れ」のマスコミ共同宣言と結果的に同じ流れにみえるというだけでなく、丸山がその筋道をつけたかの印象さえ与える。全学連主流派幹部やそのシンパにとって丸山は、獅子身中の虫となる。全学連の幹部だった森田実は、当時の丸山についての感情をこう書いている。

〃民主主義〃の大合唱を指揮したのが丸山真男らの岩波文化人だったが、これを裏側から演出したのは共産党だった――と全学連の側はみていた。［中略］（だから当時は――引用者）丸山真男という名前をきくだけで不愉快になった。（『進歩的文化人の研究』）

吉本隆明の批判

丸山などの学者文化人による安保改定反対運動の論理をいち早く批判したのが、吉本隆明である。「戦後世代の政治」（『中央公論』一九六〇年一月号）は、全学連の思想、つまりブントの政治思想を支持し、丸山眞男などの進歩的文化人を名指して、安保改定を「日本人の独立か従属か、戦争か平和か」の問題に置きかえている、と非難する。民族の自衛や日本人の独立をスローガンにして侵略戦争の提灯《ちょうちん》持ちをした戦前の思想家や文学者と同じ素人政治、三文指揮者である、と。丸山はこうした吉本の批判には応えなかったが、安保闘争が終わったころ「八・一五と五・一九――日本民主主義の歴史的意味」（『中央公論』八月号）という対談形式の論文を発表する。吉本は待ってましたとばかり、「擬制の終焉」（『民主主義の神話』一九六〇年九月）でこの丸山論文を俎上《そじょう》にあげる。

丸山は、この論文（「八・一五と五・一九」）のなかで「戦後十五年間に、臣民カテゴリーはどう解体したのでしょう」という質問に答えてつぎのようにいっている。戦前の「臣民」としての大衆は、戦後には「民」として還流したが、その方向には二つあった。ひとつは、個的な権利と私的な利害優先の「私」化する方向、もうひとつは、アクティヴな革新運動である。後者（アクティヴな革新運動）は多分に滅私奉公のエトスを残存させている。そのぶん第一の方向（私的な利害優先派）からみれば押しつけがましくうつる。支配者にとっては、こうした民の二つの分岐が有利に作用してきたのだが、安保闘争は、この「ふたつの『民』の相互交通の拡大」をもたらしたものである、としている。

これに対して吉本は、こう批判する。丸山は、「第一の方向」を私的利害派として否定的に評価しているが、まったく間違った判断をしているという。私的利害優先派こそが戦後「民主」（ブルジョア民主）の基底をなしているのである。「この基底に良き徴候をみとめるほかに、大戦争後の日本の社会にみとめるべき進歩は存在しはしない」。丸山のいう私的利害派こそが、真性のブルジョア民主であり、全学連を支持する声なき声の部分をなしたとする。したがって丸山のいう「民主」は「擬制民主」であり、「擬制前衛思想のピラミッドから流れくだったところに生まれる擬制進歩主義の変態にほかならない」とする。吉本の批判は過激だが、丸山の論文をよく読めば、丸山は第一の方向（私的な利害優先派）に否定面だけをみているわけではない。ふたつの方向（民）の「相互交通の拡大」に積極的意義をみとめている。だから吉本の批判は丸山の言明をデフォルメして俎上にあげて攻撃しているきらいがある。吉本流論争術である。

吉本は、前年、ジャーナリズム界のアヴァンギャルド知識人花田清輝《きよてる》（一九〇九－七四）を「戦争中の転向ファシスト、戦後の擬制コミュニスト」（「転向ファシストの詭弁」『近代文学』一九五九年九月号）として痛罵、撃破した。その勢いで、こんどは全学連主流派＝ブントへの肩入れを梃子《てこ》にして、ジャーナリズム界を含めた文化生産界で圧倒的優位に立つ、知識人のなかの知識人丸山眞男と対決しはじめた。

世代境界線闘争

吉本・花田論争と同じく、吉本の丸山攻撃は知識人界における世代闘争である。世代闘争は若年世代が自分たちの共通の経験を定型化し、年長世代の（世代）解釈コードにとってかわろうとするものであるが、同時に世代闘争は、世代の境界線をどこに引くかの世代境界線闘争でもある。丸山は一九一四年生まれ。開戦（一九四一年）のとき二七歳で、東京帝大の助教授だった。敗戦のときは、三一歳。安保闘争時は四六歳。それに対して吉本は一九二四年生まれ。開戦のとき東京府立化学工業学校を卒業、翌年米沢高等工業学校に入学し、敗戦のときは、学徒（東京工業大学学生）動員で富山県の工場にいた。安保闘争のときは三六歳。丸山より一〇歳若い。

丸山自身も戦後三〇代はじめのときに、世代境界線闘争をおこなっている。二章でふれたように明治的知識人を乗り越えようとする言明がそうであるが、戦後すぐ（一九四六年二月二日）、瓜生忠夫や内田義彦（一九一三―八九）などとともに結成した「（青年）文化会議」という研究会を中心にした文化活動の宣言に世代の境界線が明言されている。会議は、「二十代及三十代の青年」を中心にした共同研究と社会的啓蒙団体であり、「社会的経済的民主主義」の実現をめざしたものである。「我国の自由主義者は、明治維新以来の自由民権運動を継承育成することなく、封建的なものを克服し得ず、剰《あまつさ》へ、軍国主義に屈服さへするに至つた。之に鑑《かんが》み吾々は自ら反省すると共に、かゝる一切の旧き自由主義者との訣別を宣し、茲《ここ》に新なる民主主義建設の軌道を拓《ひら》かんとする」とされている。「旧き自由主義者」には「心」グループの小泉信三や天野貞祐、和辻哲郎、津田左右吉などが想定されていたであろう。

吉本は丸山などの世代が線引きしたオールド・リベラリストとジュニア・リベラリストの世代境界線を無化し、「戦前派」として一括し、「戦前派」と「戦争派」（あの戦争に全面的にコミットするほかを知らなかった世代）の間に分割線を引いた。一九五六年に「戦中派」（青年期を戦争のなかでおくった世代。大正末から昭和初年生まれ）という世代概念が村上兵衛（一九二三―二〇〇三）や大宅壮一などによって創出（「戦中派はこう考える」『中央公論』一九五六年四月号、「戦中派は訴える」同誌、同年三月号）され、四〇代以上ですでにオピニオンリーダーとして確固たる地位を築いている者たちとは異なった世代感覚に焦点があてられていた。橋川文三の『日本浪曼派批判序説』（『同時代』一九五七―五九）もそうした世代体験をもとに書かれていた。吉本はこうした新しい世代カテゴリー創出の波に乗りながら、世代闘争にうってでたわけである。

吉本は世代の分割線闘争だけでなく、敵・味方措定において冴えをみせる。戦前を幼年期としておくった大江健三郎や江藤淳、石原慎太郎などの戦後派を統一戦線のなかにくりこみ、戦前派への対抗世代として、丸山を世代境界線の外にはじき出す。そして、丸山に代表される戦前派知識人の大衆戦略は、大衆の進歩的知識人化にすぎない啓蒙であることを容赦なく炙《あぶ》り出した。大衆の市民化は、大衆の知識人化つまり学問の大衆化であっても、あるがままの大衆（大衆の原像）を知にくりこむ大衆知の学問化ではないのだ、と。

福田恆存からも

他方で、丸山は、「進歩的文化人」の批判で名を成していた保守派の論客福田恆存《つねあり》（一九一二─九四）からも批判される。福田も吉本と同じく、丸山の「八・一五と五・一九」論文をとりあげる（「常識に還れ」『新潮』一九六〇年九月号）。吉本と同じくだりをとりあげ、丸山の見立てをパロディ化する。第二群（アクティヴな革新運動）に該当する「安保阻止国民会議」は、第一群の「私生活享受派」の利己的な政治的無関心を利用して、組織の温存を維持している、と。また、会社や官庁秩序への忠誠心が自分の技能や職業の使命感を上回り、職業倫理を欠落させることになっているという丸山の批判論法をそのまま使って、革新運動の担い手こそ組合や党などの帰属意識が職業倫理にとって代わっている、という。そしてこうもいう。女子学生（樺美智子）の虐殺をめぐって、社会党や文化人は国民運動をさかんにする拠点にしようとしている。全学連の行動を否定しながら、その成果だけは貰いうけたいという魂胆だ、と。全学連主流派は完全に孤立しているとして、かれらにこう提言する。

大学教授達は茅《かや》声明を支持しているが、それがいつまで続くものか。［中略］私とは全く反対の立場にありながら、私が最も好意をもつ主流派諸君に忠告する、先生とは手を切りたまえ。ついでに共産党から貰ったニックネームのトロツキストを自称する衒学《げんがく》趣味から足を洗いたまえ。（傍点引用者）

ここで「茅声明」といわれているのは、一九六〇年六月の国会議事堂付近における全学連と警察官との流血事件についての東大総長茅誠司《せいじ》（一八九八―一九八八）の声明である。学生のみを非難するのではなく、学生をそのような行動に追いやったことを反省し、政治が民主主義的責任を回復させることを要望する声明である。さきに吉本の世代戦略が、旧世代を戦前派として一括し、戦後派と戦中派を戦争派と同じ位置にくりこんだことをみたが、論争上手の福田も、全学連主流派を安保阻止国民会議や丸山らと切り離し、丸山を叩く論争戦術をとった。

身内からも

丸山批判の矛先は、左右の論客だけではなく、丸山を敬愛してやまなかった身内の明治大学教授藤原弘達からもでる。前章でみたように藤原は、丸山の「超国家主義の論理と心理」の衝撃によって、丸山を師として学問の道に入った。大学院のときの論文は、「近代日本政治における国家倫理の特質と神権説との関連」だった。朱子学、徂徠学、明治啓蒙思想を西欧の帝王神権説などとの関連で解明したもので、論の運びはいうまでもなく、天皇制国家倫理が「無限抱擁型」になるとの指摘にいたるまで、師匠の丸山説をなぞったものだった。丸山に一歩でも近づきたいという同一化への情熱のあらわれであろう。

藤原は、一九四九年、旧制大学院をおえ、明治大学政経学部講師となる。本郷文化圏から離れることによって、多少冷静になったのだろう。「丸山眞男という偉大な学者がやった仕事の〝塗り絵づくり〟をやっているにすぎない自分にホトホトうんざり」するようになる。そんなとき、明治大学で人類学の泉靖一教授（一九一五―七〇、京城大学助教授だったが敗戦後明治大学に奉職、のちに東大教養学部教授）と出会い、フィールドワークの重要性を知らされる。文献と理論だけによる丸山の方法に疑問も感じはじめる。なにかといえば、「丸山先生曰く……」という丸山学派についても追随者集団のようにみえはじめてくる。かくて右翼運動の実態調査などをし、研究論文を書いていく。しかし、丸山グループの研究会でもほとんど反応は得られない。丸山からも「ああ、中々おもしろいね」のひとことしかいってもらえない。丸山グループから浮いてしまったと感じる。しかも丸山学派の面々は、アカデミズムの殿堂である東大や京大の助手になったり、時間的にもめぐまれ、文献資料が豊富な職場に就職したりしている。それに対し、藤原は、講義負担が多い私立大学教師となったことで、官学アカデミズムと遠いところにあるという不遇感もかさなった（『藤原弘達の生きざまと思索　3　世に出る』）。

藤原の師に対する感情のねじれは不思議ではない。師弟関係は尊敬か軽蔑かのどちらかだけのユニバランス関係とはいいがたい。弟子は師を愛し、見習うべく模範としている。しかし、師は自分の前途に立ちはだかり自分を阻んでいる。アンビヴァレンス（愛憎・尊卑並存）が、師弟関係に構造化されているのである。ユングのフロイト、コントのサン－シモン、あるいは漱石の弟子たちの漱石への感情のような、弟子アンビヴァレンス（apprentice-ambivalence）（R. K. Merton, *Sociological Ambivalence and Other Essays*）はむしろふつうのことである。藤原の場合も丸山をことのほか敬愛している。敬愛が強いぶんその報いとしての評価をもとめることも強くなる。敬愛に見合った評価がえられないことから、しだいに離反がはじまり、やがて師は否定的存在となる。藤原は一九五五年、三四歳で教授となるが、このころから総合雑誌に登場するようになる。「戦後民衆の政治意識はどうかわったか」（『中央公論』一九五五年三月号）や「石橋内閣論」（同誌、一九五六年三月号）などがジャーナリズム出世作である。丸山にはジャーナリズム・コンプレックスがあり、大宅壮一にはアカデミズム・コンプレックスがあるが、自分こそは両者に架橋できるという自負がでてきたころである。

安保闘争の敗北を目にして、藤原は丸山政治学の敗北についてつぎのような長文のエッセイを書く。丸山政治学は、安保闘争という巨大な政治的事件を前にして、拙劣で、幼稚な、見とおしのなさを証明してしまった。日本の政治がなにもわかっていない、「カッコいいことばかりいい、虚像と実像ととりちがえて動いたのであるから、失敗は必至だったといわねばならない」。宮本顕治が芥川龍之介（一八九二―一九二七）の自殺をもとに「敗北の文学」（一九二九）を書いたことをもじって丸山政治学を「敗北の政治学」という（「『天下泰平策』という発想」『群像』一九六〇年九月号）。

そして、丸山に代表される進歩的政治の思惟方法は、丸山が否定的に評価した修身斉家治国平天下の朱子学的思惟そのものであるという。「『平和を守る』（平天下）→そのために『民主主義の政治ルールを守る』（治国）→そのために『職場や家族ぐるみで組織活動や研究をやって、下から支えをつくろう』（斉家）→そのためには『各個人がルールを身につけ、新憲法感覚を体現しよう』（修身）」であるからだ、と。むしろ岸首相のほうが修身斉家と治国平天下を分離した徂徠学を体現しているのだとまで断じた。

敵地での対決

これまでみてきたように、安保闘争後、丸山は左右両派からだけでなく、身内からも批判の矛先をむけられた。丸山憎しの感情は、なんといっても全学連主流派とそのシンパ知識人にもっとも大きかった。それは、さきにふれたように安保条約改定反対闘争を民主主義擁護のほうに切り替えたのが丸山だったという気持ちが強かったからである。負け戦になると、しばしば負け戦に導いた敵を内部に探すことが生じがちだが、その敵探しで、丸山が格好な標的になりはじめた。申し分のない標的だった。

新安保が自然承認されて四ヶ月ほどたった一九六〇年一〇月九日（日曜日）午後一時、東京、王子労政会館。六月行動委員会主催のもと「大衆運動と前衛のイメージ」というテーマで講演会がおこなわれる。講演会を主催した六月行動委員会は、吉本隆明などによって結成され、「闘わない指導部をのりこえよ！」をスローガンにしていた。全学連主流派支持グループである。品川駅動力車労組のストライキ支援で全学連主流派学生とともに品川駅構内で座り込みもした。丸山は敵地に臨んだおもいだったであろう。

会場には、丸山のほか吉本隆明、橋川文三、村上一郎（一九二〇―七五）、武井昭夫、そして黒田《くろだ》寛一《ひろかず》（一九二七―）などの錚々たる人物が集まった。学生や労働者も詰め掛けていた。その場に居合わせた評論家の中島誠（一九三〇―）は、さまざまな意見と論議が戦わされたあと、丸山が眼鏡ごしの目をギラギラさせてしゃべった、と書いている（「『世界』『朝日ジャーナル』にみる戦後民主主義」『流動』一九七九年七月号）。目をギラギラさせてといわれたのは、丸山にとっては敵地であり、そうであるからここでおもいのたけをいっておきたいという気迫のあらわれだった。丸山はこういったという。

「諸君の話は思想であるのはわかるが、政治ではない。政治を語っているが、政治的行動の論議ではない。よしんば行動の論議ではあっても、行動そのものの結果責任を検証しあい、今後の政治的行動に移るための具体的論議になりえていない」
「自分が判断の基準にするものは、政党の綱領や政策方針や長期的戦略および短期的戦術などではない。共産党の宮本顕治、社会党のだれそれ、あるいは、学生の反共産党組織の行動も、アプリオリに正しく、動機において正当であるから結果でも正しいというものは一つもない」

丸山は会場に詰め掛けた者に多い全学連主流派支持者たちの「文学ラジカル」や「街頭ラジカル」の思想と行動が心情倫理であり、責任倫理に立つ政治行動ではない、と批判したのである。

丸山がこういった半年ほど前に、埴谷雄高や加藤周一との座談会（「一年の後・十年の後」『週刊読書人』一九六〇年一月一日号）で、あきらかに全学連とその背後の思想家、革命集団を想定して、ソビエト社会主義に対立、否定して社会主義革命を考えても、「ユートピア」であり、そうしたトロツキズムが現実には「反動的役割を果たす」といっていたことは二章でふれたとおりである。これに対して全学連主流派のブレーンであり、すでに日本トロツキスト連盟を結成（一九五七年一月、同年一二月に日本革命的共産主義者同盟と改称）していた黒田寛一は、『早稲田大学新聞』（一月一九、二〇日）に「丸山政治学とトロツキズム上、下」をペンネーム（緑川信隆）で書き、「革命的共産主義への学者的距離感」「丸山真男の反革命性」として批判した。だから王子労政会館の集まりは因縁の対決でもあった。

このとき、さきの丸山の言明に対して黒田寛一はこう切り返した、と中島は書いている。

「あなた（丸山—引用者）の論理は、日本共産党を真綿でくるんで保護してやる役割を果たしている。日共とこれに敵対しようとする真の革命家との間に、あなたはクッションのようなぐあいで立ちふさがっている」

しだいに丸山の政治学を正面にすえた丸山論が書かれるようになる。吉本隆明は、『一橋新聞』に「丸山真男論」を連載（一九六二年一月一五日から六三年二月一五日まで一〇回連載）し、柴田高好《たかよし》（一九二五—）「市民主義と市民政治学」（『現代とマルクス主義政治学』）や村上一郎「経験の美学と均衡の力学」（『講座　戦後日本の思想』第一巻）などの丸山眞男論が刊行される。感情的な丸山批判ではなく丸山政治学の解剖がはじまったのである。かくて、反丸山感情が大衆インテリにひろがっていく環境設定がなされる。丸山をよすがとする大衆インテリが、ノンセクト・ラジカルという丸山の鬼子としての大衆インテリに変貌していく環境設定が……。

不吉な予言

安保闘争のあとまだ全共闘運動の兆しがみえないとき、大学知識人の小春日和の一九六四年のはじめ、不吉な予言じみた言明をしていた人がいる。進歩的文化人嫌いだったアメリカ人日本文学者エドワード・サイデンステッカー（一九二一―）である。丸山のアメリカ嫌いが勘にさわったところもあるのか、丸山の『現代政治の思想と行動』の書評（“Japan's Infallible Pope”, *New Leader*, Vol. 47, No.3, 1964.「日本の不謬《ふびゅう》ならざる法皇」『後衛の位置から』）は、のちの全共闘運動における丸山批判を髣髴とさせることを書いている。

丸山はあくまでも日本的な現象である。さまざまな観念がこんぐらがった彼の文章を見てゆくと、それが対象とする日本国民とその過去の倒錯についてのべるところよりも、むしろ、その中にあらわにされている「丸山教団」や日本知識人とその現在の倒錯を探るために読みたいという強い誘惑をおぼえる。

こんな皮肉な調子ではじまり、つぎのようにいう。丸山が「超国家主義の論理と心理」論文で剔抉《てっけつ》したように、軍国指導者は複雑な派閥や分派にからめとられ、小心翼々と保身にこれつとめたというが、「今日、当の丸山教授の学部の同僚は、四半世紀前の日本軍国指導者と同じように行動している」。書評の末尾ではこういっている。一九三二年の五・一五事件のときに荒木陸相が、純真な青年が皇国のためをおもってやったことであり、「小乗的観念を以て事務的に片づけるやうなことをしてはならない」という談話を発表したが、こうした弁護論を丸山は心情的弁護論と批判している（「日本ファシズムの思想と運動」『集』三）。しかし、「皇国」を「日本民主主義」とおきかえれば、荒木陸相の心情的弁護論は、安保闘争で流血騒ぎをおこした東大生を弁護する東大総長の言い草となんらかわらないではないか。東大総長の言い草とはさきにふれた茅声明のことであり、そこでは国会議事堂付近の流血を遺憾としながらも「何故純真な学生がこのような多数直接行動をとるに至ったか、そのよって来るところを十分理解しなければならない」とある。サイデンステッカーは、「丸山教授が『ファシズム』は再び起こらないとは云えないと警告する時、その言葉は彼自身意識するところをはるかにこえて、事の核心に迫っているといえよう」（傍点引用者）とまでいいきっている。「『ファシズム』は再び起こらないとは云えない」は、丸山の論文「軍国支配者の精神形態」（『集』四）のむすび「これは昔々ある国に起つたお伽噺ではない」を前提にしてのものである。

燎原の火のように

この不吉ともいえる書評がでたおよそ一年後、一九六五年一月、慶應義塾大学で授業料値上げ反対闘争、そして四月、高崎市立経済大学で地元優先の委託学生入学反対でハンストや授業放棄がおこなわれる。翌年一月、早稲田大学の授業料値上げ反対と学生会館運営参加要求闘争で一五〇日の全学ストライキや本館占拠、入試阻止闘争がおこなわれる。東大では、一九六八年一月、医学部学生自治会が登録医制度の導入に反対して無期限ストに入る。三月、医学部学生の不当処分をめぐり安田講堂が占拠される。翌日の卒業式は中止され、東大構内のほぼ全域がバリケード封鎖される。この年、新学期に日大で二〇億円もの使途不明金が発覚し、五月、日大で全学共闘会議が結成された。大学当局を相手にした大衆団交は世界的学生運動とも共鳴しあい、全国の大学に燎原の火のようにひろがる。

闘争は、三派(中核派や社学同など)全学連などに指導されてのヘルメットと角材による一〇・八羽田闘争(一九六七年一〇月八日、佐藤首相ベトナム訪問反対の羽田での阻止闘争)や翌年の米原子力空母エンタープライズ寄港阻止闘争、三里塚闘争のような派手な街頭闘争もおこなわれたが、しだいに学園闘争に重点がうつる。学園闘争は、自治会や全学連にかわってノンセクトの全学共闘会議によって担われた。教授を相手にした大衆団交で「やろー」

「ばっかじゃねえか」「おめえらまんがだよ」「教授会の意見はもういい。おまえの意見はどうなんだ」といった罵声をあびせる。学生がタバコの煙を大学教授にふきかけながら「アンタ」とか「おめえ」とやるのがふつうの団交風景だった。いやふつうのことになったというより、大学教授への罵詈雑言こそが学園闘争を学園闘争たらしめていたといってもよいほどだ。

だから、当時の大学関係者はもとより、世間でも全共闘といえば学園闘争世代というイメージが通り相場であるが、当の全共闘世代自身にとってもそうであった。全共闘世代へのアンケートをまとめた『全共闘白書』によれば、もっとも印象的な事件・闘争には三人に一人以上（三五・二％）が学園闘争（学生処分、学校経理、授業料値上げ、寮・学生ホールの管理）をあげている。第二位は一〇・八羽田闘争（二三・二％）、第三位はあさま山荘（連合赤軍）（一七・九％）である。

ゲバ棒、ヘルメット、覆面といういでたちがそうであるように、大学教授を引っ張り込んでの大衆団交という一大スペクタクルによって全共闘運動はもえあがった。このことの意味は大きい。というのは、一九六〇年代半ばは、反体制運動がファッションたりえないほど、高度大衆消費社会になりはじめていたからである。

モダニズムと左傾

かつては反体制運動が反体制運動であることだけでファッションでもありえた。欧米と日本、都市と農村の文化や生活様式の差が大きかった時代の中で、マルクス主義をはじめとするコミュニズム思想は、なんといっても欧米の先端思想であり、都市のインテリの思想だった。洋書や翻訳書をもち歩き、クラシック・レコードを聞き、カフェで談話するというかれらの垢抜けた洋風生活スタイルと連動して輝いたのである。また農村的な大衆の心情との落差をバネに、献身と恍惚の快楽を誘引＝動因にした。昭和戦前期の社会主義やコミュニズムが青年をとらえたのはなぜかについて、高見順（一九〇七―六五）はこう書いている。

　モダンということ、モダンであることが、当時、若い世代のあこがれだったのである。［中略］当時は一口に言うとモダニズムの時代だった。だがモダニズムと同時に、モダンな社会主義思想が（――変な言い方だが、当時の社会主義はモダニズムの一種だと、わたしは見る。別のものだというのが一般的意見だが）若い世代の心に、新鮮な朝の潮のように、ひたひたと押し寄せて来た。社会主義はすでに大正時代からあったが、昭和期にはいってそれは共産主義になった。モダンと言ったゆえんである。革命の夢に胸をふくらませた多くの青年が、おのれを犠牲にして共産主義運動に身を投じて行った。（「大いなる手の影」『朝

日ジャーナル』一九六三年一〇月五日号、傍点引用者)

高見のこういう言い方は、理論や思想へのコミットメントである左傾を流行風俗への同調のようにみている、と批判する人も少なくないかもしれない。しかし、そう批判する人々は、マルクス主義へコミットメントする中核分子を想定しているからである。理論や思想が大衆的にひろがるというのは、流行風俗としてである。高見の説明は大衆的な左傾現象の説明としては説得的であるとおもう。

社会主義思想がモダニズムの一種として流行したことは、東京のモダン風景を描き大ヒット曲となった西條八十《やそ》(一八九二―一九七〇)の「東京行進曲」(一九二九年、中山晋平作曲・佐藤千夜子《ちやこ》歌)に、端的にみることができる。第四聯はつぎのようである。「シネマ見ましょか　お茶のみましょか/いっそ小田急で　逃げましょか/変わる新宿　あの武蔵野の/月もデパートの　屋根に出る」。「シネマ見ましょか……」の部分は、西條の原案では、「長い髪してマルクスボーイ　今日も抱える『赤い恋』」だった。『赤い恋』(一九二三)はソビエト共産党幹部の女流作家コロンタイ(一八七二―一九五二)の小説である。翻訳されてひろく読まれていた。長髪で深刻な顔をした青年が、『赤い恋』を小脇に抱えているのを、街頭で西條がよく見かけたからである。しかし、レコード会社、ビクターの幹部は、この詩では、当時、共産党と左翼学生を警戒して取り締まっている当局を刺激することになると、頭を痛める。結局、西條に書き直しをしてもらった。書き直し後の歌詞がさきに引用したものであるが、「マボ」(マルクスボーイ)や「エガ」(エンゲルスガール)は、「モボ」(モダンボーイ)や「モガ」(モダンガール)と並んで、歌謡曲の詩に採り入れられるほどになっていたのである。

ファッションとしての全共闘運動

しかし、地方対中央やムラ対都市という近代日本の枠組の終焉(松本健一『戦後世代の風景』)とともに、反体制運動の輝きと運動への献身がもたらした恍惚も霧散しはじめた。農林漁業人口は一九三〇(昭和五)年五〇%、五五年四一%だった。ところが、六五年には、農林漁業人口は二五%になる。この年、農業以外の収入のほうが農業の収入より多い第二種兼業農家が専業農家を追い越した。ホワイトカラーと販売・サービスの合計(四〇%)が、農林漁業人口よりはるかに多くなる。

だからこそ、一九六〇年代後半から一九七〇年代初期の全共闘運動は、反体制運動が反体制運動であるだけでモダン＝ファッションたりえない時代に、独自にファッション性をつくりあげたことによってもりあがりをみせたのである。それが、ゲバ棒、ヘルメット、覆面というでたちや大学教授を引っ張り込んでの大衆団交、激しい街頭デモやバリケードによる祝祭空間である。全共闘運動は大学解体などの明示的スローガンとは別に、こうしたいでたちと道具立てで、演劇的空間が構成され、徹底的に楽しかったのである。雀荘《じゃんそう》にたむろしていた学生でさえも、バリケード・ストにはせ参じた。また学生たちはバリケードから深夜映画館にかけつけ、任侠映画をよくみたが、かれらの祝祭的共同性と任侠映画のそれとを共振させ、確認・劇化した。そんな一大スペクタクルが大衆団交である。

大衆団交

両国講堂に三万人が集まった日大全共闘の大衆団交（一九六八年九月三〇日）は一〇時間にわたった。古田《ふるた》重二良《じゅうじろう》日大会頭、理事、学部長の自己批判を迫るものだったが、それはつぎのようなものである。

学生　あなたが、六月十一日（体育会系学生などによる全共闘学生への暴力事件―引用者）の問題について、大学当局が策動したんであるということを認めて、そして暴力事件を起したことは悪かったと言って謝るんならいい。そうじゃなくて、すみませんということをいくら聞いても、空語なんだよ。（「古田先生がこわいのか」と叫ぶ声あり）

斎藤（理工学部長―引用者）　いや、そうじゃないよ。

　ぼくはあの場合、病気でよく知らない、事情は。理事会で……あとで聞きました。

学生　あなたはいま、ここに集まった日本大学の学友の前で、すみませんということを二度も言った。そしてぼくからは、なんのためにすみませんと言っているのかということを質問しているわけですよ。それについて、あなたは答えられないということは、わからないね、ぼくら。（「そうだ」と叫ぶ声あり、騒然）

斎藤　自己批判するって、どういうことを言えばいいいんだ。

学生　自己批判しますと。

斎藤　自己批判します。（拍手）

学生　それでは、続いて鈴木理事のほうから、三つの問題に関しての自己批判を要求したいというふうに考えます。（「誌上再構成　日大大衆団交　一九六八・九・三〇」『中央公論』学生問題特集号、一九六八年一一月号）

これは三万人もの学生大衆がいる前での団交である。それだけに、罵声も糾弾調もおさえられているが、仲間内だけの密室団交になると生身の憎悪がもろにでる。つぎの場面は学園闘争の末期一九七六年、週刊誌が報道したものである。全共闘運動は終熄したが、余燼は残っていた。余燼のなかの闘争めいたものであるだけに退廃的になっている。が、そうであればこそ学園闘争の特徴がよくあらわれている。団交は東北大学教養部でクラブ部室使用問題で前年（一九七五年）八月に学生を処分したことに対するものである。団交に引っ張り出されたのは当時教養部のスポークスマンとして新聞記者に「処分は撤回しない」と語った教授（倫理学）である。


「オメエ、処分に賛成したのか、反対したのか、どっちだ」

「センセエは倫理を教えているんだろォ。倫理とは哲学で、哲学の裏には論理がある。センセエが黙っている論理をハッキリさすべきではないか。オマエの沈黙は論理ではなく感情だヨ」

「アンタ、頭いいんだろう、基本的にはオレたちを軽蔑してんだろォ。その頭のいいところを展開してくれよ」

「ここへ来られるのは名誉なことなんだ。アンタなんかの来られるところじゃないのさ、オレたちが連れてきてやって、集会に参加させてやったんだ」（「東北大学教授吊し上げ三角帽子事件の記事が全部同じだった『報道の鑑』」『週刊新潮』一九七六年五月六日号）

現実にこのとおりのやりとりがあったかどうか、定かではない。しかし、当時、大学院生としてこうした団交の場を見聞していたわたしには、いかにもありうるとおもえる団交風景ではある。

原理日本社と全共闘

全共闘運動は、授業料値上げや学生処分をめぐって単に大学当局と闘うだけでなく、教育者としてどうなんだ、学者としてどうなんだ、と、大学（自治）によって国家権力から一定の保護を得ている安全地帯の反体制である進歩的教授の上げ底を糾弾した。とすると、あの全共闘による学園闘争の論理がこれまでみてきた戦前の蓑田一派の帝大教授糾弾と相似形であることに気がつくだろう。蓑田たちは、一章でふれたように、大学の目的を定めた大学令第一条にある「国家ニ須要ナル」や「国家思想ノ涵養」を盾にとって「赤化」「容共」「デモクラ」帝国大学教授を大学令第一条違反として攻撃したが、全共闘学生は、進歩主義教授たちがよすがとする「民主革命」や「人民のための学問」を盾にとり、なぜわれわれとともに戦わないのか、なぜ、われわれの闘争を管理しようとするのかと攻撃したからである。

蓑田たちの「根源的学術維新」と全共闘学生の「文化と知性の革命」のキーワードが示すように、制度論（祭司的）を忌避し、精神論（予言者的）に固執するところも似ている。蓑田一派は、帝大法・経・文の学風を粛正するために「帝大閉鎖論」を提起したが、これも全共闘の「大学解体論」に似ている。このようにみてくると、大学知識人にとって原理日本社やそのシンパ学生からの糾弾と全共闘学生からの糾弾は機能的には等価だった。このような機能的等価性の背後には、攻撃者の知識人界での位置の相同性があった。

蓑田は当時の大学教授について主著の『学術維新原理日本』のなかでこう糾弾する。「現日本の大学教授らこそ日本国民の膏血に寄食しつゝ、国民生活を残害茶毒《ざんがいとどく》しつゝある、無学、無信、無節操、無慚《むざん》放逸の『知的資本家閥』であり『特権階級』である」。蓑田も蓑田の師である三井甲之もそれぞれ、五高、一高という旧制高校→東京帝大卒でありながら、本郷界隈の官学知識人のアウトサイダーの位置にいた。そうした在野の位置からは帝大教授たちは「知的資本家閥」や「特権階級」とみえた。全共闘運動を担った学生たちも大学知識人とイン・グループ意識(われわれ感情)をもてないプロレタリアート化された知識人予備軍だった。そのかぎり、全共闘運動は蓑田的アウトサイダー意識が大衆的規模で生じたということになる。

プロレタリアート知識人

全共闘学生がプロレタリアート化された知識人だったのは、まず、かれらの社会的出自においてそうだった。全共闘世代は、経済の高度成長による国民所得の増大を背景にした高等教育第一世代《ファースト・ジェネレーション》の大量進学に特徴がある。大学第一世代とは親が大卒でなくて、大学進学した者のことをいう。一九六八・六九年度の関西大学『学生生活実態調査報告書』で学生（第一部）の親（保護者）の学歴をみると、義務教育（小学校、旧高等小学校、新制中学校）四五％、中等教育（旧制中学、新制高校）三六％、高等教育（旧高等専門学校以上、新制大学）一九％。つまり八一％の大学生の親は高等教育を経験していないのである。

それだけに大学第一世代の大学教育への期待も大きい。一九六三年に高等教育進学率は一五・五％（大学一二・一％、短大三・四％）となった。高等教育は該当年齢人口の一五％までの進学のときがエリート段階で、一五％をこえるとマス段階になるという説（マーチン・トロウ）がある。この説にしたがえば、日本の高等教育は短期大学を含めた場合は一九六三年、四年制大学のみに限定すれば、六四年ないし六九年にエリート段階は終わり、マス段階になった。全共闘運動の時代は、大衆大学になりはじめたころということになる。大学進学率そのものは団塊の世代で急上昇したわけではない。一九六八年でも一九・四％。四年前の一九六四年の進学率はすでに一九・七％だった。大学進学率そのものの急増は一九七一年入学者（二七・二％）あたりからである。しかし、団塊の世代は、進学率で急膨張していなくとも、出生人口が隣接世代から比べてはるかに多かったから、六八年の大学生数は、四年前の一・

表4－1　学歴別新規学卒就職者

単位：万人、カッコ内％

年　次	合　計	中　学	高　校	短大・大学
1956—60年平均	125(100.0)	78(62.4)	38(30.4)	9(7.2)
1961—65年平均	132(100.0)	65(49.2)	54(40.9)	13(9.8)
1966年3月卒	149(100.0)	52(34.9)	82(55.0)	15(10.1)
67　〃	146(100.0)	45(30.8)	84(57.5)	17(11.6)
68　〃	147(100.0)	40(27.2)	86(58.5)	21(14.3)
69　〃	143(100.0)	35(24.5)	84(58.7)	24(16.8)
70　〃	135(100.0)	31(23.0)	76(56.3)	28(20.7)
71　〃	135(100.0)	28(20.7)	77(57.0)	30(22.2)
72　〃	128(100.0)	24(18.8)	72(56.3)	32(25.0)
73　〃	125(100.0)	22(17.6)	71(56.8)	32(25.6)
74　〃	122(100.0)	21(17.2)	71(58.2)	30(24.6)
75　〃	117(100.0)	18(15.4)	69(59.0)	30(25.6)

（注）高校は全日制、短大・大学（高等専門学校を含む）は昼間制
文部省「学校基本調査」労働省職業安定局推計
（出所）加藤尚文『大卒労働力』日本経営出版会，1971

七倍にもなった。

こうした大卒人口の膨張は労働市場での地位を引き下げることになる。卒業後の進路はそれまでの幹部社員や知的専門職ではなく、ただのサラリーマン予備軍になりはじめた。

そのことは表4－1の学歴別新規学卒就職者割合をみることでわかるだろう。一九六一—六五年でみると、新規学卒就職者の中で短大・大学は九・八％、高校四〇・九％、中学四九・二％で、ピラミッド型である。ところが、一九六六年には、高校の割合が増えるちょうちん型となりはじめる。新規

学卒労働市場がピラミッド型のときは、大卒は、中卒との距離で威信をもったが、ちょうちん型になると、大卒の学歴は高卒との違いでしかなくなる。その後もちょうちん型は続くが、ちょうちんの下（中卒）がちょうちんのてっぺん（大卒）より大きかったのが、てっぺん（大卒）が下（中卒）より大きくなっていく。新規大卒の主要職業別就職状況においても、一九六〇年と六七年とを比べてみると、事務は四〇％（六〇年）から三一％（六七年）に減り、販売は九・五％（六〇年）から一九％（六七年）に急増している。大卒グレーカラー（ホワイトカラーとブルーカラーの間）時代といわれたのがこのころである。大卒＝エリート予備軍という予期が裏切られはじめる。社会的出自という出発地位においても到達地位（ただのサラリーマン）においても、経済資本と文化資本で劣った階層ということになる。かれらは、二重の意味でプロレタリアート化した知識人だった。

ノンセクト・ラジカル

大学第一世代、つまり出発地位が経済資本と文化資本で劣った地位であっても、その未来がエリート階層になりうるかもしれないという予期があるときには、憧れが同一化へのエネルギーとなる。しかし、そうした予期をもてなくなったときには、学生の大学教授への憧れと嫌悪との両義性は激しく振動しはじめる。かれらの先にあるただのサラリーマンという人生航路からみると、大学文化や知識人文化など無用な文化である。大学文化や知識人文化はもはや身分文化ではない。かれらはこういいたかったのではないか。「おれたちは学歴エリート文化など無縁のただのサラリーマンになるのに、大学教授たちよ、おまえらは講壇でのうのうと特権的な言説をたれている」、と。かれらは、理念としての知識人や学問を徹底して問うたが、あの執拗ともいえる徹底ぶりは、大学生がただの人やただのサラリーマン予備軍になってしまったことへの不安とルサンチマン（怨恨）抜きには理解しがたい。プロレタリアート化した知識人たちの反大学知識人主義である。だから運動の極点は、いつも大学教授を団交に引っ張り込み、無理難題を迫り、醜態を晒《さら》させることにあった。

かくて学園闘争を担った学生たちは、大学知識人を範型にした文化プチブルジョアの道ではなく、文化ブルジョアを苛酷に相対化した吉本隆明のほうに共感を感じていく。いやもっといってしまえば、下町知識人吉本隆明が表明した文化貴族への怨恨にもとづく転覆戦略こそ、闘争を担った学生＝プロレタリアート化したインテリあるいは高等教育第一世代の怨恨を代弁するものだった。プロレタリアート化された学生にとっては、大衆の知識人化をいう丸山に代表される山の手知識人ではなく、下町知識人のポジションから大衆の原像（あるがままの大衆）に下降し、自立の思想を説く吉本隆明のほうに共感をもつのは不思議ではないだろう。かくて大学的マルクス主義や大学的進歩主義における講壇的参加の部分をプロレタリアート化したインテリの立場から「インチキゲンチャー」として攻撃することになる。

安保闘争時のノンセクトの進歩的学生は丸山を教祖としたが、いまや丸山を大学知識人の代表として糾弾するようになる。しかし、全共闘とは実のところ丸山の唱道した在家仏教主義の帰結そのものではないだろうか。東大全共闘の組織について、当時農学部助手だった村尾行一は「奇妙なる生態系」としてその特質をつぎのように書いている。

組織的構造といえるような組織的構造をもたない組織。指導機関なき組織。拘束力なき決定。ルーズ以上のものであるメンバー資格。メンバーと非メンバーとの境界のさだかならざる組織。このようなものは果して組織といえるだろうか。それは組織体というよりも、運動体ないし運動そのもの、というべきではなかろうか。（「東大全共闘」武藤一羊『現代革命の思想8　学生運動』）

全共闘の組織的特質は、「破壊→あらたな均衡」が不断になされる森林生態「系」と相似しており、従来の「個体」的な左翼組織とはちがっている、と説明されている。このような組織ならざる運動体こそ丸山のいう在家仏教主義の結実にほかならない。だとすれば、丸山は自ら作り出した在家仏教主義＝ノンセクト・ラジカル（全共闘）によって手ひどい攻撃を受けたということになる。本章冒頭で、ノンセクト・ラジカルについて、丸山の鬼子といった所以である。

丸山教授糾弾

丸山は一九六九年二月から三月にかけて計三回、全共闘学生から糾弾される。糾弾の論理は、東大全共闘会議議長山本義隆《よしたか》(一九四一―)によって書かれた論文(「東京大学 その無責任の底に流れるもの」)に要約されている。山本義隆はこの論文で、教授会の無責任構造を非難し、丸山の『日本の思想』をとりあげ、引用しながら、丸山が剔抉した権力の頂点(天皇)の「多頭一身の怪物」と底辺(部落共同体)の前近代性の「温存と利用」のメカニズムは、大河内一男《おおこうちかずお》(一九〇五―八四)総長体制下の東大評議会・教授会そのものであるとして、つぎのように激しく非難している。

日本の天皇制ファシズムに鋭い批判をあびせてやまない丸山教授は、それを支えた権力の頂点の「無責任体制」と、底辺の「部落共同体」の両極に酷似した構造をもつ東大教授会が、帝国主義国家機構の中に包摂されつつ「大学の自治」の擬制をもつのに極めて有効であったことには全く関心を示さない。「涙の折檻・愛の鞭」と当局の主観に反映される

「教育的処分」こそが大学共同体の幻想を守るのに実に巧妙なしきたりの集約的表現であることに対して彼は発言しなかった。（『現代の眼』一九六九年六月号）

論理の運び方が、本章冒頭でふれたサイデンステッカーの書評論文とまことによく似ている。サイデンステッカーの書評論文を不吉な予言めいた言明といったのはそのゆえである。一九六九年二月二四日、丸山眞男は教室にむかう途中、銀杏並木で約四〇人の学生に拉致され、文学部階段教室で二時間ほど軟禁状態になる。当時、東大文学部助手だった哲学者の加藤尚武は、おそらくこのときのことであろう、つぎのように書いている。学生運動の先輩格Lから「丸山眞男がとっつかまって殴られてるから、見に行かないか」といわれて、大教室にかけつける。教卓の前に椅子があり、そこに丸山眞男は座らされていた。「大学闘争を妨害した」として断罪されている最中だった。殴られてはいなかった（「堕ちた偶像・丸山真男」『諸君！』一九八六年一二月号）。当事者である丸山はこのときのことをこう書いている。

私は今日は不用意だった。私を筆頭とする「進歩的教官」を弾劾する立看板が正門を入ったところに昼頃から出ていたことに気付かなかった。私は、いつものように、銀杏並木道を通って、小アーケードに近づいたときに、右手に一団となってかたまっていた学生が、

「それ来たぞ」という叫びとともに、私をとりかこんだ。先頭には□□君がいた。私は「ともかく教室の中で話そう」と彼にいったが、周囲の学生からいきなり両腕をとられて、そのまま反対側の法文二号館の方にひきたてられて行った。〔中略〕講壇の机の右下に座らされた。〔中略〕聴衆（?）は後から入った学生もふくめて百数十人もいたろうか。〔中略〕私は、「こういう強制的につれてこられた状況では発言しない」「黙秘するのは私の原則です」「私は実は言いたいのです。けれども言わないのです」という態度に終始し、彼等は「黙秘して機動隊を呼ぶつもりだろう」などと言ったが、ほとんど議論らしい議論は行われなかった。ただ、私が覚えているのは、「丸山教授は形式的原則に固執して、われわれの追及への実質的な回答を回避している！」丸山「人生は形式です」（聴衆の間に笑い声起る）丸山「機動隊導入は私の権限ではありません」マイク「あんたは、軍国支配者の精神形態で、権限への逃避を日本支配層の特色としている。あんたの言葉はそれと同じではないか」丸山（内心、俺の書物を割合よく読んでいるなと苦笑しながら）「権限がないといっているのであって、責任がないとはいっていない。権限と責任とはちがいます」（『自己内対話』）

丸山は、この日の全共闘学生のヘルメットと覆面姿に、さかのぼること三〇年前のあのときを重ねたはずである。三〇年前のあのときとは、丸山が助手三年目の一九三九年末、津田左右吉博士が右翼急進派の学生たちに糾問をうけたときのことである。津田博士糾弾とはどのような事件だったのか……。

津田左右吉

津田左右吉(一八七三―一九六一)は、東京専門学校(早稲田大学の前身校)を卒業した(一八九一年)が、在学期間は一年半ほどしかなく、ほとんど独学にひとしいものだった。卒業後、白鳥庫吉《しらとりくらきち》博士(一八六五―一九四二)に師事し、官学で主流だった考証史学とはちがった実証的文化史をめざす。和漢洋にわたる博学を背景に研究をつみ、本居宣長の再来といわれるようになる。一九一七年、早稲田大学講師、翌年同大学教授となる。『古事記及日本書紀の研究』(一九二四)では、「要するに、記紀を其の語るがまゝに解釈する以上、民族の起源とか由来とかいふやうなことに関する思想を、そこ(記紀―引用者)に発見することは出来ない」とし、記紀の神代史の叙述は、後人が統治者である皇室の由来のために潤色変色したものであり、客観的史実ではない、とした。国体論や日本民族精神論を根底から逆撫《さかな》でする論説である。

別のところでは、さらに追い討ちをかけてこうもいっている。日本精神論などの過去の思想を復活させようとして日本思想を鼓吹する語り口は、古典にもちいられている一、二の語句やそこに表象されている思想を引っ張りだしてきて、現代にも存在しているとか、復活できるとかする操作をおこなうものであり、「説くものみづからが現代に対して要求するところを古典の上に反映せしめたものである」(「日本精神について」『思想』一九三四年五月号)。一九七〇年代後半に英国の歴史学者エリック・ホブズボームは、多くの伝統といわれるものが、比較的最近の時代に近代国家建設のために意図的に「創られたもの(伝統)」(invention of tradition)であると喝破した(『創られた伝統』)が、津田は、ホブズボームよりも三〇年以上も前に、しかも日本精神論が華々しい時代に、「伝統の捏造」にあたるコンセプトを提示していたわけである。

こうした津田の論法は、蓑田や原理日本社のアイデンティティの無根拠性を指摘するものだったから、かれらの逆鱗にふれることはいうまでもない。しかし、本格的に津田左右吉が原理日本社の攻撃の対象になったのは、東京帝大法学部に東洋政治思想史の講師として津田が招聘されることが判明したからである。一九三九年一〇月、同講座の正式名称が「政治学、政治学史第三講座」に、同講座講師が早稲田大学教授津田左右吉に決定される。講義は同年一〇月三〇日より開講されることになる。蓑田たちは、不逞思想の持ち主津田がこともあろうに、東京帝大、それも法学部講師として出講することに絶好の攻撃目標をみる。

当初より蓑田たちが粛正しようとしていたのは、帝大であるが、主標的は帝大中の帝大である東京帝大であり、東京帝大中の東京帝大である東京帝大法学部だった。しかし蓑田一派と帝大粛正期成同盟がそれまでに辞職にもっていくことができたのは、京都帝大法学部教授の瀧川幸辰であり、東京帝大経済学部教授の矢内原忠雄や河合栄治郎であった。もと東京帝大法学部教授美濃部達吉を貴族院議員からひきずりおろすことはできたが、美濃部は現職の東京帝大法学部教授ではない。本丸である東京帝大法学部教授に攻撃は届いていない。津田を攻撃することで、任命した東京帝大法学部教授会を追い込める。こんどこそはと勢いづいた。

祖国を呪い国体に反逆する講義糾問

津田の最終講義の一二月四日、東京帝大二一番教室。聴講生は六、七〇人。丸山は後ろの席で受講していた。蓑田一派の息がかかった東大精神科学研究会員の十数人がいる。この糾弾学生のなかには、府立一中で丸山の同級生だった小田村寅二郎はいなかった。無期停学処分中だったからである。

無期停学になったのは、小田村が帝大粛正期成同盟の面々と呼応しながら、東大の授業で教授がしゃべっている内容を暴露した論文（「東大法学部における講義と学生思想生活――精神科学の実人生的総合的見地より――」『いのち』一九三八年九月号）を書いたからである。横田喜三郎（国際法）、や矢部貞治（政治学）、河合栄治郎（社会政策）などの講義が国体違反であると糾弾した。河合栄治郎については、開講の辞に「『マルキストが従来自由主義者を敵視したのは誤りであつた』と述べた後、『我々は（自由主義者の意）今こそマルキストと手を握り、共に人民戦線として右翼に砲弾を打ちこまねばならぬ』」としゃべっている、と暴いている。そして、このような「祖国を呪ひ我が国体に反逆する講義」が当の法学部はおろか全学部でもなんら問題にならない「放縦恣意専横」の東大学風を激しく批判している。

帝大粛正を叫ぶ人々には、小田村の暴露は重量級の紙製爆弾である。一章でふれた帝大粛正学術講演会がおこなわれた半月ほど前、八月下旬にこの論文の掲載誌である『いのち』が刊行されていたから、その効果も大きかったであろう。しかし、法学部教授たちにとっては、講義内容に尾鰭《おひれ》をつけて外部に漏らすもってのほかの所業である。かくて、小田村は一九三八年一一月に無期停学処分をうける（一九四〇年一一月退学処分）。

もし、小田村がこの糾弾の場面に居合わせたらもうひと波乱あっただろう。津田だけではなく、助手丸山にも矛先がむかったかもしれない。というのは、この論文（「東大法学部における講義と学生思想生活」）によって無期停学になったとき、小田村は法学部教授会の真意が奈辺にあるかを知りたいとおもって府立一中の同級生という昔の友の誼《よしみ》で、助手になっていた丸山を訪ねていった。しかし、小田村のかすかな期待は見事にはずれた。丸山は「東大の敵に対してゐるといふ構へで、対座」し、とりつくしまがなかったからである（「丸山真男氏の思想と学問の系譜」『学問・人生・祖国』）。

小田村が津田博士糾弾の場面にでられなかったということは、小田村の停学処分が一年以上もそのままになっていたからである。こうした仕打ちに対して小田村はいうまでもなく、小田村の仲間である東大精神科学研究会員はおおいなる不満をもっていた。津田博士糾弾の二週間ほど前の一一月二一日に文部省に荒木文相を訪問し、上申書「東大学風改革を要望して決起し停学処分せられし小田村寅二郎救済」を提出している。だから、小田村を無期停学にしたばかりか、一年以上も晒《さら》し者にしておく法学部教授会憎しの感情が、糾弾学生たちの津田への攻撃にのりうつった。さらに、糾弾より一ヶ月ほど前の一一月三日より三日間、東大精神科学研究会は、各大学、高等学校の有志と糾合して、蓑田胸喜の講演を聞いているから、このあたりでおおいに煽られ、臨んだ糾問会だった。

糾問

最終授業で、博士が「これで私の講義をおわります」といったとたん、講義（「先秦《せんしん》時代の政治思想」）の内容とは無関係な津田の著書をひっぱりだして、質問の礫《つぶて》が飛んだ。このときの情景について、丸山はこう記している。

先生の講義では［中略］儒教と日本文化とのつながりを全面的に否定し、日本とシナを通ずる「東洋文化」なるものは存在せずと断言される。いまや聖戦を通じて、多年アジアを毒して来た欧米自由主義、「デモクラ思想」や共産主義の迷夢からシナを目覚めさせ、日華提携して東洋の文化と伝統を回復すべき東亜新秩序創造のたたかいにわれわれ同胞が日々血を流している時に、先生のかかる論旨はこの聖戦の文化的意義を根本的に否認するものではないか……。

後ろの席で受講していた丸山はたまりかねて前に出てきて、こういった。「津田先生は、これまで他校に出講された例がないのに、非常な無理をおねがいして来ていただいたことは、開講の際の南原先生の紹介の言葉で諸君も御存知のことと思う。ところが今迄の質問をきいていると、まったく学問的な質問ではなくて、先生にたいする攻撃に終始している。これでは先生をお迎えする態度としてはあまりに非礼ではないか」。そして、丸山は、津田博士を講師控え室にともない、退避させた。ところがそこに先ほどの学生十数人がどやどやと押しかけてきた。そのあとのことについて丸山はこう書いている。

それから延々数時間にわたる「質問」の嵐が休みなく博士に襲いかかった。今度はさきの教室での場合よりもまた一段と激烈な「糺問」だった。講義内容をはるかにこえて、津田博士の学問と思想の全面にわたって、それが日本の国体と背馳し、北畠親房卿（彼等は必ず卿をつけた）の神皇正統記の大精神を否認するものであるという彼等のアプリオリな結論に向ってあらゆる論議が落ち込んで行くように仕組まれていた。（「ある日の津田博士と私」『集』九）

このとき六六歳の津田博士は、午後四時ごろから夜九時半まで集中攻撃をうけた。丸山はこの糾問学生グループ（東大精神科学研究会）の背後に、日比谷公会堂でみた蓑田をおもい浮かべたはずである。そしてこうした糾弾に嫌悪と恐怖のいりまじった大きな衝撃をうけただろう。津田の運命は自分と重なるものがあったからである。丸山は津田が担当した「政治学、政治学史第三講座」の助教授・教授になることが予定されていたのだから。津田事件から半年後、一九四〇年五月一六日、法学部教授会で丸山の助教授昇格が決定される。ただし、講義は津田のあとは、東北帝大教授村岡典嗣《つねつぐ》によって担当された。丸山の講義は一九四二年冬学期（一〇月）からはじまる。

一九四〇年一月、津田左右吉は早稲田大学教授を辞職する。翌二月『古事記及日本書紀の研究』『神代史の研究』『上代日本の社会及び思想』などの主要著書が発禁処分になった。二月一〇日、帝大粛正期成同盟は追い討ちをかけ、津田博士と岩波茂雄に司法処置を加えることなどの要請をもりこんだ「政府当局への要請」を各界要人に配布する。そうした圧力に押されてか、同年三月、津田と津田の著書の出版人岩波茂雄が出版法違反で起訴された(一九四二年五月津田・岩波の有罪判決が下る。検事が控訴し、津田は上申書を印刷し提出した。しかし訴訟手続きが進まず、時効となり、有罪判決は無効となる)。

「急進右翼学生もしなかった」

時間を全共闘運動のところに戻そう。三回目の「吊るし上げ」の三日後、丸山は入院。一九七一年三月、定年(六〇歳)をまたず五七歳で、東大法学部教授を辞職した。丸山は辞職して三年半ほどのち、全共闘運動の傷跡がまだ生々しいときに国家学会主催「南原繁先生追悼講演会」(一九七四年一一月六日)で講演する。場所は東大法学部二五番教室。この講演では津田博士糾問事件についてもふれている。丸山は講演の最後のほうは感極まって涙をながしながらしゃべったという。丸山の涙の中に、ありし日の南原繁や津田博士とともに右翼急進学生の群れ、そして蓑田的なるものとしてついこの間の全共闘学生の群れが、いりまじったのではないか。

全共闘学生によって糾弾されたときに、「そろそろなぐっちゃおうか」「ヘン、ベートーヴェンなんかききながら、学問をしやがって！」という発言を目の当たりにして、こんな「むき出しの憎悪」にいままであったことがない、と丸山は書いている（『自己内対話』）から、「こんな糾問は、ナチスどころか津田博士を糾弾した急進右翼学生もしなかった」という思いを重ねたかもしれない。

そういう思いは、丸山だけではなかったろう。全共闘運動で糾弾された教授たちを当時五〇歳以上とみれば、一九一八年以前の生まれで、一九三〇年代後半を旧制高等学校や大学で過ごしている。蓑田や原理日本社にはじまる帝大粛正運動を目の当たりにした世代である。だから、丸山だけではなく当時五〇代以上の教授たちは、全共闘運動に戦前の蓑田などの右翼活動家を髣髴とさせたはずである。一九三〇年代後半に慶應義塾大学学生で左翼活動をし、のちに河合栄治郎の信奉者となった人が、東大紛争のときにこう書いている。「現代の東大騒動をみると、［中略］天皇神聖論がまかりとおった戦時中と同じ狂人の状態である」（亀田候治「河合栄治郎先生と東大騒動」『社会思想研究』一九六九年二月号）、と。

〈養〉父アメリカからの旅立ち

安保闘争後、丸山がジャーナリズムでの執筆や政治的活動を控えはじめるのと逆比例して、論壇では、日本回帰の風潮が迫《せ》り上がる。日本人論や日本文化論ブームがはじまる。日本人のアメリカ像は初期の圧倒的な肯定像からしだいに否定像に変化していくが、こうした状況の中での日本人論ブームは、〈養〉父アメリカからの旅立ちだった、といえる。

日本人にとって、占領期のアメリカは圧倒的に肯定的なイメージだった。このころの世論調査（時事通信社、一九四九年五月実施）で「もっとも好きな国」はアメリカ（六二％）で、二位のイギリスは四％でしかない。「もっとも嫌いな国」ではソ連が五三％で、中国が七％、アメリカは一％でしかない。戦前あれだけ「鬼畜米英」という宣伝がなされたにもかかわらず、われわれはなぜかくもやすやすとアメリカを「もっとも好きな国」と思うようになったのだろうか。そこにはいくつかの条件があったのだが、第一に、敗戦、それも完膚なきまでの崩壊によって、〈実父〉＝戦前日本の支配階級が憎悪と不信によって国民から縁を切られたことがあげられる。政治家はいうまでもなく、経営者も怨嗟《えんさ》の対象となった。人民裁判がおこなわれ、労働者自身による生産管理がおこなわれた職場も少なくなかった。父の喪失である。

他方では、敗戦後のアメリカの占領政策に対する恐怖が存在した。わたしは敗戦当時、やっともの心がついたぐらいだったが、進駐軍がきたら日本人は山の中に逃げなければならないという流言蜚語《ひご》が飛び交うなか、尋常でない恐怖と不安をおぼえたものである。しかし、現実の占領軍の政策は、すくなくともそういう恐怖や不安を現実化するものではなかった。このとき親米意識が急速にひろがっていく。しかもアメリカ占領軍のおこなった戦後改革のうち、少なからざるものはすでに戦前に下地ができていた。たとえば農地解放は、戦前末期に実質的小作料が大幅に下げられていたし、六・三制義務教育も一九四一年に一九四四年度からの八年制義務教育が決定されていた（戦争のため実施はされなかった）ことからすれば、ドラスティックな改革というものではなかった。

こうみてくると、占領軍による戦後改革はまったく新奇なものを持ちこんだわけではない。いってみれば、占領政策に代表されるアメリカの顔は、馴染《なじみ》の人の顔に似ていたわけである。また実父には欠けていた「豊かさ」と「自由」の国アメリカという積極的イメージも加わった。こうして、実父を喪失した空間に、アメリカは「新しい父」としてやすやすと入りこめたのである。

占領軍当局者の政策背景には、もちろん日本軍国主義の復活阻止と民主主義の防波堤づくりがあったが、そこにニューディール時代の理想が混在していたことも否定できない。GHQ（連合国軍総司令部）には、ルーズヴェルト大統領のニューディール政策が盛んであったころ大学を出た知識人が少なくなかった。占領政策はアメリカでできなかったさまざまな理想を日本で実現しようとしたものである。アメリカは、いわば父＝教育パパとして日本に臨んだ。日本もまた、素直な子どもとして父＝アメリカを理想化し、父に近づこうと大きな努力をはらった。この同一化過程がアメリカナイズやアメリカナイゼーションである。

母探しとしての日本文化論

高度成長がはじまり、戦後日本は青年期に達する。憧れや尊敬以外に敵意やライバル意識が芽ばえてくる。こういう時期が一九五〇年代半ばである。日本人のアメリカ像は初期の圧倒的な肯定像からしだいに否定像に移行していくが、同時にアメリカという父性が〈養〉父のそれであったという自覚が加わった。こうして反米ナショナリズムという父への反抗が擡頭する。二章でみた安保条約改定反対・安保廃棄運動やアイゼンハワー訪日反対運動などがその爆発的表現だった。反米ナショナリズムは直接的な養父＝アメリカとの対決であったが、やがて迂回した養父離れが生じた。ディスカバー・ジャパンにいたる一九六〇年代半ばごろからの日本人論ブームである。こうした日本人論ブームは、「母」探しといえる（図4－1）。

一九六〇年代前半までの日本論は、欧米＝「養父」一族を極度に理想化し、美化し、日本にはこれがないとかこんなに劣っているとかの欠如論や自罰論が風靡した。丸山の日本論が

図4－1　戦後の日米関係と日本人論

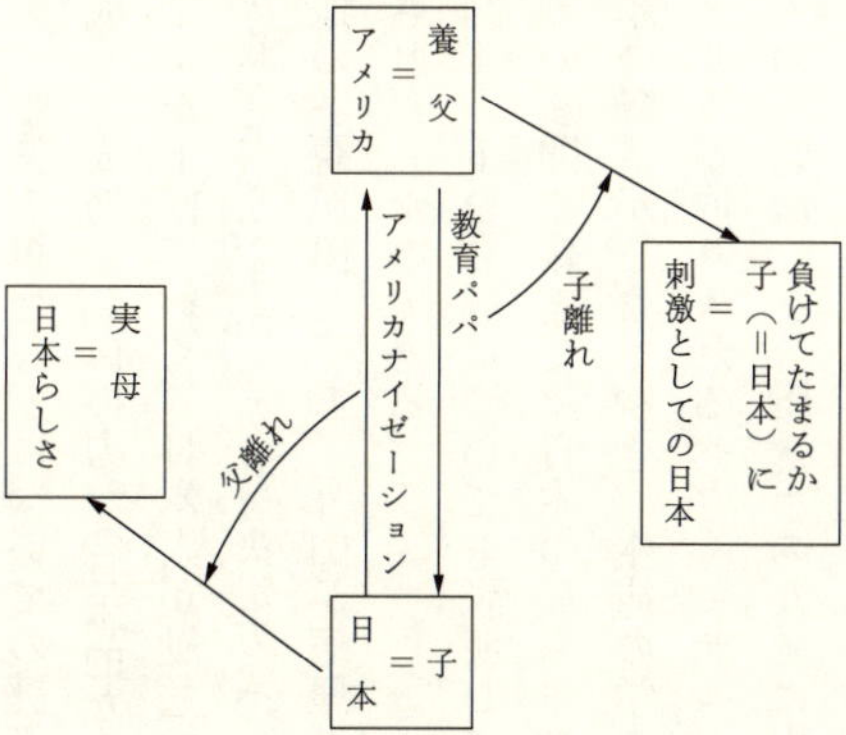

アピールしたのもそういう背後感情の中でである。ところが高度成長を境に日本人論の論調は大きく転換する。人類学者の青木保は、戦後における日本文化論を整理するなかで、一九六四年を「肯定的特殊性の認識」の時代のはじまりとしている（『「日本文化論」の変容』）。一九六四年は中根千枝「日本的社会構造の発見」（『中央公論』同年五月号）が書かれたときである。この論文は、のち（一九六七年）に単行本（『タテ社会の人間関係』講談社新書）として刊行されベストセラーになった。中根は西欧で生み出された理論で日本社会を分析するのは、「センチ尺」で和服の寸法を測るようなものであり、日本社会の構造をもっと適切に測定できる鯨尺《くじらじゃく》が必要だとした。尺度を西欧近代にもとめる丸山的日本社会論が否定されているわけである。

かくしてそれまで劣っているとか前近代的だとかマイナスに評価されていた伝統的な制度や意識は、実は急速な近代化に大きな貢献をなしたマジックカードとして評価されるようになる。終身雇用や年功賃金、企業内組合などについての評価に一八〇度の転換がおきるのはその一例である。日本の成長と成功を「母の力」（日本的なもの）にもとめる解説は、高度成長の進行とともにボルテージを上げていく。日本人が勤勉であったからだとか、稟議制《りんぎせい》（主管者が発案し、重役などの決裁をあおぐ下からの意思決定方式）のようなボトムアップの日本的経営によるとか、各種各様の解説が出てくる。丸山が病理として摘出した日本文化のあれこれがすべて肯定的に評価されだしたのである。

図4－1の右側についても説明しておこう。日本文化論や日本人論がブームのころ、アメリカの新聞や雑誌では日本の経営や教育、治安を理想化して解説する記事がよく書かれた。日本の経済がうまくゆき、生徒の学力が高く、犯罪が少ないことからである。ただし日本はアメリカが取り入れるべき「モデル」として引照されていたわけではない。日本は、アメリカ人の「刺激」と「鞭撻《べんたつ》」のために引照されたのである。日本を引き合いに出すことは、戦後の米日関係のなかでは、アメリカ人の深層心理に深く訴えるところがあったからである。庇護《ひご》した〈子ども〉＝日本でもこんなにうまくやっている、子どもに負けてたまるかという気持ちをおこさせたからである。『ジャパン・アズ・ナンバーワン』（エズラ・F・ヴォーゲル、一九七九）の副題は「アメリカへの教訓」（Lessons for America）である。

間人主義とリンゴの気持

こうした肯定・自讃型日本文化論や日本人論は七〇年代になると、経済大国の自負と重なっていっそう加速する。そうした状況を代表する著作に浜口恵俊『「日本らしさ」の再発見』(一九七七)がある。刊行当時わたしは、この本を大学のゼミのテキストにして学生と講読した。それまでの日本社会論では丸山説に圧倒的な影響を受けていたから、日本社会論もここまできたのかとあらためて驚愕したものである。

浜口は、日本文化の特徴を欧米の個人主義に対する「間人主義」としてまとめる。個人主義の構成要素を「自己中心主義」「自己依拠主義」「対人関係の手段視」の基本属性に分解する。そして、この欧米的基本属性に対応して日本のそれを、それぞれ「相互依存主義」「相互信頼主義」「対人関係の本質視」で対置する。日本文化の特質を自分の行動に相手も応えてくれるという「人は情」や「人は互い」の相互信頼の上に成り立つ関係で、それ自体を値打ちあるものとみなし、「間柄」の持続が無条件で望まれる間人主義とした。しかもこのような間人主義こそ個人主義よりもすぐれた社会システムの組織原理であるとされている。かくて「察し」「おもいやり」「以心伝心」の心情的交流が高く評価される。

わたしが浜口のこの論法に驚愕したというのは、対人関係の「本質視」と「手段視」のような日本と欧米の極端な対比もさることながら、浜口の著書が刊行される約三〇年前に発表された丸山の「軍国支配者の精神形態」（『集』四）論文をただちに思い出してしまったからである。そこには、アメリカと開戦するときの外務大臣東郷茂徳《しげのり》と駐日大使ジョセフ・グルーとのやりとりが書かれている。東郷は、グルー大使に対して開戦の日一二月八日に対米交渉打ちきりの覚書を手渡したときに、宣戦のことも真珠湾のことも一言もいわなかった。その理由のひとつにこんなことをいっているところを丸山は問題だというのである。「私はグルー大使とは長年の知合いでありますから、この際あまり戦争ということを口にするのを控えたいという気持がありました。すなわち戦争ということを云う代りにすなわち両国の関係がこういうことになってお別れするのを非常に遺憾とするということを申したわけであります」。東郷の態度には真珠湾の不意打ちに対する疚《やま》しさもあったかもしれないが、「相手の気持の思いやり」や「気がね」が支配していたことを丸山は弱い自我としてきわめて否定的に評価している。

丸山は同じことを国内政治問題をめぐる人間関係にもみる。米内光政《よないみつまさ》内閣が陸軍と衝突して総辞職（一九四〇年七月）したときのことである。畑俊六《はたしゅんろく》陸相が首相につきつけた覚書が内閣崩壊のきっかけとなった。そのときのことについて米内はこういっている。「内閣総辞職の後、畑を私の室に呼び、私の記憶では次のように言いました、『貴下の立場はよく分る、苦しかったろう、然し俺は何とも思っておらぬよ。分ってる、気を楽にして心配するな』私は彼の手を握りました」。丸山は、こうしたプライベートな相互の気持ちの推測、つまり「リンゴはなんにもいわないけれど　リンゴの気持ちはよくわかる」(「リンゴの唄」詞・サトウハチロー、曲・万城目正《まんじようめただし》)式の問答が公の原則となることを激しく非難している。

この丸山論文から約三〇年たって浜口論文を読めば、東郷外務大臣も米内首相も間人主義そのものではないかということになる。丸山はそうした価値と行動に日本社会の病理をみたのに、いまやすぐれた社会システムの組織原理として賞讃されるにいたっているのである。わたしが浜口論文に驚愕したというのは、こういうことである。丸山が病理として摘出した日本文化のあれこれがすべて肯定的に評価されだしたのである。

土着からの革命

もちろん全共闘(あるいはそのシンパ)学生たちがこうした現状肯定的な日本文化論にかたむいたわけではなかったが、母探しの日本論の潮流には棹差していた。全共闘学生は、左翼的言説の背後に、日本浪漫派など日本への回帰衝動ももっていた。桶谷秀昭(一九三二―)や橋川文三、三島由紀夫(一九二五―七〇)、村上一郎などの著作がよく読まれていた。柳田国男(一八七五―一九六二)はいうまでもなく、昭和の超国家主義者北一輝(一八八三―一九三七)や農本主義者権藤成卿《ごんどうせいきょう》(一八六八―一九三七)などにも関心がむいていた。日本社会の中に変革のエネルギー源を探そうとしていたのである。日本史学者色川大吉（一九二五―）は、西欧から市民社会という優性な理念型を取り出し、日本から部落共同体の劣性を取り出し、「前者の〝高み〟から後者の〝病理〟をえぐりだす」丸山を批判し、自由民権運動などを生んだ日本の部落共同体の土着的エネルギーへの着目をうながした（『明治の文化』）。

吉本隆明の「大衆の原像」論や「井の中の蛙《かわず》」論、つまり「井の中の蛙は、井の外に虚像をもつかぎりは、井の中にあるが、井の外に虚像をもたなければ、井の中にあること自体が井の外とつながっている」というナショナリズムに徹することによるインターナショナリズム論（「日本のナショナリズム」『自立の思想的拠点』）も、一九六〇年代後半からの「母探し」という日本文化論ブームの文脈のなかで説得力をもった。こんな風潮をにがにがしくしか感じられなかった丸山は、「自己否定が叫ばれる時代に、祖国と民族と伝統への回帰を説く論調がめだって来た。しかもしばしば両者は『戦後民主主義』の告発において手をにぎりあう」（『自己内対話』）、と書いている。

執拗な持続低音

丸山は、東大教授を辞職後、日本政治思想史研究に専念する。本来の研究テーマに専念したわけだが、こうした日本回帰の根深さとの対決も重なっていたであろう。日本の思想の根っこそのものをみなければならないとおもったはずである。

一九七二年、日本の歴史意識の古層についてのいくつかの論考（「歴史意識の『古層』」『集』一〇など）を発表する。日本思想の主旋律は大陸渡来の儒・仏・老荘などだったが、明治以後は西欧にとってかわった。しかし、それは、「低音部に執拗にくりかえされる一定の音型によってモディファイされ、それとまざり合って響く。そして［中略］執拗に繰り返し登場する」（「原型・古層・執拗低音」『集』一二）。外来思想である主旋律を変形する日本の歴史意識の古層として「執拗な持続低音《バッソ・オスティナート》」を抽出した。主旋律との間にハーモニーを醸し出すものは通奏低音《バッソ・コンティヌオ》であり、執拗低音は聴いていても鮮明ではないが、知らないうちに上声部に大きな影響を与えている低音域の旋律である。

日本の執拗低音の特徴は、ユダヤ・キリスト教系神話における「つくる」（制作）論理ではなく、「なる」（生成）論理である。復古主義でも進歩主義でもなく、「つぎつぎになりゆくいきほひ」である。それは、そのつどの現在を絶対化することを歴史像の中核とする歴史意識である。ここまでみてくると、「神代上代も昭和の現代も日本歴史は『中今』の無窮国体明徴戦」（「無窮国体明徴戦」『原理日本』一九四〇年二月号）とする蓑田たちの原理日本が、丸山の摘出した「執拗な持続低音」と相関していることは否みようがない。中今とは高天《たかま》の原の昔から、はるか遠い未来にいたる間としての現在であり、その現在讃美である。あの蓑田は高らかにこういっていた。

［略］古事記冒頭の『天之御中主神《あめのみなかぬしのかみ》』の神名の示す統一的宇宙観、『産霊《むすひ》』『国生み』の生成的世界観に代表せらるゝ日本民族の思想は、その成立の時代と歴史的条件との如何に拘らず、内容そのものが明かに全く日本民族に独創的のものであつて、それが祭政一致のヵンナガラノミチの国民宗教を中心として『天壌無窮』といひ『八紘為宇《はつこういう》』といひ『中今』といふ如き、民族的さながら普遍的、現実的さながら永遠的なる人生観歴史哲学を生み出し而《しか》もそれが皇国の世界史的開展のうちに実現せられ来つてゐる全体としての歴史的事実を思ふべきである。（『学術維新』）

晩年の丸山の研究は、長い間、生理的嫌悪の対象でしかなかった蓑田・原理日本社的なるものへの正面からの格闘だった。「中なる今」という現在讃美に、蓑田は永劫《えいごう》の「光明」を、丸山は底無しの「泥沼」を見出した違いは大きいにしてもである。「歴史意識の『古層』」論文の註には蓑田胸喜の師である三井甲之の『しきしまの道原論』が「今」の語源解説として引用さえされている。古層の歴史像の中核は過去でもなく、未来でもなく「いま」であることを指摘したくだりである。丸山の論文の註はつぎのようなものである。「この点も、日本主義者の着目したところであった。『「今」は『生間《いま》』で活動の現在で、イは活動の意味があり、（中略）いき、いのち、いきほひ（中略）いそぐ、いつ（中略）の如き同じ語根から分れたものである』（三井甲之『しきしまの道原論』三九頁）」。

失望・安堵・軒昂

「歴史意識の『古層』」論文をまとめていた晩年の丸山は、日本精神論関係の文献を、もう一度読み直したはずである。とすれば、丸山にとって蓑田的や原理日本社的なるものは、おぞましい帝大教授糾弾事件にとどまらず、しだいに思想的事件ともなってきたのである。丸山は古層論文の「むすびに代えて」にこう書いている。

［略］家系《いえ》の無窮な連続ということが、われわれの生活意識のなかで占める比重は、現代ではもはや到底昔日の談ではない。しかも経験的な人間行動・社会関係を律する見えざる「道理の感覚」が拘束力を著しく喪失したとき、もともと歴史的相対主義の繁茂に有利なわれわれの土壌は、「なりゆき」の流動性と「つぎつぎ」の推移の底知れない泥沼に化するかもしれない。現に、「いま」はあらゆる「理念」への錨《いかり》づけからとき放たれて、うつろい行く瞬間の享受としてだけ、宣命《せんみよう》のいう「中今」への讃歌がひびきつづけているかに

見える。（「歴史意識の『古層』」『集』一〇）

歴史を瞬間の現在に解消してしまう「『中今』への讃歌」という現在中心教がますます強くなっているといっている。日本思想史学者のリッキ・カーステンは、いま引用した「歴史意識の『古層』」論文における「執拗な持続低音」は、丸山がこれまで考慮しなかった特殊主義的世界への譲歩であり、アイデンティティは普遍性にであう以前に特殊的なものからうまれることを認めたのだから、一種の転向であるとしている（*Diverging Discourses: Shimizu Ikutarō, Maruyama Masao and Postwar Tenkō*）。転向という言葉遣いは適当とおもわないが、今がすべてを飲み込んでしまう没歴史意識に理念（未来）が根づかない土壌をみ、丸山が失望あるいは絶望を感じたことは、否めない。

しかし、失望あるいは絶望は、認知的協和（人間の認知が相互に一貫した斉合関係に向かう傾向）という意味では「安堵」と重なった。というのは、丸山の戦後啓蒙という大衆戦略は、これまでみてきたように、全共闘運動やその後の保守化によって挫折を余儀なくされたが、丸山にとってそうした帰結を歴史意識の古層に発見できたのだから。かくて、丸山は晩年の座談会において、「勝てば官軍」や「既成事実への弱さ」を指摘しながらも「この頃、いよいよ本当の社会主義を擁護する時代になった」（「夜店と本店と」『談』九）と意気軒昂に語ることもできたのである。

奇しき縁

丸山には、蓑田や原理日本社とつながるこんな奇縁があった。一九七〇年から『日本思想大系』（岩波書店）が刊行される。丸山は、このシリーズ全体の編集委員でもあったが、『三一巻　山崎闇斎学派』を、阿部隆一（一九一七—八三）とともに編集・解説している。阿部隆一こそ、蓑田が慶應義塾大学の中につくった精神科学研究会の会員であった。文学部哲学科（倫理学専攻）では蓑田たちと同志である川合貞一教授（一八七〇—一九五五）に師事した。一九四二年四月、慶應義塾大学文学部助手になり、末期の『原理日本』誌を蓑田に肩代わりして編集した。丸山と『三一巻　山崎闇斎学派』を編集したときは、慶應義塾大学教授だった。阿部は戦後は、時論的なことにはいっさい口をはさまず、語らず、ひたすら書誌学に徹した。エッセイストとしても活躍している書誌学者林望《のぞむ》が弟子である（林望「晩年の阿部隆一先生」『書藪《しよそう》巡歴』）。

阿部は戦後、蓑田の縊死の直前、文庫整理で平戸にいったときに、そこで失意で呆然とした蓑田とともに一時を過ごしたこともある。平戸での蓑田と阿部の師弟の再会はともかく、蓑田と阿部が師弟関係にあったことを丸山が知らなかったわけはないだろう。にもかかわらず、同一書の編集者・解説者となっている。編集のための打ち合わせもあったのかどうか。編集や解説者として丸山が指名したのか、他の編集委員が推薦したのかもいまとなってはわからない。丸山にどのような感慨があったのかもいまとなっては知るよしもない。「歴史意識の『古層』」論文といい、蓑田の弟子とのこのような奇《く》しき縁といい、晩年にいたっても、丸山は蓑田と奇しき縁でつながっていたことになる。

終章　大学・知識人・ジャーナリズム

「朝まで生テレビ」（テレビ朝日提供）

盲点化

これまで丸山眞男の学問と実践が一九三〇年代後半にあらわになった日本社会の「病理」の診断と、戦後そのような時代を再来させないための治療行為(政治的実践)として展開したことをみてきた。自らの体験を礎にした丸山の学問は、見えることも多くしたが、他方では、それにより見えなくさせたこともある。

丸山をして見えなくさせた最大のものは、近現代日本の知識人像である。丸山の知識人概念が規範的概念だったことについては二章でふれた。「本来のインテリ」「亜(擬似)インテリ」「大衆」の区分けをした論文(「日本ファシズムの思想と運動」『集』三)から四半世紀以後にまとめられた「近代日本の知識人」(一九七七)においては、知識人概念の規範的含みは後退し、「高等教育を現に受けているか、または高等教育の学歴を経た人々」を「形式的意義における知識人」とするなど、操作(分析)概念としての使用について言及している。つぎの引用文の「知識人」は「高等教育を現に受けているか、または高等教育の学歴を経た人々」として描かれている。一九三〇年代後半の日本精神の時代の知識人について、つぎのようにいう。

知識人の教養内容は、理解の質を別として、圧倒的に西欧の文化的産物に依存しておりましたので、「皇道」や「日本精神」についての出版物の氾濫にもかかわらず、それらは「インテリ」にとっての魅力を甚だしく欠いておりました。［中略］軍国主義にたいする勇敢な抵抗を行なった知識人はすくなかったけれども、知識人が狂熱的な皇道イデオロギーにコミットした程度もナチ・ドイツに比べて低かった、といえます。［中略］イデオロギー的信奉よりも、国民一般の「世論」や感情への追随と同化を意味したところに、［中略］近代日本の知性の二重構造――社会層としての「インテリ」のまとまりの弱さと、知性が平等主義的《エガリテリアン》に社会的に分布していることから来る「擬似インテリ」の磁性の強力さ――が集中的に表現されております。（「近代日本の知識人」『集』一〇）

皇道や日本精神が氾濫していたが、「インテリ」にとっては、「魅力を甚だしく欠いており」、インテリが皇道イデオロギーに「コミットした程度も低かった」という言明は、首肯できるだろうか……。

国家主義系学内団体

「高等教育を現に受けているか、または高等教育の学歴を経た」インテリは左翼運動にかかわっていただけではない。すでにふれてきたように天皇機関説を社会問題化させたのは、蓑

表終－1　国家主義学生団体員の学生総数に占める割合

学校種別		調査学校数	学生生徒総数	国家主義団体数	会員数	加入割合(%)
大学	帝　大	7	21,343	24	4,098	19.2
	官　立	11	8,982	12	1,061	11.8
	公　立	2	1,443	1	63	4.4
	私　立	25	74,805	75	10,240	13.7
	小　計	45	106,573	112	15,462	14.5
高等学校	官　立	25	12,555	29	1,959	15.6
	公　立	3	1,089	1	20	1.8
	私　立	4	1,012	2	625	61.8
	小　計	32	14,656	32	2,604	17.8
専門学校	官　立	64	26,202	40	8,695	33.2
	公　立	10	3,241	4	1,245	38.4
	私　立	90	37,450	19	3,726	9.9
	小　計	164	66,893	63	13,666	20.4
総　計		241	188,122	207	31,732	16.9

（出所）表1－1と同じ

田胸喜という旧制高校と東京帝大出身者であった。大川周明（一八八六―一九五七）も五高→東京帝大、安岡正篤《まさひろ》（一八九八―一九八三）も一高→東京帝大の学歴エリートである。内務省や司法省の高級官僚のほとんどは旧制高校・帝大出身である。いずれもれっきとした「高等教育の学歴を経た人々」である。

満洲事変以後、高等教育機関において学内団体として国家主義団体が多くできたことは前章でふれた。表終－1は、一九三九年九月末における国家主義学生団体員の学生生徒数全体に占める割合をみたものである。重複加入や一括強制加入もあるはずだから、実際の割合はこれよりも小さくなるはずだが、平均一・五の団体に加入しているとしても、一〇人に一人の割合で、国家主義学生団体に加入していたことになる。帝大や高等学校の学生生徒の加入割合が私立大学や専門学校などより少ないという傾向はみえ

表終－2　国家主義学生団体の種類と「上から」の指導団体の割合

学校類型		国家主義 日本精神	亜細亜	国防意識	計 a(b)	「上から」 b/a
大学	帝大	14(2)	8(0)	2(0)	24(2)	8.3%
	官立	3(2)	5(2)	4(1)	12(5)	41.7%
	公立	1(0)	0(0)	0(0)	1(0)	-
	私立	29(3)	28(3)	19(4)	76(10)	13.2%
	小計	47(7)	41(5)	25(5)	113(17)	15.0%
高等学校	官立	15(1)	8(1)	3(0)	26(2)	7.7%
	公立	0(0)	1(0)	0(0)	1(0)	-
	私立	1(0)	1(1)	0(0)	2(1)	-
	小計	16(1)	10(2)	3(0)	29(3)	10.3%
専門学校	官立	12(5)	16(7)	7(5)	35(17)	48.6%
	公立	3(3)	1(0)	0(0)	4(3)	-
	私立	2(2)	6(2)	5(1)	13(5)	38.5%
	小計	17(10)	23(9)	12(6)	52(25)	48.1%
総計		80(18)	74(16)	40(11)	194(45)	23.2%

（注）括弧内の数字が「上から」指導される団体数。「上から」とは団体の指導者が校長、生徒主事、配属将校などの場合。
（出所）本文参照

ない。

表終－2は、教育社会学者井上義和が『最近に於ける右翼学生運動に付て』（藤嶋利郎、司法省刑事局、一九四〇）や『学内団体一覧』（文部省教学局編、一九四〇）をもとに、国家主義系学内団体の種類を学校種類別に計量したものである（「戦時期の右翼学生運動」『日本主義的教養の時代』）。表の右端からみていこう。国家主義団体が校長（学長・総長）や生徒主事（学生主事）、配属将校などの指導による集まりであるときに「上から」の組織として、それ以外を自発的な「下から」の組織であるとして計算している。学校種類別に上からの組織数と団体全体に占めるその割合をみると、「上から」が多いのは、官立大学（四一・七％）、専門学校（官立四八・六％、私立三八・五％）である。逆に上からの組織の割合が低いのは、帝大（八・三％）、私立大（一三・二％）、官立高校（七・七％）である。つぎに国家主義団体を「日本精神ノ闡明発揚ヲ主旨トスル」団体、「支那、満蒙等亜細亜ノ研究ヲ主トスル」団体、「国防意識ノ涵養ヲ主旨トスル」団体に分けて学校類型別に集計している。「日本精神」が多いのは、帝大（五八・三％）と官立高校（五七・七％）で、「支那、満蒙等亜細亜」が多いのは、官立大（四一・七％）と専門学校（官立四五・七％、私立四六・二％）である。キャンパスに教養主義学生文化が強かった帝大・官立高校グループには、「下からの」自発的に結成された団体と「日本精神」という思想系が多かったことがわかる。

教養主義の三態

とすれば、国家主義はもうひとつの教養主義学生文化だったといえるのではないか。そこで学生文化としての教養主義についていくらかの説明をしておきたい。

教養主義の原型（教養主義文化の古層）は日露戦争（一九〇四―〇五）後の「煩悶青年《はんもん》」である。煩悶青年が社会問題になったきっかけは、一九〇三（明治三六）年、第一高等学校生藤村操《みさお》（一八八六―一九〇三）が人生と世界の真相は「不可解」という「巌頭之感」をナラの木に遺書として彫りつけ、華厳の滝に投身自殺した事件である。藤村の投身自殺は当時の知的青年に大きな衝撃を与えた。華厳の滝に限っても藤村の自殺から五年間に自殺者四〇人、未遂六七人を数えた。

岩波書店の創始者である岩波茂雄（一八八一―一九四六）も衝撃をうけた一人だった。岩波茂雄は、一九〇一（明治三四）年、第一高等学校に入学し、二年生のときに藤村操の自殺にであう。失恋も重なり、激しい煩悶に悩む。学期試験をなげだし、聖書を携えて冬休みを房州ですごす。夏休みには野尻湖にある無人島の神社でたった一人の生活をする。「知るべきは我、求むべきは信仰」と書きつけていた。ほとんど学校に出ず、学年末試験に二度つづけて落第し、一高を除籍になる。岩波に限らず、このころの煩悶青年は、各種の宗教団体をおとずれ、座禅を組み、表題に「哲学」や「人間」がある本を貪り読んだ。また、『出家とその弟子』などの作者倉田百三《くらたひやくぞう》（一八九一―一九四三）がそうであるように、煩悶から神経症に苦しんだ者も多い。自宅にひきこもったり、中退しても定職につかなかったりしたから、煩悶青年や神経症青年は、「ひきこもり」や「自分探し」青年の元祖だった。

こうした煩悶・神経症文化は大正時代に、『三太郎の日記』（阿部次郎）に代表されるような人格の進歩と成長物語である人格的教養主義に吸収されていく。そして昭和初期にマルクス主義の影響のもとに政治主義的教養主義に変貌する。マルクス主義は、ドイツの哲学、イギリスの経済学、フランスの社会主義の「正当なる相続者」（河上肇）とされただけでなく、個人の成長と社会の進歩の予定調和思想だった。マルクス主義は終末思想（資本主義の崩壊）を含んでいるが、終末のあとの千年王国論（共産主義）を想定しているかぎり進歩と成長の思想である。しかし、学生文化は煩悶・神経症文化↓人格的教養主義↓政治的教養主義と単線的に進展していったわけではない。以前の学生文化と新しい学生文化が重合してそれぞれが積層的進展をしていった。煩悶・神経症的学生文化は、新しく擡頭した教養主義文化の影響をうけながら、人生論的教養主義として学生文化の古層を形成した（図終－1）。

図終－1　教養主義三態

新層	政治的教養主義＝マルクス主義→国家主義
中層	人格的教養主義＝大正教養主義
古層	人生論的教養主義＝煩悶文化

国家主義という教養主義

したがって、学生文化において政治的教養主義（新層）が強くなった昭和初期においても、人格的教養主義（中層）はもとより人生論的教養主義（古層）は持続した。だからマルクス主義が壊滅したあとには、教養主義は、人格的教養主義や人生論的教養主義へ回帰したが、国家主義がマルクス主義という政治的教養主義の空白を埋めた。一九三〇年代後半に学生団体の中に国家主義団体が増えること、とくに、エリート学生文化＝教養主義のメッカともいうべき帝大・官立高校グループに「日本精神」という思想系学内団体が多かったことがその証左となる。

ここで東大文化科学研究会（さきの国家主義団体の類型でいえば、「日本精神ノ闡明発揚ヲ主旨トスル」思想系団体）が刊行した『新学生生活論』（一九三九）の内容をみることにしたい。その前にこの団体（東大文化科学研究会）の設立経緯について説明しておこう。小田村寅二郎などを主要メンバーとした学内団体東大精神科学研究会（一九三八年六月創立）は月刊誌『学生生活』を発行しようとしたが、四章でふれた小田村事件などもあって、会長（東大経済学部教授）土方成美から、これ以上大学当局を刺激してはまずい、と雑誌の発行をおもいとどまるようにいわれる。東大文化科学研究会は雑誌を発行するために一九三八年九月に創立された学外団体である。

図終－2

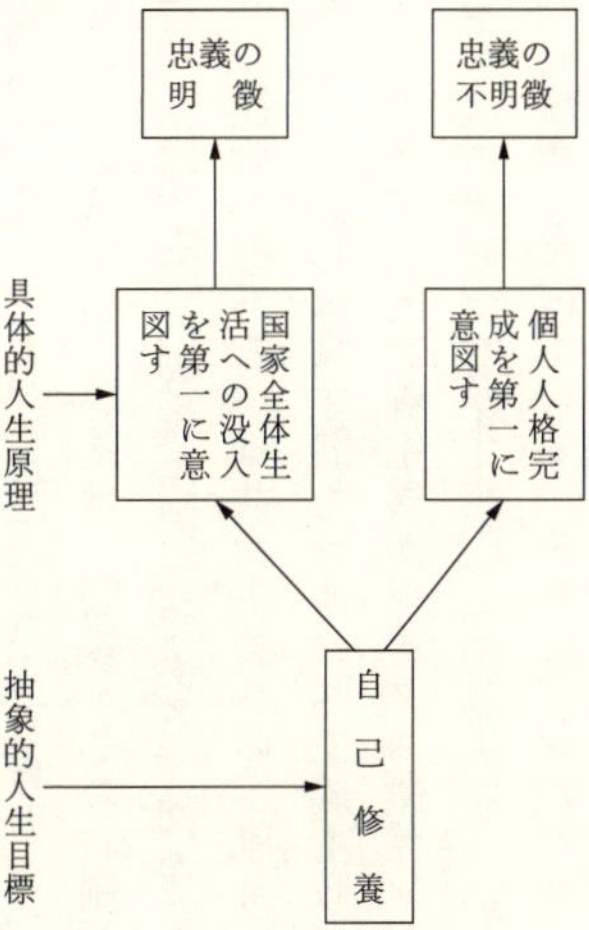

（出所）田所廣泰編『新学生生活論』東大文化科学研究会、1939

この研究会から刊行された『新学生生活論』は、個人人格の完成と自己修養を根本としなくてはならないとしながらも、それだけでは「抽象的概念」であり、具体的人生原理としては、

「全体没入生活による修練」にならなければならないとされ、図終－2が示されている。いま述べている用語でいえば、図終－2の右側が「人格主義的教養主義」であるのに対し、左側は、「国家主義的教養主義」である。図の左側の「国家」を「プロレタリアート」に、「忠義」を社会主義あるいは共産主義への「献身」と読み替えれば、「マルクス主義的教養主義」になる。だから国家主義もマルクス主義も政治的教養主義としては等価なものといえる。

マルクス主義的教養主義がマルクスやエンゲルスの著作を読書リストに挙げたように、この本も『古事記』『日本書紀』『聖徳太子三経義疏《さんぎょうぎしょ》』『万葉集』『愚管抄《ぐかんしょう》』『神皇正統記《じんのうしょうとうき》』のような必読書を挙げている。そして、マルクス主義が単なる教養主義を批判したのと同じ論法で、西欧の教養だけでは不十分で日本精神の研究と体得が大事であるという。信を同じくする者がともに協力しあい、礼拝ではじまり日本古典の学習に勤《いそ》しむ同信生活は、左傾学生の読書会と似ている。ちなみにこの『新学生生活論』は『学生生活叢書』第一輯として刊行され、『世界観の戦い』（第二輯）、『精神科学の根本問題』（第三輯）などが叢書として続いていた。あたかも河合栄治郎の『学生叢書』シリーズ（全一二巻、一九三六―四一）を髣髴とさせる。読者の規模からすれば、『学生生活叢書』は河合の『学生叢書』とは比べものにならないほどの小範囲ではあったろうが、すでにふれた日本精神論関係の書物や論文、そして保田與重郎などの日本浪漫派の著作まで含めれば、国粋主義関係の書物は無視できない読者層をもっていたといえるだろう。

起訴された学生の割合

インテリ＝学生の右翼団体関連の事件への関与も少なからぬものがあった。ためしに共産党員やシンパを一斉検挙した三・一五事件（一九二八年）と四・一六事件（一九二九年）で起訴になった者と、血盟団事件など一七の国家主義不穏事件で起訴になった者の学歴を比較してみよう。前者においては、起訴された者は九三〇人を超えているが、このうち調査対象になった六五五人をみると、高等教育程度の学歴の者は、二七％（一七七人）である（池田克「日本共産党事件の統計的考察」（一）『警察研究』一巻一号、一九三〇）。後者では、起訴された者一五四人のうち高等教育学歴の者（卒業、在学、中退）は二七％（四二人）である（藤嶋利郎『右翼思想犯罪事件の総合的研究』）。事件にかかわった高等教育学歴の者の割合は同じである。

ここで血盟団事件をみておこう。一九三二年二月九日の小沼正《おぬましょう》による井上準之助前蔵相暗殺事件と、団琢磨《だんたくま》（一八五八―一九三二）が三月五日に菱沼五郎によって暗殺された事件である。ただし、血盟団という名称の組織があったわけではない。日蓮宗に帰依した国家主義者井上日召《にっしょう》（一八八六―一九六七）を師と仰ぐ青年が「一人一殺」を血盟で誓約したことから、事件後にこの組織を血盟団と呼ぶようになった。暗殺者である小沼は漁師の子どもで、高等小学校卒業、菱沼五郎は、農家の三男で岩倉鉄道学校卒業である。しかし、血盟団事件の関係学生とされ、犬養毅《いぬかいつよし》や若槻礼次郎《わかつきれいじろう》などの暗殺を企図していたとして処分された者のなかには、東京帝大生三人、東京帝大中退一人、京大生三人、國學院大生一人がいる。リーダーの井上日召は、中退とはいえ、早稲田大学や東洋協会専門学校（拓大）を転々としたインテリだった。ところが、丸山のファシズム論に対しては必ずしも同調しなかった橋川文三でさえ、血盟団事件についてつぎのように書いている。

　彼らの多くは、農村におけるロゥア・ミドルクラスの出身者で、だいたい小学校出身とか師範学校出身という程度の青年たちです。小学校では頭脳明晰で一番であったというような、そういうタイプですが、そういうような敏感な農村青年もしくは少年たちが、じつはかなり強力なファシズムの共鳴盤になったし、また自分自身がかなりの影響力を振うような存在になったわけです。その典型的なケースとしては小沼正があげられると思います。〔中略〕そういういわゆる亜インテリ的な青年たちはもちろん当時日本全国にたくさんいたにちがいないのですが、それらの素朴な知性をもった青年たちの一部に対して、非常に強力な影響を与えたのが、この場合は井上日召です。（「日本ファシズムの推進力」『昭和ナ

ショナリズムの諸相』、傍点引用者）

血盟団事件の直接の刺客である小沼や菱沼の印象によるものだろうが、丸山のファシズムの担い手＝擬似インテリ説の影響が橋川に及んでいたとしかいいようがない。

同時代の人にとっては、こんなこと、つまり右翼運動にコミットしたインテリが少なくなかったことは自明だった。一九三八年、文芸評論家杉山平助（一八九五―一九四六）はつぎのように書いている。

日本に左翼運動のおこつたのは、もちろん社会的現実の必然性によるが、それに点火したものはインテリであつた。

同時に右翼運動の興るについても、それだけの社会的必然性があつたが、これに点火したのもインテリであつた。誰も橘孝三郎《たちばなこうざぶろう》や、某々軍人たちも、インテリゲンチヤでないと云ふことは出来ない。（「危機における日本のインテリゲンチヤを分析す」『改造』一九三八年四月号）

ここでいう橘孝三郎（一八九三―一九七四）は愛郷塾で農本主義をとなえ、一九三二年の五・一五事件などでも逮捕されたが、第一高等学校中退の学歴で、一高在学中は校友会雑誌に論文を寄稿していたインテリである。

語らなかったこと

そもそも丸山のいうような「本来のインテリ」、つまり軍国主義に消極的にであれ抵抗したインテリは、東京帝大生の中にさえ多かったかどうかは大いに疑問である。一九三一年七月におこなわれた東京帝大学生調査がある。満洲事変（九月）の二ヶ月前の調査である。「満蒙に武力行使は正当なりや」については、「然り」が八八％もいる。しかも「直ちに武力行使すべき」とするものが五二％いる。この調査を紹介した著者は、「直ちに武力行使すべき」を右派、「外交手段を尽し後にすべし」を中間派、「（満蒙に武力行使は正当なりやについて）然らず」を左派としているが、そうすれば、右派五二％、中間派三六％、左派一二％となる（大学新聞連盟『現代学生の実態』）。まだ、本格的な国粋主義時代になる以前にも「右派」が圧倒的多数派で、「左派」は一〇人に一人の少数派にすぎない。一九三〇年代後半から を「暗い谷間」の時代と感じたのはどのような知識人だったかが、改めて問われなければならない。

ここで、津田左右吉博士を東大精神科学研究会員の十数人が糾問したことを丸山が語った

「ある日の津田博士と私」や「南原繁先生追悼講演会」などにもういちど戻ってみよう。丸山の語りから奇妙な読後感が残る。六、七〇人いた受講生がこの糾弾についてどうおもっていたかについて、丸山はまったく語っていないからである。すくなくとも、丸山が「津田先生は、これまで他校に出講された例がないのに、非常な無理をおねがいして来ていただいた〔中略〕ところが今迄の質問をきいていると、まったく学問的な質問ではなくて、先生にたいする攻撃に終始している。これでは先生をお迎えする態度としてはあまりに非礼ではないか」といったときに、受講生のなかに同調者が一人でもいれば、丸山はそれをのちに語ったとおもわれる。その場では発言しにくかったとしても、あとで丸山にそのようなことをいった学生がいたとすれば、丸山はのちに語ったであろう。

　丸山が全共闘学生に拉致された場合とちがって、津田博士糾問事件は授業中におこったのだから、丸山に同調し、糾問学生に批判的な学生がいたかもしれない。にもかかわらず丸山はいっさいそうしたことについて言及していない。受講生のすべてが糾問した東大精神科学研究会の学生たちに同調したとはいえないにしても、いままでみたように、当時、国家主義思想が東京帝大生の少なからぬ部分をつかんでいたことをおもえば、「触らぬ神にたたりなし」の沈黙だけだったとはいえないのではないだろうか。テクストは、語ることによって騙《かた》り、（語ってよさそうなことを）語らないことによって語るのである。

もうひとつの悔恨共同体

丸山による知識人像の変形は「悔恨共同体」コンセプトにも及んでいる。悔恨共同体とは、敗戦後、知識人の間に、あの戦争を止められなかった自責感と知識人として将来の日本を新しくつくっていかなければならない、として形成された感情共同体(「近代日本の知識人」『集』一〇)をいう。たしかに、そういう感情共同体が形成されたことは事実であろう。しかし、左派あるいはリベラル知識人があれば、右派知識人があるのと対応して、もうひとつの悔恨共同体があったことは否めない。

この点について神島二郎は的確な指摘をしている。丸山のいう悔恨共同体は「二度と過ちをくりかえすまい」という共同体であるが、もうひとつの悔恨共同体は、ペリー来航から切歯扼腕《せっしやくわん》した日本がついに敗戦国になってしまうことから、「こんどこそはうまくやろう」という悔恨共同体である(「社会党は幻だった 中」『東京新聞』一九九六年三月六日)。このもうひとつの悔恨共同体は戦後の保守政治家や保守知識人を中心にした感情共同体であった。丸山の「超国家主義の論理と心理」にはじまる論稿が「二度と過ちをくりかえすまい」悔恨共同体のバイブルだったとすれば、林房雄(一九〇三―七五)の『大東亜戦争肯定論』(一九六四)は「こんどこそはうまくやろう」悔恨共同体のバイブルとして登場したのである。

もうひとつの悔恨共同体は、いまにいたるも保守政治家の「失言」問題や靖国参拝問題に継承されている。二つの悔恨共同体は、戦後の解放史観と喪失史観、戦前・戦後の断絶史観と連続史観とも重なる。戦後をこうした二種類の悔恨共同体のせめぎあいとしてみる視点が丸山の単一悔恨共同体論からはすっぽりぬけてしまう。その淵源《えんげん》は、丸山の知識人の規範的定義と知識人像にある。こうしてみると、一五年戦争に帝国主義とアジア解放のふたつの顔をみた竹内好（一九一〇—七七）のスタンスは、「二度と過ちをくりかえすまい」悔恨共同体と「こんどこそはうまくやろう」悔恨共同体のどちらにも与《くみ》せず、民族とアジアを組み込んだ独自の「悔恨共同体」を構築しようとした営為といえる。

「こんどこそはうまくやろう」悔恨共同体にもどれば、丸山と旧制中学校時代の同級生小田村寅二郎にしてからが、戦後、すっかり鳴りを潜めたわけではない。一九五六年に国民文化研究会を創立し、毎年夏に、全国の大学生を九州に集め、合宿教室によって日本主義の研修活動を続けた。一九六五年四月からは亜細亜大学教授もつとめ、「日本思想史」「社会思想」「日本文化と天皇」の授業を担当した。そもそも亜細亜大学の設立者太田耕造（一八八九—一九八一）は、興国同志会の設立メンバーであり、その後、国本社（平沼騏一郎会長）の幹部として活躍し、戦前から、小田村との関係が深かった。戦後、小田村が国民文化研究会を設立したとき顧問でもあった。小田村はそうした縁で教授として招聘されたのであろう。太田は蓑田胸喜とは興国同志会で盟友だっただけでなく、『原理日本』の誌友や帝大粛正期成同盟のメンバーでもあったから、太田は蓑田とは小田村以上に昵懇《じっこん》の間柄だった。とすれば、蓑田も戦後生き延びたら、こうした右翼人脈の中で居場所をみつけることにはなっただろう。

「下司びた心情」

丸山の知識人像が偏ったものだったことを述べてきたが、丸山が知識人について語り、丸山自身が知識人のなかの知識人として輝いた時代と近年では文化場の構造が大きく変容している。丸山の在野知識人嫌いについてふれることによって、この問題にアプローチしよう。

丸山が安保闘争後、「進歩的大学教授」の代表格としてしばしば攻撃されたことは、すでにふれてきた。保守派知識人からの批判は当然として受け止めても、同じ陣営である左派在野知識人からの攻撃は、人身攻撃ともみえる激しい言葉遣いともあいまって、丸山にとってはかなり不愉快だったであろう。こうした批判に丸山は応えなかったが、座談会や書簡や自分専用のノート（『自己内対話』）になると、憤怒の感情がほとばしることがままあった。

アメリカから帰国して一年半ほどたった一九六四年九月と翌年二月にわたって、丸山は佐藤昇・梅本克己と座談会をもつ（『現代日本の革新思想』）。そのなかで、丸山の感情は奔出した。安保前後のラディカリズムを担った者を「心情ラディカル」と呼び、これらの心情ラディカルは、「自分の精神に傷を負った」ものであり、「俺は一流大学を出て本来は大学教授(?)とか、もっと『プレスティジ』のある地位につく能力をもちながら『しがない』『評論家』や『編集者』になっているという、自信と自己軽蔑のいりまじった心理に発している」とまでいっている。明らかに吉本隆明などの在野知識人を想定しながら俗耳に入りやすい心理分析をしている。

吉本はこれに猛烈に反撥し、つぎのように返している。「形式論理の言葉で政治思想を述べるときは一応よませる文章を書くこの男の内部に、どんな下司《げす》びた心情がかくされているかを語る好適な素材」(「革命的空語の変質」『日本』一九六六年四月号)。たしかに公的発言としては丸山の勇み足で、「下司びた心情」といわれても仕方がないだろう。

しかし、丸山は自分の内部の「下司びた心情」を抑圧していたわけではない。十分自覚的だった。丸山は鶴見俊輔との対談で、自分が鶴見のようなおぼっちゃま系ではないこと、ドロドロした前近代的なものを呼吸して育ったことを居直ったように開陳している。対話の文脈は、普遍主義をめぐってである。鶴見が特殊より「普遍主義」のほうが俗耳に入りやすい、といったことを受けて、丸山はこういっている。

[略]あなたの判断は、実に知識人主義ですよ。政財界のおえらがた、大新聞社の幹部と

か、広く日本の社会を見てごらんなさいよ。普遍的という発想とおよそ縁遠いですよ。人類普遍の理念とかそういった抽象的な理屈はどうでもいい。そんなものは学者のおしゃべりにまかしとけばいいと言って、つとめの帰りに、バーできれいな女の子を抱いて飲んでるほうが、それこそ普遍的——じゃない、一般的なんだ。そのくせ、日本の伝統とか、日本人としての誇りなんていうと抽象的とは思わないで、ウンウンとうなずく。それが圧倒的な傾向ですよ。［中略］育った生活環境から言ってもわたしのほうがはるかにドロドロした「前近代的」なものなんですよ。（「普遍的原理の立場」『談』七、傍点引用者）

「下司びた心情」があったからこそ、「超国家主義の論理と心理」にはじまる日本社会論が書けたのである。独裁者としてよりもボスとしてあらわれる指導者、直接の権力行使よりも恩情の押しつけや和の精神の強調によって自己の決定を下位者に押しつける様子、耳学問だけでいっぱしのことをいう亜インテリ、陰でブツブツいいながらも結局諦め泣き寝入りする庶民、戦場で新兵や現地人をいじめる下層兵士……。これらの論理と心理を描きだすには、「下司びた心情」という想像力なくしては不可能であったろう。だから、わたしは、丸山の内部に「下司びた心情」を確認して丸山批判となるとはおもえない。

自明視された特権性

その意味では、吉本の丸山批判では、売り言葉に買い言葉の陳腐な雑言とはいえ、やはりつぎのくだりのほうが重要である。大学教授というものは偉いものだという無意識の思い上がりがあるとし、「傷つくほどにも自己存在を賭けたこともない特権を社会的に享受していることが、この男にとってはなにか自慢のたねになっているらしいごうまんな心理」（前掲論文）としている。

丸山にとって大学教授というより東大教授であることが偉いものだというのは無意識どころか意識化されていたようにおもえる。だからこそ丸山は東大教授「であること」に安住したわけではなく、地位にともなう営為（「すること」）、つまり高貴なるものの義務に十分に自覚的だったのだが。丸山が自明視した「特権意識」にこんな逸話がある。

保守派知識人を中心とした日本文化フォーラム（代表高柳賢三）を発足（一九五六年）させ、その実質的機関誌『自由』の編集長だった石原萠記《ほうき》（一九二四—）は、一九六三年秋、ロンドン・スクール・オブ・エコノミックスにロナルド・ドーア教授を訪ねる。そこで偶然、丸山眞男と出会う。石原は丸山にこういった。日本のインテリの政治的態度は曖昧である。丸山先生は社会党に好意的なのだから入党して範を示してほしい、と。そのときドーア教授も「先生は社会党の一員になって働くべきですね」と口をはさんだという。これに対して丸山は、日本の現状は自分が入党しても大して役に立たない。無党派で一般の人に働きかけるほうが重要だ、という意味のことをいった。石原は、丸山が戦後オピニオン・リーダーとして社共の連合戦線論などを提唱して問題を提起してきたにもかかわらず、六〇年安保闘争後は沈黙したので、今後は党員として泥臭い日常活動を体験して理論と現実の軋轢をいかに解決するかを考えてほしいという意味でいったのに対し、丸山の理解はあくまで入党することは党員を教育することと理解したようだった、と食い違いを指摘している。ドーア教授も「どうも日本の知識人はエリート意識が強いな」と自分の顔をみながら笑った、と石原は書いている（「丸山真男教授の死に思うこと」『自由』一九九六年一〇月号）。

恨みがましさ

丸山の在野知識人嫌いということに関してもうひとつ紹介しておこう。評論家の遠丸立《とおまるたつ》（一九二六―）にかかわったことである。遠丸は、東京大学経済学部卒業、一九五七年明治大学大学院文学研究科修士課程修了の評論家・詩人である。作品に『吉本隆明論』（仮面社、一九六九）、『海の記憶』（砂子屋書房、一九八二）などがある。一九八五年、自らの体験をさらしながら、同人誌（『方向感覚』）に「大学研究者の世界あるいは紀要論」を掲載した。つぎのようなものである。

明治大学大学院文学研究科の修士課程を修了したが、当時は博士課程がないため、法政大学や早稲田大学の博士課程の門を三年間にわたってたたくがなぜか入学を許可されない。ついに丸山のところの大学院博士課程に進学しようと考える。あるとき偶然、東大構内で丸山に会った。一九五九年だったと思う、と遠丸は書いている。そこでの丸山との会話は、遠丸によれば、つぎのようなものであった。


「あなた、学部も明治の出身ですか？」

「いやあ……ここです。ここの経済学部を出ました」

「…………」

「ぼくは最近病気してね、予後を養っているところなんです。結核でね。それであまり仕事がやれない。オーバーワークになるのを極力警戒している。……そういうわけだから、あなたの論文提出は見合わせてくれませんか」（『犯罪の中の子ども』現代書館所収）

結局、頼みの綱の丸山も受け入れてくれる様子ではなかった。こんなことから、指導教授とのつてなしには博士課程進学がかなわないとおもうようになる。そんな恨みがましさもあってか、大学教授ははたしてちゃんと勉強しているのだろうかという疑問にかられたのであろう。エッセイの後半には大学紀要論が展開されている。『日本大学大鑑』や『現代日本執筆者大事典』などを使い、人文・社会系の大学研究者で業績がない人が多いことが暴かれている。しかし、はるかに正確なデータがその七年も前(一九七八年)に教育社会学者の新堀通也によって報告されている。大学に勤務する教育学者一九〇九人を対象としたものである。それによれば、一〇年間に一篇の論文も発表しない学者が五〇・四%。年平均一篇の論文を書いている者は、六%にすぎない。七八・六%の教育学者には著書がない。三冊以上の書物を出している者は、六%にすぎない(『日本の学界』)。

こんな体たらくでは、人脈ルートで大学院に進学し、首尾よく大学に就職した大学教授という存在に疑問を感じるのも無理からぬところではあろう。遠丸はこのエッセイにつぎのように書いている。

私の見るところ大学アカデミズム(とりわけ人文＝社会科学系)研究者の生の与件は、この地上を足場に日夜あくせく奮闘している庶民の感覚からは相当へだたった大気圏という空間にある。地上はるかな〝空〟の域で遊泳を楽しんでいるスイマー——そういうイメージだ。第一、週に三日(国立では二日の大学もあると聞く)出勤し、週に五、六コマ教え、月に一、二度の教授会と担当する委員会に出席すれば、あとは自由(あくまで人文＝社会科学系の話である)、それに年間の休みは長い……というような条件の職種が他にあるだろうか。

在野知識人嫌い

そんなことが書かれてあるエッセイなのだが、はじめのほうに件《くだん》の丸山とのやりとりを書いていているせいだろう、掲載されている同人誌を丸山におくった。このときの丸山の返事(一九八五年一二月四日消印)は喧嘩腰である。

『方向感覚』冬号拝受しました。御好意感謝致します」と書いたあとでつぎのように筆を継ぐ。会話で、「きみ……かね」や「……だよ」が丸山の言葉として掲載されているが、自分は指導している院生にでもそんな言葉遣いはしないと反論し、「必要なら、いくらでも証人を立てます」といい(遠丸のエッセイを所収した『犯罪の中の子ども』には、このようないいまわしは見あたらない。丸山のクレームによって加筆・削除されたのであろう)、丸山は書簡の最後につぎのように書いている。

それは「物書き」の大学人にたいするコンプレックスを「ちらりと垣間見た」思いです。大学人への先入見(会話の仕方にたいする)を私にも投影しているからです。なお序《つい》でですが、アカデミズムというのは、「アカデミー」（フランス・アカデミーなど）の学風や雰囲気を指します。そこには大学人もいますが、大学の世界イコール「アカデミズム」ではありません。

言葉は大事に使いたいものです。妄言多謝。（『書簡』三）

遠丸のエッセイには、入学の下相談で丸山に拒否されたことによる恨みつらみめいたことが書かれているし、読んでいて愉快になるエッセイとはいえないが、丸山の返答もなかなかのものである。安保闘争の後半から丸山の在野知識人嫌いの感情は沸騰したが、嫌悪は、全共闘学生の丸山糾弾によってきわまった。丸山糾弾派となった学生たちの背後に在野知識人の丸山批判があったからである。『物書き』の大学人にたいするコンプレックス」というないかたに、東京大学法学部教授である自分に、在野知識人の大学人への怨望にもとづいた矛先が集中することに怒りがこみあげ、そんな感情のやり場が遠丸への激しい返答になったのであろう。

脈絡効果

序章で一部引用したが、丸山は自分の感情を吐露した『自己内対話』ではつぎのようにさえいっている。ある人間の思想・学説・評論を批判するときに「オックスフォード大学教授の特権によりかかって」というような批判があるだろうか。「東大教授であろうがなかろうが、劣悪は劣悪であり、正当さは正当さである」。そういう「当然の基準が通用しないのは、［中略］およそ身分特権のない、『立身出世の平等』が早くから実現された日本で、まさにそれゆえに、地位・肩書への羨望と嫉妬が大きいという事情が当然考えられる。しかしもっと直接で単純な理由としては、東大教授がジャーナリスト、ジャーナリズム、高級評論の世界での主要な筆者をなして来たために、職業としてのジャーナリスト、評論家の競争相手であり、それだけ敵視の対象となるという事情が［略］」と書きつけている。

しかし、作品評価では、なにが書かれている（内容）かだけではなく、誰によって書かれる（作者の文化場におけるポジション）か、さらにはどんな媒体に発表されるか、どんな出版社によって刊行されるかがプリズムとなる。生前に読まれることもなく、たとえ読まれても高い評価を得なかった作品が、死後何十年も経過して大きな評価を得ることがある。たしかに、内容が時代より早すぎたということもあるだろう。しかし、それだけではない。同時代においては、読者は作者の来歴や発表媒体の文化場におけるポジションを知っているから、生産物である作品はそのような脈絡効果のなかで無視されたり（読まれたり）、評価されなかったり（されたり）するのである。作者の死後は文化場の構造が変容しているし、作者の来歴や発表媒体の文化場における位置の記憶が消去される。作品は作品として読まれ、評価されやすくなる。

丸山が活躍した時代は、大学場とジャーナリズム場では文化的正統性の審級《アンスタンス》がちがっていた。大学場はアカデミズムであり、正統化の正統的審級であった。この点を抜きにして東大教授であろうがなかろうが、劣悪は劣悪、正当は正当であるというのは、非社会学的な正論であろう。もちろん東大教授が書けば、そのまま高い評価を得るというわけではない。そうではないが、東大教授などの「一流」大学知識人は在野知識人からくらべて作品が受け入れられる条件において圧倒的に有利なスタートが切れた。したがって総合雑誌の巻頭論文はしばしばこうした大学人によって書かれた。大衆については冷酷なほどのまなざしで射抜いた丸山であるが、自分がその一員である知識人や知識人界については、そうした観察眼が鈍い。知識人や科学者という客観化する主体の客観化、あるいは客観化する視点を客観化する社会学的視点が乏しい。政治家や経済人が政治場や経済場で覇権ゲームをしているように、知識人も文化場で真理を述べるだけでなく、真理を述べるための覇権ゲームをおこなっているのだという認識が乏しいのである。「自分が社会的現実を見ている観点自体がその社会的現実における自分の位置に影響され、そこには知的小宇宙という特定の秩序の中に自分が占めている位置も含まれている」という「エピステメ的再帰性」（ロイック・ヴァカント、丸山智恵子訳「アメリカにおけるブルデュー」『ブルデューを読む』）が……。

プロレタリアート大学教授

在野知識人の大学知識人の特権的ポジションへの恨みめいたことと、それに対する大学人としての丸山の在野知識人への憤懣を紹介したが、いまとなってはいずれもずいぶんと時代を感じさせる。

前章で全共闘運動の時代は、進学率からみて大衆大学になりはじめたころであると述べたが、大学教師数からみよう。旧制の中等学校（中学校・高等女学校・実業学校・師範学校）教師数の最大が九万五四六九人（一九四四年）である。全共闘運動の時代は、大学教師の数が増加してはいたが、大学教師数はまだ戦前の中等学校教師数に達していなかった。大衆大学教授時代の前夜だった。だから学園闘争は、いってみれば「遅滞現象効果」（ピエール・ブルデュー）だった。「遅滞現象効果」とは物理現象において磁石が取り去られてもなおその効果が残存する時間遅滞効果である。大学は大衆大学化していたにもかかわらず、大学教授も学生もまだエリート型大学の理想化・理念化されたイメージをもっていたということである。

しかし、いまや学園闘争から三〇年以上もたった。四年制大学・短期大学教師の合計が戦前の中等学校教師数のピークと重なったのが一九七二年、四年制大学教師数だけで重なったのが七七年である。二〇〇四年は四年制大学教師数一五万八七七〇人、短期大学教師数一万二七四〇人。併せて一七万一五一〇人。戦前の中等学校教師の一・八倍である。戦前の大学教師数がもっとも多かったとき（一九四四年）でも、一万三〇〇〇人、高等学校教師や専門学校、高等師範学校教師をいれても、二万二五〇〇人。いまの大学教師数はその七・六倍である。

　戦後、雨後のタケノコのように新制大学が設立されたときに、「駅弁大学」（駅弁が売られているところに必ず大学がある）と並んで、「三等重役」にならった「三等教授」という言葉がはやった。しかし、いまや「三等教授」どころではない。「教授」という呼称そのものが労働実態とミスマッチであり、あらぬ誤解をまねきかねないほどのものとなってしまった。しかも、近年の大学改革によって、労働条件はいちじるしく悪化している。週二、三日勤務どころか、週五日勤務を前提にする大学もあらわれてきた。研究などしてもらわなくともよい、教育だけでよいと公言している大学もすくなくない。もはや大衆大学教授というより大学教授プロレタリアート《プロフェッサーリアート》、いや大学教育労働者や大学教育プロレタリアートとさえいったほうがよいほどである。アカデミー（ルネサンス期のイタリアにはじまり、フランスやイギリスなどで形成された学問・芸術の専門団体）は、専門家同士の討議のための集まりであり、教育活動は従であったり、切り離されたところに誕生した。大学がユニバーサル化しつつあるからだとはいえ、大学が教育機関だけになってしまえば、大学アカデミズムなどありようもなくなる。

しかし、在野知識人が問題にするのは、そういう大衆大学教授や大学教育労働者をいうのではなく、丸山の後裔《こうえい》であるような「一流」の大学教授のことだというかもしれない。しかしこれさえも背後の構造は大きく変化している。

文化の拡散

丸山は東大教授が在野知識人などに目の敵にされるのは、総合雑誌などで東大教授が主要な執筆者となるからだといったが、それは、総合雑誌（活字メディア）が文化場で象徴権力をもっており、しかも巻頭論文は有名大学教授が書くという時代のものである。そんな時代が過去となって久しい。丸山自身、晩年には、鶴見俊輔が中心になった『思想の科学』を題材にこういってさえいる（一九九二年）。

［略］かって俊輔さんと対談したときも、意地悪なことばかり言いました。けれど今日はそのころとまた状況が大きく変わりましたね。文化の拡散もいいところで、反知識人主義とか、反エリートとかいくらりきんでも、その肝腎の知識人や知的エリート自体が見えな

くなっている。雑誌ジャーナリズムを見てごらんなさい。『思想の科学』は今日では硬派の代表雑誌です(笑い)。[中略]大いに激励したいし、そのためには過去の悪口をとりけしてもいい、とさえ思っています。(「『思想の科学』と私」『集』一五)

ここで丸山が鶴見に「意地悪なことばかり言いました」というのは、たとえば鶴見俊輔との一九六七年の対談(「普遍的原理の立場」『談』七)で、『思想の科学』は学問のきびしい躾《しつけ》を厭《いと》う「イラハイ、イラハイ主義」になっていて、本当の意味での民間の学問にはなっていないという批判である。文化が拡散し、「知識人や知的エリート自体が見えなくなっている」というように、文化場の構造が丸山が輝いた時代から大きく変貌しているのである。

文化場の変貌

こうした文化場の近年の変貌をみるうえで、社会学者ロドニー・ベンソンの論稿("Field theory in comparative context: A new paradigm for media studies", *Theory and Society*, Vol. 28, 1999)が手がかりになる。ベンソンは、まずピエール・ブルデューにならって、資本量と資本構成(経済資本と文化資本の構成比)をもとにジャーナリズムを文化場や権力場の中で位置づける。図終-3の垂直軸は資本総量の多寡で、上側は資本量が多く、下側は資本量が少な

図終－3　資本の構成比にみるジャーナリズムの位置

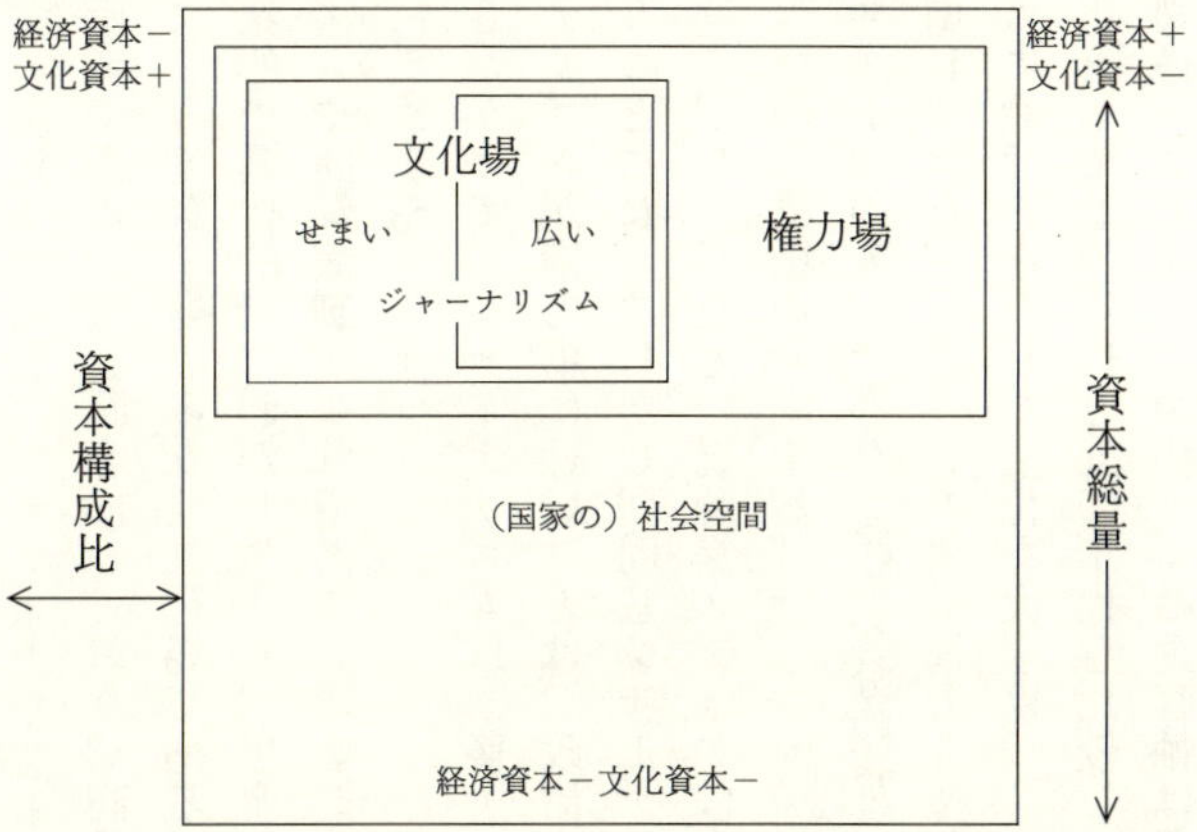

（出所）本文参照

い。水平軸は、経済資本と文化資本の構成で、左側は文化資本＞経済資本で、右側は経済資本＞文化資本である。一般国民の社会空間は、文化資本も経済資本も少ない領域である。

権力場は経済資本＞文化資本であるが、文化場は文化資本＞経済資本である。文化場におけるせまい文化生産場と広い文化生産場は、それぞれ純粋文化場とマス文化場のことをいう。「せまい」つまり純粋文化場は、数学がそうであるように生産者（数学者）自身を顧客対象にし、経済的利益よりも象徴的価値を志向する。科学のための科学や芸術のための芸術を旨とする文化場である。外部からの自立性が高く、純粋性と抽象性、秘儀性、生産サイクルの長期性（物質的・象徴的利益が得られるまでの時間とその利益の保証期間）を特徴とする文化場である。アカデミーや芸術院がこれである。「広い」つまりマス文化場は、非生産者である大衆を顧客にしており、商業的成功や人気を志向する。文化財を象徴的価値としてよりも経済財とみなす文化場である。純粋文化場と比べると、外部からの自立性が低く、大衆的で具体的で、わかりやすく、生産サイクルの短期性を特徴としている。商業ジャーナリズムや商業演劇がこれである（P. Bourdieu, "The Market of Symbolic Goods" in *The Field of Cultural Production*）。

したがって、ジャーナリズムは図終－3の広い文化生産場＝マス文化場に位置する。ジャーナリズムが権力場に近いことは、政治権力や経済権力の影響に晒されやすい他律的な場ということになる。しかし、同じジャーナリズムでも硬派の活字メディアはせまい文化生産場に近く、テレビなどの視聴覚メディアは広い文化生産場寄りになり、それぞれがジャーナリズム場の下位場を形成する。

サルトルの死（一九八〇年）を分岐点に、急速に文化場におけるジャーナリズム場の重みが増してきた。メディアの象徴権力＝聖化する権力が大きくなっている。ベンソンは、フランスにおけるそうした変化を大学場、ジャーナリズム場、政治場、経済場について権力場の変化として七〇年代と九〇年代を比較し、それを図終－4のように示している。

図終－3と同じく図終－4の垂直軸は資本総量（経済資本と文化資本）の多寡をあらわす。

図終－4　フランスにおける権力場の変容

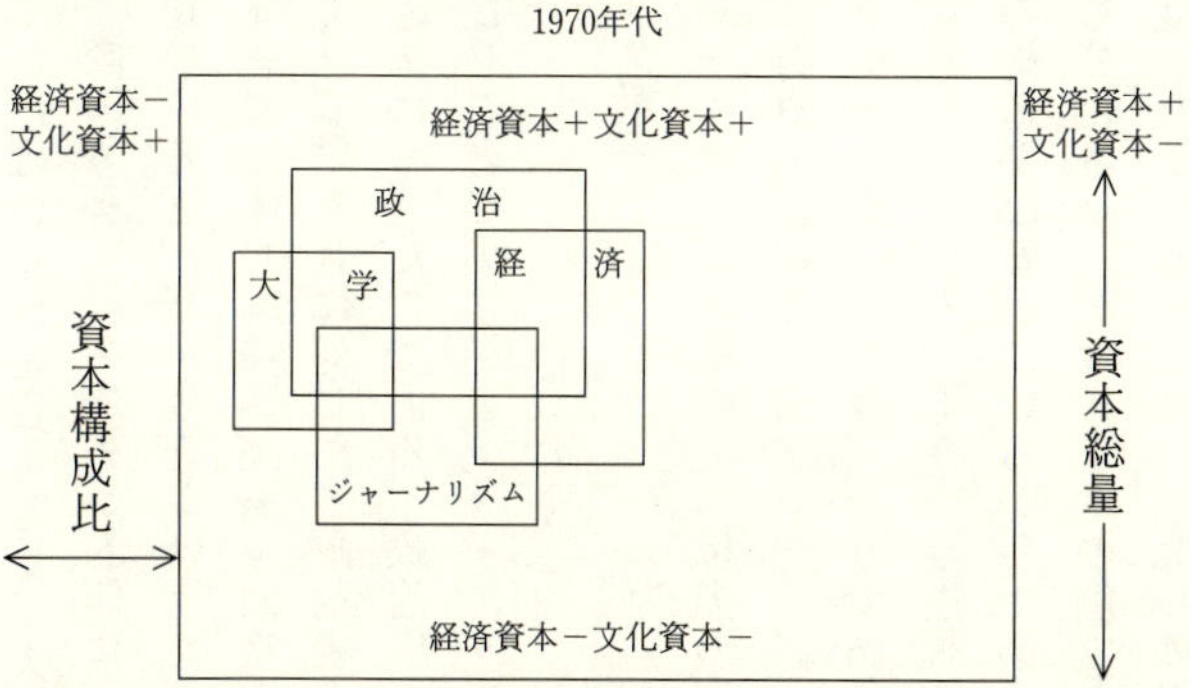

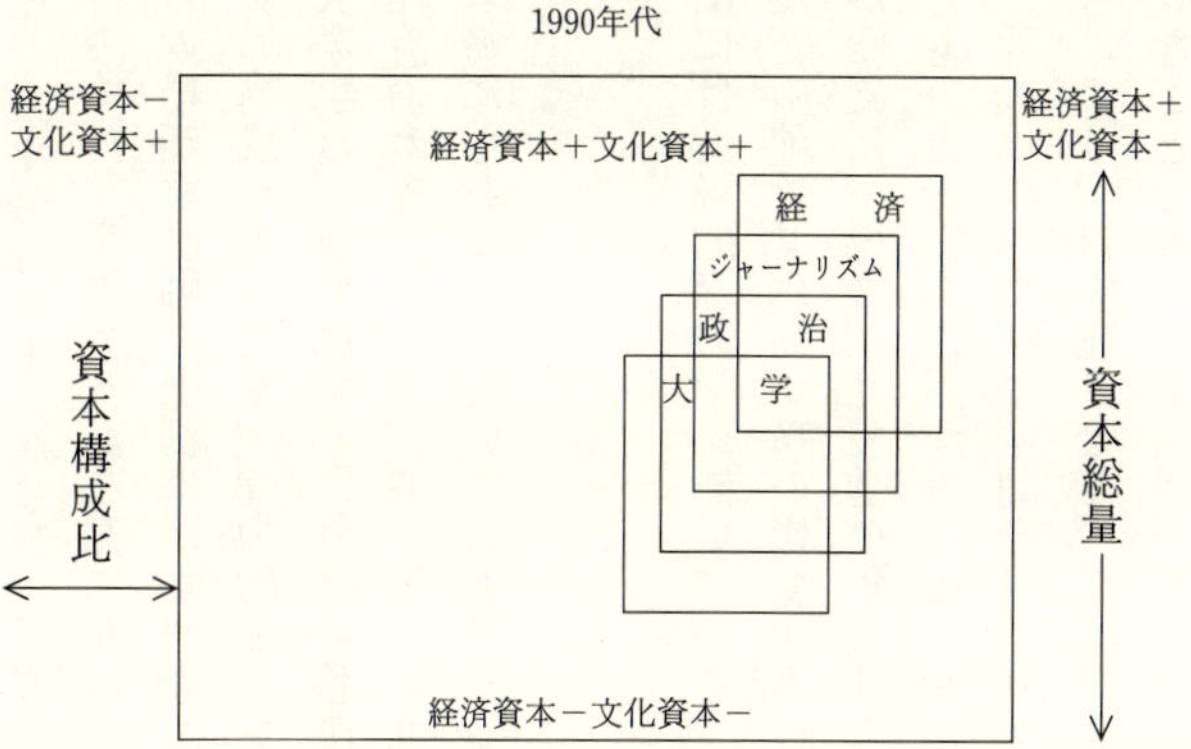

上にいけばいくほど資本総量が大きい。水平軸は資本（経済資本と文化資本）の構成比である。経済資本＞文化資本が右側に、文化資本＞経済資本が左側になる。七〇年代と九〇年代を比較すると、経済場とジャーナリズム場が垂直軸を上側に、水平軸で右側に移動している。資本総量でみても経済資本＞文化資本の構成比でみても、権力的位置を大きくしたということである。それに対して、政治場と大学場は、垂直軸でかなり下に移動している。資本総量が大幅に減ったのである。政治場と経済場の権力関係は、七〇年代と九〇年代で逆転したが、おなじことが大学場とジャーナリズム場にもおこったということになる。

メタ資本

ジャーナリズム場のもつ権力の突出には逆説的な力学が働いている。経済場や政治場、そして自立的な場であるアカデミズムなどの純粋文化場からの影響をうけやすい他律的な場であるジャーナリズムは、そうであるがゆえに、場の相互浸透の集積地として独自の象徴権力を立ち上げている。そういう逆説的ともいえる力が作用するのは、脱近代《ポスト・モダニゼーション》化によって、場の構造が反転しているからである。近代化は、文学や学問をパトロンやブルジョア社交界から分化させ、アカデミーの創立などにより、自立化させる。文学や学問は、境界が明確な制度となる。しかるに、商品化の徹底などとともに、芸術場が経済場のなかに流入し、経済場が芸術場を内破するように、脱近代化は「いくつかの場が他の場のなかへと、少なくとも部分的に倒壊する」（スコット・ラッシュ『ポスト・モダニティの社会学』）。脱近代化は場の脱分化（境界の輪郭がぼやける）と脱自立化（他律化）の反転を促す。こうして場の相互浸透が激しくなるがゆえにメタ資本としてのジャーナリズムが立ち上がる。

ここでメタ資本というのは、政治資本や学問資本のようなそれぞれの場のゲームの賭金である資本相互の交換率を決定する資本の資本という意味である。メディア資本があらゆる場のゲームに通用するトランプのカードになるということである。ある学者がジャーナリズムに登場することによって学問場内部における象徴資本を増殖したりすることや、あるいはなにが問題であるかの議題設定機能《アジェンダ・セッティング・ロール》においてジャーナリズムが圧倒的な力をもっていることなどがメタ資本としてのジャーナリズムのあらわれである。

アカデミーや芸術院の純粋文化場に正統的正統化の審級をおいた社会学者ピエール・ブルデューも、晩年は、ジャーナリズムやテレビを無視することができなくなった。テレビについては、「ゲームの争点よりもゲームとプレーヤーを重視する」、つまり議論の中身や発言の内容ではなく、その発言がもつ政治的効果にフットライトを浴びせるとして批判しながらも、「ジャーナリストは、文化的生産の界において、劣位にある位置を占めていて、被支配的であるにもかかわらず、極めて例外的な形態の支配を及ぼしています」（『メディア批判』）、と述べるにいたっている。ジャーナリズム場は、メタ資本を立ち上げるからこそ政治場や経済場からの圧力と支配に晒されやすいが、そうした圧力と支配に晒されることによって、ますますメタ資本化する。隷属が支配となるのである。

知識人兼ジャーナリスト兼芸能人

ジャーナリズム場内部も大きく変貌している。第二次世界大戦後、一九七〇年代半ばまでフランスにおいては、『ル・フィガロ』や『ル・モンド』は高級紙として影響力があったが、テレビがそれらにとってかわりつつある。さきにふれたベンソンと同じころにフランスの知識人界の変貌について述べた論文（P. Beaud & F. Panese, "From one galaxy to another: the trajectories of French intellectuals", *Media, Culture & Society*, Vol. 17, 1995）は、つぎのようにもいっている。テレビのインタビュアーは、かつてはインタビューされる政治家や知識人を立てながらおこなわれた。しかし、いまや世論の名のもとにインタビュアー自身の考えで、ゲストである政治家や知識人を質問ぜめにする。インタビューの段取りやカメラの目線は、ジャーナリストを脇役どころか中心においている。そしてほんの数十秒で話せと命令する。こんなところは、近年の日本では田原総一朗司会による「朝まで生テレビ」などの討論番組を想起すればよいだろう。

そして、日本の政治場・経済場・官僚場と文化場をそれぞれに支配した知のパラダイムである法学部的知と文学部的知も解体しつつある。二〇〇四年四月から法科大学院が開学した。旧来の法学部とちがって、実定法に特化したカリキュラムになっており、法とメディアや法と環境といった選択科目があっても政治思想史はもとより、政治史や外交史などの科目がない法科大学院も多い。従来の法学部が法科大学院に格上げされることによって、文学部的知との接点が切断されてしまった。他方、文学部的知も、大衆教養主義の没落によって急速に、解体と変容を余儀なくされている。国際教養学部や国際文化学部などのような四文字以上の学部に改組した文学部も少なくない。名称は文学部のままであっても、従来の史・哲・文の学科や専攻フレームを改編した文学部も多い。文学部的知の実質的な崩壊である。四文字以上学部の興隆は、「法」学部的知や「文」学部的知などの伝統的な一文字学部的知の衰退の象徴である。

ジャーナリズム場と他の場との権力関係といい、大学の変貌といい、文化場は丸山が活躍したころとはすっかりちがった構造になっている。丸山もジャーナリズムや政治などの場に進出することで覇権を得たが、丸山は場の移動による汚染には慎重だった。しかし、丸山以後の覇権型知識人は、場を躊躇なく自在に遍歴する知識人である。知識人兼ジャーナリスト兼芸能人というトリック・スター的知識人とでもいうべきだろう。

こうみてくると、丸山は、大衆が知識人化への背伸びにつとめた大衆インテリの時代、活字ジャーナリズムがアカデミズムの力をもとに大衆インテリの媒体になった時代、そして法学部的知と文学部的知が交叉しえた時代、そうした時代の中で覇権をにぎることができたことがあらためて確認される。知識人兼ジャーナリスト兼芸能人であるトリック・スター的知識人の擡頭を丸山が嫌った文化人の芸能人化や芸能人の文化人化（『現代政治の思想と行動』「第一部　追記および補註」『集』六）の極北形態とみるか、そうした遍歴知識人やメディア知識人としての原型が丸山にあったとみるかについては意見がわかれるにしてもである。

あとがき

二年前に『教養主義の没落』（中公新書）を上梓したときに、つぎは丸山眞男を中心にした戦後日本社会論について、まとめてみたいと思った。わたしは、本書でもふれたように、戦後の大衆教養主義の世代であるが、大学での専攻がなんであれ、丸山眞男はそうしたわれわれの範型知識人であり、丸山を仰ぎながらわたしのような大衆インテリは右往左往していた。したがって丸山の言説を個人のものとして分析する（せまい意味での）思想研究ではなく、戦後の大衆インテリの世界の中で丸山の言説を読み解く知識社会学あるいは社会史的アプローチによって戦後日本論を書いてみたいと思ったのである。

いま大衆インテリといったが、もともと「インテリ」という言葉にはその（大衆インテリの）含みがあった。大正時代にインテリゲンチャやその訳語としての知識階級が使用されるようになったが、やがて、その短縮形であるインテリが登場した。昭和はじめの高等教育の初期的大衆化と新中間層（サラリーマン）の擡頭に照応した社会的類型《ソシアル・タイプ》として「蒼白きインテリ」とか「インテリ女性」などの言葉が流行した。だから、インテリという用語がすでに、大学者や大作家ではない大衆知識階級をあらわしている。ロシアでいわれた「庶民知識階級」や「雑（いろいろな階級から参入する）知識階級」に近い意味合いをもった言葉である。しかし、戦後日本社会における高等教育の本格的大衆化と中間層の膨張によって、インテリの範囲は格段にひろがった。そんな意味合いをもたせるためには、アクセントをつけて大衆インテリとするほうが的確とおもい、本書ではこちらのほうをしばしば使用している。マス・インテリという用語自体は、水谷三公氏の『ラスキとその仲間』（中公叢書、一九九四）で最初に出会った。水谷氏による用語を踏襲させていただいている。ただし一九七〇年以後の激しい社会・文化変動のなかでは、大衆《マス》インテリという言葉も社会的類型として的確さを欠き始めた。さしあたり、大衆インテリから「知的大衆」へとかわったといえるだろう。そのあたりの事情については終章に論述しているとおりである。

本書は、わたしの京都大学定年退職にあわせて二〇〇五年三月の出版のはずだったが、資料収集に思わぬ時間がかかってしまった。そのせいで春休みの宿題を秋になって提出するようなことにはなったが、ともかく宿題を提出できてほっとした気持ちにはなっている。六〇年安保はいうまでもなく、全共闘運動でさえ歴史のかなたにかすんでしまっている若い世代の読者のためにも、わかりやすい論述を心がけたつもりであるが、「宿題」のできぐあいは、読者の判定をまつ以外にない。忌憚のないご批判をいただきたいとおもう。

本書をまとめるきっかけをつくってくれたのは、『諸君！』編集長（当時）細井秀雄さんと編集部員（当時）内田博人さんだった。原稿の依頼は本書でもふれた戦前の右翼思想家蓑田胸喜論だったのだが、丸山眞男との深い因縁があることから、鰻とうめぼしのような取り合わせ（腹痛をおこすという俗信がある）であるが、「丸山眞男と蓑田胸喜」にしたいという申し出をしたところ快諾をいただき、論文は『諸君！』二〇〇四年三月号に掲載された。しかも掲載雑誌刊行後にもかかわらず、蓑田の弟子である故阿部隆一教授令夫人謙子さまから聴き取りをする機会までつくっていただいた。初春の鎌倉の阿部邸を三人で訪問し、長時間にわたってお話を聞くことができたのである。四章のおわりに述べたような人と人との奇縁を知ることができた。このような機会をつくってくれたお二人の編集者に感謝申し上げたい。

また、研究をつづけるにあたってはサントリー文化財団から三年間にわたって研究助成（「大学危機の時代におけるアカデミズムとジャーナリズム」二〇〇三―〇五年度、代表竹内洋）をいただいている。そして、この研究会メンバーである佐藤卓己さん（京都大学大学院教育学研究科助教授）をはじめとする若い研究者仲間とは毎月の自由闊達な研究例会で大きな知的刺激を受けた。併せてお礼申し上げたい。

資料収集では、京都大学附属図書館、京都大学大学院教育学研究科図書室の福井京子さん、松村英子さん、そして関西大学総合図書館のみなさん、文献整理などでは、京都大学勤務のときは、教育社会学研究室の古川舞子さん、関西大学赴任からは山口晃子さん（大阪外国語大学非常勤講師）にお世話になった。序章の『ル・モンド』の丸山眞男追悼記事の第一次訳は、石井素子さん（京都大学大学院教育学研究科博士後期課程）の労を煩わせている。中公新書編集部の松室徹さんには、前著（『教養主義の没落』）に引き続いての担当になっていただき、今回も貴重な助言と激励をいただいた。

おわりになりましたが、貴重な写真を本書のために提供してくださった柏書房、テレビ朝日、読売新聞社の関係者のみなさまに深甚なる謝意を表します。

二〇〇五年一〇月一〇日

竹内　洋

主要参考文献

文中や図表で出所を明記したものは省いている

全章にわたるもの

浅羽通明『ナショナリズム』ちくま新書、二〇〇四年
飯田泰三『批判精神の航跡——近代日本精神史の一稜線』筑摩書房、一九九七年
石塚公康「教師・丸山眞男の『栄光』と『挫折』」二〇〇四年度京都大学大学院教育学研究科研究生レポート
石原萠記・奈須田敬「『丸山史観』から『司馬史観』まで」『諸君！』二〇〇二年二月号
磯田光一『戦後史の空間』新潮社、一九八三年
伊藤隆『昭和十年代史断章』東京大学出版会、一九八一年
伊藤隆監修・百瀬孝『事典　昭和戦前期の日本』吉川弘文館、一九九〇年
猪木武徳『日本の近代7　経済成長の果実 1955〜1972』中央公論新社、二〇〇〇年
猪野健治『叛骨の過激人間・評伝　赤尾敏』オール出版社、一九九一年
岩崎爾郎・加藤秀俊『昭和世相史　一九四五〜一九七〇』社会思想社、一九七一年
マックス・ウェーバー（武藤一雄ほか訳）『宗教社会学』創文社、一九七六年

上山春平『日本の思想――土着と欧化の系譜』サイマル出版会、一九七一年
江藤淳「〃戦後〃知識人の破産」『江藤淳著作集』6、講談社、一九六七年
大井浩一『メディアは知識人をどう使ったか　戦後「論壇」の出発』勁草書房、二〇〇四年
大熊信行『日本の思潮』上・中・下、潮新書、一九七一―七二年
太田哲男「丸山眞男論断章」『富山国際大学紀要』第八巻、一九九八年
小熊英二『〈民主〉と〈愛国〉　戦後日本のナショナリズムと公共性』新曜社、二〇〇二年
小田村寅二郎「本学を去るに当って」『亜細亜大学教養学部紀要』第二九号、一九八四年
小田村寅二郎『学問・人生・祖国――小田村寅二郎選集』国民文化研究会、一九八六年
学生運動研究会『現代の学生運動』新興出版社、一九六一年
粕谷一希『中央公論社と私』文藝春秋、一九九九年
勝田吉太郎『知識人と自由』紀伊國屋書店、一九六九年
加藤秀俊ほか『追補　明治・大正・昭和世相史』社会思想社、一九六七年
柄谷行人『終焉をめぐって』講談社学術文庫、一九九五年
北岡伸一『日本の近代5　政党から軍部へ』中央公論新社、一九九九年
久野収・鶴見俊輔・藤田省三『戦後日本の思想』講談社文庫、一九七六年
蔵田計成『新左翼運動全史』流動出版、一九七八年
国立教育研究所編『日本近代教育百年史　第三巻　学校教育1』財団法人教育研究振興会、一九七四年
アンドルー・ゴードン『歴史としての戦後日本』上下、みすず書房、二〇〇一年
小松茂雄「史的唯物論と現代」『思想』一九五七年七月号
子安宣邦「『近代』主義の錯誤と陥穽」『現代思想』一九九四年一一月号

主要参考文献

小山弘健『戦後日本共産党史』芳賀書店、一九六六年
権左武志「丸山眞男の政治思想とカール・シュミット――丸山の西欧近代理解を中心として――」上下『思想』一九九九年九、一〇月号
エドワード・サイード（大橋洋一訳）『知識人とは何か』平凡社ライブラリー、一九九八年
佐伯啓思「丸山眞男とは何だったのか」『正論』一九九六年一一月号
酒井直樹「丸山眞男と戦後日本」『世界』一九九五年一一月号
桜井哲夫『思想としての60年代』ちくま学芸文庫、一九九三年
佐々木毅ほか編『戦後史大事典』三省堂、一九九一年
三一書房編集部編『資料　戦後学生運動』別巻、三一書房、一九七〇年
宍戸恭一『現代史の視点〈進歩的〉知識人論』深夜叢書社、一九八二年
庄司薫『赤頭巾ちゃん気をつけて』中公文庫、一九七三年
絓秀実ほか『LEFT ALONE――持続するニューレフトの「68年革命」』明石書店、二〇〇五年
高澤秀次「丸山眞男と近代の超克」『諸君！』一九九五年一一月号
高見順「大学とアカデミズム」『高見順全集』第十七巻、勁草書房、一九七三年
田口富久治『戦後日本政治学史』東京大学出版会、二〇〇一年
竹内洋『日本の近代12　学歴貴族の栄光と挫折』中央公論新社、一九九九年
竹内洋『大衆モダニズムの夢の跡』新曜社、二〇〇一年
竹内洋『大学という病　東大紛擾と教授群像』中央公論新社、二〇〇一年
竹内洋「『左傾学生』の群像」稲垣恭子・竹内洋編『不良・ヒーロー・左傾』人文書院、二〇〇二年
竹内洋『教養主義の没落　変わりゆくエリート学生文化』中公新書、二〇〇三年

竹内洋「丸山眞男と蓑田胸喜」『諸君！』二〇〇四年三月号
竹内洋・佐藤卓己編『日本主義的教養の時代』柏書房、二〇〇六年
竹山護夫「日本ファシズムの文化史的背景」浅沼和典ほか編『比較ファシズム研究』成文堂、一九八二年
西義之『戦後の知識人——自殺・転向・戦争犯罪』番町書房、一九六七年
西川長夫『増補 国境の越え方 国民国家論序説』平凡社ライブラリー、二〇〇一年
西部邁「世紀末天皇としての丸山真男」『新潮45』一九九六年一〇月号
日外アソシエーツ編『伝記・評伝 全情報 日本・東洋編』上下、紀伊國屋書店、一九九一年
日本学生運動研究会『学生運動の研究』日刊労働通信社、一九六六年
昇曙夢『ロシヤ知識階級論』社会書房、一九四七年
橋川文三『増補 日本浪曼派批判序説』未來社、一九六五年
橋川文三『昭和維新試論』朝日新聞社、一九八四年
橋川文三『橋川文三著作集』6、筑摩書房、一九八六年
秦郁彦編『日本近現代人物履歴事典』東京大学出版会、二〇〇二年
林健太郎「現代知識人の良識——丸山眞男氏に対する非批判的批判」『世界』一九五〇年一〇月号
林健太郎『昭和史と私』文藝春秋、一九九二年
ジュリアン・バンダ（木田稔訳）『知識人の反逆』小山書店、一九四一年
広谷俊二『現代日本の学生運動』青木書店、一九六六年
藤嶋利郎『最近に於ける右翼学生運動に付て』社会問題資料研究会編『社会問題資料叢書 第一輯 思想研究資料特輯号 七六号』東洋文化社、一九七二年

藤原弘達『藤原弘達の生きざまと思索』全一〇巻、藤原弘達著作刊行会、一九七九―八〇年
ベルジャーエフ（田中西二郎・新谷敬三郎訳）「ロシア共産主義の歴史と意味」『ベルジャーエフ著作集』第七巻、白水社、一九六〇年
アンナ・ボスケッティ（石崎晴己訳）『知識人の覇権――20世紀フランス文化界とサルトル』新評論、一九八七年
ルイ・ボダン（野沢協訳）『知識人』白水社、一九六三年
リチャード・ホーフスタッター（田村哲夫訳）『アメリカの反知性主義』みすず書房、二〇〇三年
堀幸雄『右翼辞典』三嶺書房、一九九一年
毎日新聞社編『毎日ムック　戦後50年』毎日新聞社、一九九五年
松下圭一『戦後政治の歴史と思想』ちくま学芸文庫、一九九四年
松村禎彦『最近に於ける左翼学生運動』社会問題資料研究会編『社会問題資料叢書　第一輯　思想研究資料特輯号　八五号』東洋文化社、一九七二年
松本健一『竹内好論』岩波現代文庫、二〇〇五年
丸山眞男・梅本克己・佐藤昇『現代日本の革新思想』河出書房、一九六六年
丸山眞男・福田歓一編『聞き書　南原繁回顧録』東京大学出版会、一九八九年
丸山眞男『丸山眞男集』（全十六巻）、『別巻』岩波書店、一九九五―九七年
丸山眞男『丸山眞男座談』（全九冊）岩波書店、一九九八年
丸山眞男『自己内対話　3冊のノートから』みすず書房、一九九八年
丸山眞男『丸山眞男講義録』（全七冊）東京大学出版会、一九九八―二〇〇〇年
丸山眞男『丸山眞男書簡集』（全五冊）みすず書房、二〇〇三―〇四年

丸山眞男『自由について——七つの問答——』編集グループ〈SURE〉、二〇〇五年
丸山眞男手帖の会『丸山眞男手帖』第一号—三四号、一九九七—二〇〇五年
カール・マンハイム（鈴木二郎訳）『イデオロギーとユートピア』未來社、一九六八年
宮脇昌三「小田村寅二郎先生を送ることば」『亜細亜大学教養学部紀要』第二九号、一九八四年
三好十郎『知識人は信頼できるか』東京白川書院、一九七九年
文部省編『わが国の高等教育』一九六四年
安丸良夫『現代日本思想論』岩波書店、二〇〇四年
矢部貞治『矢部貞治日記』銀杏の巻、読売新聞社、一九七四年
山崎正和「『インテリ』の盛衰　昭和の知的社会」『日本文化と個人主義』中央公論社、一九九〇年
山中明『戦後学生運動史』群出版、一九八一年
吉本隆明『吉本隆明全著作集』12、勁草書房、一九七二年
吉本隆明『吉本隆明全著作集』（続）10、勁草書房、一九七八年
米田利昭「叙情的ナショナリズムの成立」（一）（二）（三）『文学』一九六〇年一一月号、六一年二月、三月号
スコット・ラッシュ（田中義久監訳）『ポスト・モダニティの社会学』法政大学出版局、一九九七年
フリッツ・リンガー（永谷健訳）「知識人界・思想史・知識社会学」筒井清忠ほか訳『知の歴史社会学』名古屋大学出版会、一九九六年
歴史学研究会『歴史学研究会・40年のあゆみ』歴史学研究会、一九七二年
「丸山学派という集団」『日本読書新聞』一九五七年一一月一八日号
「追悼　小田村寅二郎先生」『祖国』二五一号、一九九九年

Bourdieu, Pierre, "Legitimation and Structured Interests in Weber's Sociology of Religion", in Scott Lash and Sam Whimster ed., *MAX WEBER, RATIONALITY AND MODERNITY*, Allen & Unwin, 1987

Bourdieu, Pierre and L. J. D. Wacquant, *An Invitation to Reflexive Sociology*, University of Chicago Press, 1992

Sapiro, Gisèle, "Forms of Politicization in the French Literary Field", *Theory and Society*, Vol.32, 2003

序章

朝吹登水子『サルトル、ボーヴォワールとの28日間――日本』同朋社出版、一九九五年

石井素子「日本におけるJ・P・サルトルの受容についての一考察」『京都大学大学院教育学研究会紀要』第五二号、二〇〇六年

桑田禮彰・福井憲彦ほか編『ミシェル・フーコー』新評論、一九八四年

武田清子「私の出会った丸山眞男」『世界』二〇〇二年八月号

タルコット・パーソンズ（永井道雄ほか訳）『行為の総合理論をめざして』日本評論社、一九六〇年

タルコット・パーソンズ（佐藤勉訳）『現代社会学大系14　パーソンズ　社会体系論』青木書店、一九七四年

ロバート・ベラー（堀一郎ほか訳）『日本近代化と宗教倫理』未來社、一九六二年

ジャン＝フランソワ・リオタール（原田佳彦・清水正訳）『知識人の終焉』法政大学出版局、一九八八年

ベルナール＝アンリ・レヴィ（石崎晴己監訳）『サルトルの世紀』藤原書店、二〇〇五年
蠟山政道・丸山眞男ほか「日本における政治学の過去と将来」『日本政治学会年報　政治学 1950』岩波書店、一九五〇年
Foucault, Michel, *LANGUAGE COUNTER-MEMORY PRACTICE: Selected Essays and Interviews*, Cornell University Press, 1977

一章

浅田光輝「戦争と社会科学の転回」小田切秀雄・浅田光輝編『近代日本断面史』青木書店、一九五五年
阿南三章「蓑田胸喜小伝」『暗河』四号、一九七四年
石堂清倫・竪山利忠編『東京帝大新人会の記録』経済往来社、一九七六年
石橋一哉『文献　蓑田胸喜』胡蝶の会、一九九二年
伊藤隆「右翼運動と対米観――昭和期における『右翼』運動研究覚書」細谷千博ほか編『日米関係史　開戦に至る十年　3　議会・政党と民間団体』東京大学出版会、一九七一年
伊藤隆『大正期「革新」派の成立』塙書房、一九七八年
今谷明「戦時下の歴史家たち」青木保ほか編『知識人』〈近代日本文化論〉四、岩波書店、一九九九年
欧文社指導部編『昭和十二年全国高等学校専門学校大学予科入学試験問題詳解　附入学試験要綱及競争率一覧』欧文社、一九三七年
学生書房編集部編『わかき日の素描』学生書房、一九四八年
片山杜秀「原理日本社論のために」『近代日本研究』九号、慶應義塾福澤研究センター、一九九三年
加藤節「南原繁と丸山眞男――交錯と分岐」『思想』一九九八年六月号

神島二郎『磁場の政治学』岩波書店、一九八二年
河合栄治郎『第二学生生活』(『河合栄治郎全集第十七巻』) 社会思想社、一九六八年
官田光史「国体明徴運動と政友会」『日本歴史』六七二号、二〇〇四年
熊本県教育委員会編『熊本県教育史』下巻、熊本県教育会、一九三一年
五高寮史復刻委員会『習学寮史(復刻)』がくと企画、一九八八年
小松茂夫「近代日本における『伝統』主義」亀井勝一郎・竹内好編『近代日本思想史講座　七　近代化と伝統』筑摩書房、一九五九年
小山常実『天皇機関説と国民教育』アカデミア出版会、一九八九年
佐々木亨「戦時体制下の入試」『大学進学研究』四七号、一九八七年
ジャン=ポール・サルトル(佐藤朔訳)『知識人の擁護』人文書院、一九六七年
塩出環「蓑田胸喜と原理日本社」『国際文化学』九号、二〇〇三年
杉森久英『昭和史見たまま——戦争と日本人』読売新聞社、一九七五年
ヘンリー・スミス(松尾尊兊、森史子訳)『新人会の研究　日本学生運動の源流』東京大学出版会、一九七八年
竹内賀久治伝刊行会『竹内賀久治伝』一九六〇年
『東京帝国大学　五十年史』一九三二年
東京帝国大学学生課『昭和八年中に於ける本学内の学生思想運動の概況』一九三四年
時野谷滋「平泉澄教授『日本思想史』講義ノート解説」『藝林』五一巻一号、二〇〇二年
戸田義雄『日本におけるマルクス主義批判論集』国民文化研究会、一九七六年
八高百年史編纂委員会『八高百年史』八代高校創立百周年記念事業実行委員会、一九九七年

松尾尊兊『滝川事件』岩波現代文庫、二〇〇五年
松村秀逸『三宅坂』東光書房、一九五二年
松本健一『挟撃される現代史――原理主義という思想軸――』筑摩書房、一九八三年
ロバート・マートン（森東吾ほか訳）『社会理論と社会構造』みすず書房、一九六一年
蓑田胸喜（竹内洋・佐藤卓己ほか編）『蓑田胸喜全集』全七巻、柏書房、二〇〇四年
宮澤俊義『天皇機関説事件』有斐閣、一九七〇年
宮村治雄「丸山眞男の初講義」『ＵＰ』一九九八年七月号
文部省思想局『日本精神論の調査』一九三五年
夜久正雄「太田耕造先生と興国同志会の人々」『亜細亜大学教養学部紀要』第二九号、一九八四年
山田宗睦『危険な思想家　戦後民主主義を否定する人々』光文社、一九六五年
竜北村教育委員会編『竜北村史』熊本県八代郡竜北村役場、一九七三年
「学園名物教授を描く（二十）反マルクスを真向に祖国日本の礼賛」『国民新聞』一九三一年五月一一日号
Davis, Winston, "Fundamentalism in Japan: Religious and Political", in M. E. Marty and R. S. Appleby ed., *Fundamentalisms Observed*, University of Chicago Press, 1991

二章

赤木須留喜『近衛新体制と大政翼賛会』岩波書店、一九八四年
アメリカ合衆国戦略爆撃調査団『日本人の戦意に与えた戦略爆撃の効果』広島平和文化センター、一九八八年
荒瀬豊「共産主義に対する大衆の意識――恐れるものと支えるもの」『知性』一九五六年六月号

安東仁兵衛『戦後日本共産党私記』文春文庫、一九九五年
石坂洋次郎『青い山脈・あいつと私』新潮社、一九七九年
尾崎秀樹・山田宗睦『戦後生活文化史』弘文堂新社、一九六七年
小田村寅二郎『昭和史に刻むわれらが道統』日本教文社、一九七八年
小野田襄二『革命的左翼という擬制 1958〜1975』白順社、二〇〇三年
加田哲二「容共左派の心理」『民主社会主義』一九五三年一一月号
加藤秀俊「日常生活と国民運動」『思想の科学』一九六〇年七月号
唐牛健太郎追想集刊行会『唐牛健太郎追想集』唐牛健太郎追想集刊行会、一九八六年
樺俊雄「全学連に娘を奪われて——羽田空港事件で東大生の娘を検挙された父親の手記」『文藝春秋』一九六〇年三月号
樺光子編『人しれず微笑まん』三一書房、一九六〇年
倉橋由美子『パルタイ』(『倉橋由美子全作品1』)新潮社、一九七五年
経済企画庁調整部『国民生活白書』日本経済新聞社、一九五六年
現代思潮社編集部編『全学連学生の手記——装甲車と青春』現代思潮社、一九六〇年
國士舘大学創立六十周年記念同窓会・記念出版編集委員会『國士舘大学創立者　柴田徳二郎伝　信念と気魄の生涯』國士舘大学同窓会、一九七八年
信夫清三郎『安保闘争史——三五日間政局史論』世界書院、一九六一年
柴田翔『されどわれらが日々——』文藝春秋、一九六四年
清水幾太郎(清水禮子責任編集)『わが人生の断片』(『清水幾太郎著作集』14)講談社、一九九三年
高根正昭「安保改訂運動と文化人」『東京大学新聞』一九五九年四月二二日号

武井昭夫『層としての学生運動——全学連創成期の思想と行動』星雲社、二〇〇五年
田中善一郎『日本の総選挙　一九四六—二〇〇三』東京大学出版会、二〇〇五年
寺山修司『負け犬の栄光』角川春樹事務所、一九九九年
東大学生運動研究会『日本の学生運動——その理論と歴史』新興出版社、一九五六年
富野敬邦『国家と大学』鶴書房、一九四三年
野口武彦『洪水の後』河出書房新社、一九六九年
日高六郎編『1960年5月19日』岩波新書、一九六〇年
保阪正康『六〇年安保闘争』講談社現代新書、一九八六年
武藤功「丸山眞男と日本共産党——一つの歴史的事実として」『葦牙』一九九六年一二月号
本居宣長「排蘆小船」『本居宣長全集』第二巻、筑摩書房、一九六八年
森川友義『60年安保——6人の証人』同時代社、二〇〇五年
森田実『戦後左翼の秘密』潮文社、一九八〇年
山本茂「未完の前衛　唐牛健太郎とブント」『中央公論』臨時増刊号、一九八一年一一月
吉川洋『高度成長』読売新聞社、一九九七年
吉本隆明・武井昭夫『文学者の戦争責任』淡路書房、一九五六年
米田俊彦『教育審議会の研究　高等教育改革』野間教育研究所紀要第四三集、二〇〇〇年
「ふり出しにもどった左翼文化　転機に立つ二団体」『朝日新聞』一九五九年五月三〇日号
Merton, R. K., *Sociological Ambivalence and Other Essays*, Free Press, 1976
Smith, Anthony, *Nationalism and Modernism*, Routledge, 1998

三章

伊東多三郎『日本近世史』二巻、有斐閣、一九五二年
内田義彦・丸山眞男ほか「未來社の15年・その歴史と課題」『ある軌跡——未來社の40年の記録』未來社、一九九二年
江藤淳「ただの個人主義者」『日本読書新聞』一九五九年二月九日号
アルヴィン・グールドナー（塩原勉訳）「形而上パトスと官僚制理論」『産業における官僚制』ダイヤモンド社、一九六三年
アルヴィン・グールドナー（岡田直之ほか訳）『社会学の再生を求めて』新曜社、一九七八年
アルヴィン・グールドナー（原田達訳）『知の資本論　知識人の未来と新しい階級』新曜社、一九八八年
史学会『史学雑誌総目録（創刊号〜第一〇〇編）』山川出版社、一九九三年
思想の科学研究会『共同研究　転向』下、平凡社、一九六二年
田中紀行「ブルデューと知識人の社会学」中久郎編『社会学論集　持続と変容』ナカニシヤ出版、一九九九年
田中浩『日本リベラリズムの系譜　福沢諭吉・長谷川如是閑・丸山眞男』朝日新聞社、二〇〇〇年
『東北大学五十年史』上、一九六〇年
尾藤正英『日本封建思想史研究』青木書店、一九六一年
ピエール・ブルデュー（石井洋二郎訳）『ディスタンクシオン』I、II、藤原書店、一九九〇年
ピエール・ブルデュー（石崎晴己・東松秀雄訳）『ホモ・アカデミクス』藤原書店、一九九五年
ピエール・ブルデュー（石井洋二郎訳）『芸術の規則』I、II、藤原書店、一九九五—九六年

湯浅泰雄『和辻哲郎』ちくま学芸文庫、一九九五年
「戦後平和論の源流」『世界』一九八五年七月臨時増刊号
Bourdieu, Pierre, "The Specificity of the Scientific Field", in C. Lemert ed., *French Sociology,* Columbia University Press, 1981
Bourdieu, Pierre, "THE SOCIAL SPACE AND THE GENESIS OF GROUPS", *Theory and Society,* Vol.14, 1985
Bourdieu, Pierre (Translated by Clough, L. C.), *The State Nobility: Elite Schools in the Field of Power,* Polity Press, 1996
Lamont, Michele, "How to Become a Dominant French Philosopher: The Case of Jacques Derrida", *American Journal of Sociology,* Vol.93, 1987
Wacquant, Loic J. D., "An Interview With Pierre Bourdieu For a Socio-Analysis of Intellectuals: on Homo Academicus", *Berkeley Journal of Sociology,* Vol.34, 1989
Wacquant, Loic J. D., "Sociology as Socioanalysis: Tales of Homo Academicus", *Sociological Forum,* Vol.5, 1990

四章

青木保『「日本文化論」の変容——戦後日本の文化とアイデンティティー』中央公論社、一九九〇年
浅田光輝・吉本隆明ほか「座談会　前衛不在の確認」『論争』一九六〇年一二月号
磯田光一『「反俗」の終焉』香内三郎ほか『現代の発見　第十巻　日本人のエネルギー』春秋社、一九六五年

色川大吉『明治の文化』岩波書店、一九七〇年
岩間夏樹『戦後若者文化の光芒』日本経済新聞社、一九九五年
上山春平「思想の日本的特質」『岩波講座哲学　哲学XVIII　日本の哲学』岩波書店、一九七二年
エズラ・ヴォーゲル（広中和歌子ほか訳）『ジャパン アズ ナンバーワン』ティビーエス・ブリタニカ、一九七九年
大木英夫『終末論的考察』中央公論社、一九七〇年
尾形憲「最近の学生運動の経済的背景」『経済評論』一九六九年五月臨時増刊号
奥浩平『青春の墓標　ある学生活動家の愛と死』文藝春秋、一九六五年
葛西弘隆「丸山眞男の『日本』」酒井直樹ほか編『ナショナリティの脱構築』柏書房、一九九六年
近藤渉『〈日本回帰〉論序説』JCA出版、一九八三年
西條八十『西條八十　唄の自叙伝』日本図書センター、一九九七年
酒井直樹「日本社会科学方法序説——日本思想という問題」『岩波講座　社会科学の方法　第3巻』岩波書店、一九九三年
柴田高好「市民主義と市民政治学」『現代とマルクス主義政治学』現代思潮社、一九六二年
島成郎『ブント私史——青春の凝縮された生の日々ともに闘った友人たちへ』批評社、一九九九年
全共闘白書編集委員会『全共闘白書』新潮社、一九九四年
竹内洋「学生の左傾化はなぜ終わったか」秦郁彦編『昭和史20の争点　日本人の常識』文藝春秋、二〇〇三年
田所廣泰編『時代の嵐に傾く学の殿堂』日本学生協会、一九四〇年
田所廣泰編『教育はかくして改革せらるべし』日本学生協会、一九四一年

谷川雁「前衛の不在をめぐって――『さしあたってこれだけは』の私的前提――」『中央公論』一九六〇年一二月号
谷川雁・吉本隆明・埴谷雄高ほか『民主主義の神話』現代思潮社、一九六六年
東京大学新聞研究所・東大紛争文書研究会編『東大紛争の記録』日本評論社、一九六九年
東京大学全学共闘会議編「知識人の虚像と実像」『果てしなき進撃』三一書房、一九六九年
東京大学百年史編集委員会『東京大学百年史』資料三、東京大学出版会、一九八六年
東京大学百年史編集委員会『東京大学百年史』部局史一、東京大学出版会、一九八六年
マーチン・トロウ（天野郁夫・喜多村和之訳）『高学歴社会の大学』東京大学出版会、一九七六年
中島誠「丸山真男　宙づりの思想家」『朝日ジャーナル』一九六八年一二月一日号
中村真一郎「横たわる知識人の挫折感」『朝日ジャーナル』一九七三年二月二日号
橋川文三「丸山眞男批判の新展開――吉本隆明氏の論文を中心に――」『新版　現代知識人の条件』弓立社、一九七四年
浜口恵俊『「日本らしさ」の再発見』日本経済新聞社、一九七七年
林健太郎ほか「討議　現代日本の思想」『自由』一九六二年一〇月号
林望『書藪巡歴』新潮社、一九九五年
広島大学大学教育研究センター『高等教育統計データ集』広島大学大学教育研究センター、一九九五年
レオン・フェスティンガー（末永俊郎監訳）『認知的不協和の理論』誠信書房、一九六五年
ピエール・ブルデュー／ロジェ・シャルチェ「読書――ひとつの文化的実践」ロジェ・シャルチェ編（水林章ほか訳）『書物から読書へ』みすず書房、一九九二年
エリック・ホブズボウムほか（前川啓治ほか訳）『創られた伝統』紀伊國屋書店、一九九二年

松本健一『戦後世代の風景』第三文明社、一九八〇年
カール・マンハイム（鈴木広訳）「世代の問題」『マンハイム全集3』潮出版、一九七六年
宮島喬「戦後日本人のアメリカ像——戦後的社会意識の一側面」『現代社会意識論』日本評論社、一九八三年
武藤一羊『現代革命の思想8　学生運動』筑摩書房、一九六九年
村上一郎「経験の美学と均衡の力学」梅本克己ほか『講座　戦後日本の思想』現代思潮社、一九六三年
森田実『進歩的文化人の研究』サンケイ出版、一九七八年
安田常雄「マルクス主義と知識人」『岩波講座　日本通史』第一八巻、岩波書店、一九九四年
吉本隆明『自立の思想的拠点』徳間書店、一九六六年
吉本隆明『吉本隆明全著作集』3、勁草書房、一九六九年
「青年文化会議二日に発足」『帝国大学新聞』一九四六年二月一一日号
「丸山眞男氏の思想と行動——5・19と知識人の『軌跡』」『週刊読書人』一九六〇年九月一九日号

終章

安倍能成『岩波茂雄伝』岩波書店、一九五七年
ロイック・ヴァッカント（丸山智恵子訳）「アメリカにおけるブルデュー　社会理論の輸入についての覚え書き」『ブルデューを読む』情況出版、二〇〇一年
アラン・ヴィアラ（塩川徹也監訳）『作家の誕生』藤原書店、二〇〇五年
上山安敏「アカデミズムのジレンマ」『岩波講座　現代思想2　20世紀知識社会の構図』岩波書店、一九九四年

岡敬三・大森美紀彦編『回想　神島二郎』神島二郎先生追悼書刊行会、一九九九年
九州大学七五年史編集委員会『九州大学七十五年史　通史』九州大学出版会、一九九二年
アール・キンモンス（広田照幸ほか訳）『立身出世の社会史』玉川大学出版部、一九九五年
新堀通也『日本の学界』日経新書、一九七八年
絓秀実「丸山眞男という『呪物』――「戦後」を回避した戦後思想の首領」『文學界』一九九七年三月号
大学新聞連盟『現代学生の実態』鱒書房、一九四八年
竹内洋「歴史の中の学生文化」『現代の高等教育』二〇〇五年九月号
筒井清忠「『エリート文化』と『大衆文化』をつなぐもの」『アスティオン』六一号、二〇〇四年
野田宣雄「『私』を忘れた戦後知識人――塩尻公明氏の死に思うこと」『諸君！』一九六九年一〇月号
野田裕久「丸山眞男における『知識人』の意味」『愛媛大学法文学部論集　総合政策学科編』第三号、一九九七年
橋川文三（筒井清忠編）『昭和ナショナリズムの諸相』名古屋大学出版会、一九九四年
ピエール・ブルデュー（荒川幾男訳）「知の場と創造投企」ジャン・プイヨン編（伊東俊太郎ほか訳）『構造主義とは何か』みすず書房、一九六八年
ピエール・ブルデュー（櫻本陽一訳）『メディア批判』藤原書店、二〇〇〇年
ピエール・ブルデュー（岡山茂訳）「文化が危ない」『現代思想』二〇〇一年二月号
ジャン・ボードリヤール（今村仁司・塚原史訳）『消費社会の神話と構造』紀伊國屋書店、一九七九年
山口昌男「文化の中の『知識人』像」『思想』一九六六年三月号
米谷匡史「戦時期日本の社会思想――現代化と戦時変革――」『思想』一九九七年一二月号

『新学生生活論』東大文化科学研究会、一九三九年
Bourdieu, Pierre, *The Field of Cultural Production*, Polity Press, 1993
Couldry, Nick, "Media meta-captital: Extending the range of Bourdieu's field theory", *Theory and Society*, Vol.32, 2003
Halsey, A. H., *The Decline of Donnish Dominion*, Oxford University Press, 1992
Karabel, Jerome, "Towards a theory of intellectuals and Politics", *Theory and Society*, Vol.25, 1996
Kellner, Douglas, "Intellectuals and new technologies", *Media, Culture and Society*, Vol.17, 1995
Kinmonth, Earl H., "The Mouse that Roared: Saitō Takao, Conservative Critic of Japan's 'Holy War' in China", *Journal of Japanese Studies*, Vol.25, 1999
Wacquant, Loic J. D., "From Ruling Class to Field of Power: An Interview with Pierre Bourdieu on La noblesse d'État", *Theory, Culture & Society*, Vol.10, 1989

竹内　洋（たけうち・よう）

1942年（昭和17年），東京都生まれ，新潟県育ち．京都大学大学院教育学研究科博士課程単位取得満期退学．京都大学教授，関西大学教授などを経て，現在，関西大学東京センター長．関西大学名誉教授，京都大学名誉教授．
専攻，歴史社会学，教育社会学．
著書『教養主義の没落』（中公新書）
『大衆の幻像』（中央公論新社）
『大学という病』『革新幻想の戦後史』『清水幾太郎の覇権と忘却』（中公文庫）
『大衆モダニズムの夢の跡』（新曜社）
『増補　立身出世主義』（世界思想社）
『社会学の名著30』（ちくま新書）
『学歴貴族の栄光と挫折』『立志・苦学・出世』（講談社学術文庫）
『日本のメリトクラシー　増補版』（東京大学出版会）
『教養派知識人の運命』（筑摩選書）など
編著『日本の論壇雑誌』（共編）など
訳書『知識人とファシズム』（共訳）など

丸山眞男《まるやままさお》の時代《じだい》
中公新書 *1820*

2005年11月25日初版
2020年3月30日6版

著　者　竹内　洋
発行者　松田陽三

本文印刷　暁印刷
カバー印刷　大熊整美堂
製　本　小泉製本

発行所　中央公論新社
〒100-8152
東京都千代田区大手町1-7-1
電話　販売 03-5299-1730
　　　編集 03-5299-1830
URL http://www.chuko.co.jp/

Published by CHUOKORON-SHINSHA, INC.
Printed in Japan　ISBN978-4-12-101820-5 C1221

中公新書刊行のことば

いまからちょうど五世紀まえ、グーテンベルクが近代印刷術を発明したとき、書物の大量生産は潜在的可能性を獲得し、いまからちょうど一世紀まえ、世界のおもな文明国で義務教育制度が採用されたとき、書物の大量需要の潜在性が形成された。この二つの潜在性がはげしく現実化したのが現代である。

いまや、書物によって視野を拡大し、変りゆく世界に豊かに対応しようとする強い要求を私たちは抑えることができない。この要求にこたえる義務を、今日の書物は背負っている。だが、その義務は、たんに専門的知識の通俗化をはかることによって果たされるものでもなく、通俗的好奇心にうったえて、いたずらに発行部数の巨大さを誇ることによって果たされるものでもない。現代を真摯に生きようとする読者に、真に知るに価いする知識だけを選びだして提供すること、これが中公新書の最大の目標である。

私たちは、知識として錯覚しているものによってしばしば動かされ、裏切られる。私たちは、作為によってあたえられた知識のうえに生きることがあまりに多く、ゆるぎない事実を通して思索することがあまりにすくない。中公新書が、その一貫した特色として自らに課すものは、この事実のみの持つ無条件の説得力を発揮させることである。現代にあらたな意味を投げかけるべく待機している過去の歴史的事実もまた、中公新書によって数多く発掘されるであろう。

中公新書は、現代を自らの眼で見つめようとする、逞しい知的な読者の活力となることを欲している。

一九六二年一一月

中公新書

現代史

f 2

中公新書

教育・家庭

m 1